《书院深深》编委会

主　　任　郎健华

副　主　任　蒋文欢

主　　编　李辉毅

执行主编　王惟惟

委　　员　董林生　王建新　蔡建明

撰　著　组　刘克敌（崇文书院）

　　　　　　魏丽敏（敷文书院）

　　　　　　马晓春（紫阳书院）

　　　　　　苏　翔（诂经精舍）

书院深深 · 敷文书院

松涛声中寻古院

杭州市人民政府地方志办公室 编著

ZHEJIANG UNIVERSITY PRESS

浙江大学出版社

· 杭州 ·

图书在版编目（CIP）数据

敷文书院：松涛声中寻古院 / 杭州市人民政府地方
志办公室编著 .—杭州：浙江大学出版社，2023.11
（书院深深）
ISBN 978-7-308-24340-7

Ⅰ.①敷… Ⅱ.①杭… Ⅲ.①书院—传统文化—杭州
Ⅳ.①G649.299.551

中国国家版本馆CIP数据核字（2023）第204140号

总序

"求木之长者，必固其根本；欲流之远者，必浚其泉源。"

习近平总书记在文化传承发展座谈会上强调，中国文化源远流长，中华文明博大精深。只有全面深入了解中华文明的历史，才能更有效地推动中华优秀传统文化创造性转化、创新性发展，更有力地推进中国特色社会主义文化建设，建设中华民族现代文明。[1] 中华优秀传统文化是中华民族的精神命脉，是中华民族的文化根基，是中华民族的文化自信和文化自觉的重要来源。

我国自古便有重视教育的优良传统。就办学性质而言，学校分为民办与官办，前者人们最熟悉的便是私塾，孔子的杏坛讲学可能是最早也最有名的私人讲学活动；后者即各种官学，如始于西周的太学和战国时期齐国的稷下学宫。此外，自隋唐以来还出现了一种重要的教学机构——书院。

书院是我国古代特有的一种教育模式，最初是由较有名声和地位的文人士大夫创办，以私人收徒讲学和学术研究为主，随后出现了官方资助和官办的书院。它虽然没有正式列入国家教育体系，但地位高于一般的私塾。就这套书所论述的杭州书院而言，在成立之

1　习近平：《在文化传承发展座谈会上的讲话》，《求是》，2023 年第 17 期。

初既有民办也有官办，至后期则逐渐变为官办，其使命也由传授知识、学术研究和培养人才变为主要为学生参加科举考试服务。

杭州地区自古以来因为物产丰富，生活环境相对宽松，社会各阶层对教育一直较为重视。但因不是政治文化中心，有关教学机构特别是书院相对而言发展较为缓慢。南宋定都临安后，伴随着都市经济和市民经济的繁荣，杭州的教育出现了一个黄金发展时期。当时朝廷在临安办的学校有太学、宗学和武学，合称"三学"。其中，太学是全国最高学府；宗学是专供皇族子孙读书的学校，归专掌皇室宗室的官署宗正寺管理，建于绍兴十四年（1144）；武学是培养军事人才的学校，建于绍兴十六年（1146）。但由于"重文抑武"的政策，武学并不受重视。南宋统治者极为重视官学，但由于战争，南宋初年地方官学受到很大破坏。绍兴十二年（1142），高宗下诏重建太学和各地州学，绍兴十八年（1148）又下令重建全国县学。此后地方官学大大发展，各类官学的设置和办学情况都超过了以前，对基础教育的发展起到重要作用。据已有研究，南宋官学比北宋发达，各地州、县差不多都设有官学。南宋官学的设置和北宋一样，办学理念与科举取士目的一致，课程设置、教学内容也都受科举考试制约。此外，南宋统治者也重视私学，彼时临安以童蒙教育为主的私塾、义塾、家塾和高级阶段的精舍、经馆等都得到长足发展。据耐德翁《都城纪胜》记载，当时临安城内外，"自有文武两学、宗学、京学、县学之外，其余校、家塾、舍馆、书会，每一里巷，须一二所。弦诵之声，往往相闻。遇大比之岁，间有登第补中舍选者"。由此，私学成为南宋教育事业的重要组成部分。

相对而言，彼时临安的书院并不发达，四大书院应天书院、岳麓书院、嵩阳书院及白鹿洞书院都不在其地。就浙江境内而言，南宋名气很大的鼓山书院在绍兴，其前身石溪义塾位于今天的新昌境内。另一所丽泽书院则设在金华，因创办者吕祖谦祖上于建炎年间宋室南迁时携全家自开封迁居金华。整体而言，尽管杭州在南宋时贵为都城，却因各种因素未有知名书院出现，直到明朝万松（敷文）书院的设立，才结束了这种较为尴尬的状况。后来，伴随着崇文书院、紫阳书院和诂经精舍的先后开办，杭州的书院终于在国内书院中跻身一流地位。

所谓杭州的"四大书院"虽然只是一个约定俗成的说法，但如今被我们列入的这四所书院，都在杭州书院历史上具有重要意义且得到学术界认同。经过研讨与论证，判定哪所书院应被纳入这套书的第一要素是这些书院在它们那个时代具有代表性，它们的创办和发展影响了杭州乃至全国的书院历史和教育历史。第二，在办学方面或其他方面，这些书院具有其他书院没有的特色，特别是地方文化特色。如崇文书院之所以被纳入这套书，就是因为它曾有过的独特的"崇文舫课"这一教学形式。再如诂经精舍之所以被纳入，是因为它开设的目的并不是服务于科举考试，而重点在于开展对传统文化经典特别是儒家经典的研究和阐释，它对招收学生的要求也高于其他书院，其性质大致相当于今天高校中的研究生院。其他两所的入选，自然也是各具特色，例如敷文书院在浙江书院中的领头羊地位，紫阳书院和程朱理学以及它和省内外众多同名书院的关系，等等。第三则是最能够体现书院的教育功能。有些书院尽管历史悠

总序

久却未能入选，即在于它可能和我们的研究初衷不尽一致。例如古代书院大多附有藏书与刻书功能，但没有一家像始于元朝的杭州西湖书院是以整修书版、校书、刻书为主业。对此邓洪波在《中国书院史》中有这样的评价："生产图书是书院与生俱来的一种职能，自唐代丽正、集贤书院的'刊缉古今之经籍'，到五代、北宋时期由修书到刻书的过渡，到南宋'书院本'的赫然面世，历经数百年的发展，书院的这种职能不断强化，到元代终于分立出近乎专门从事出版事业的书院，出现刻书专业的倾向。其时，具有这种专业倾向的书院不在少数，最具典型意义的则是杭州西湖书院。"显而易见，从古代图书的收藏出版角度，西湖书院有很高的研究价值，但因我们这套书以研究书院的教育功能和特色为主，也就只得忍痛割爱。

在具体撰写要求上，我们的设想是每个书院单独成册，尽量写出这所书院各方面的特色和大致发展演变的过程，但又不能写成较为枯燥的书院史，而是以写人记事为主，以书院的师生及其交往活动为线索，带出书院的发展演变及其和彼时社会生活的复杂关系。此外，这四大书院都在杭州甚至都在西湖之滨，各书院之间有着千丝万缕的联系。这就要求这套书中的每一册单独看是每个书院的发展历史和特色展示，合在一起又能基本上反映出杭州书院发展的主要特点和基本脉络。事实上，以书院的领导者"山长"为例，不少山长都有先后在两个及以上书院任职的经历，至于书院教师和管理者的流动就更为频繁。从学生方面看，也有不少人曾先后进入不止一家书院学习，因此四大书院之间的交流和竞争很是普遍。对此如果只是单独在某册中论述就必然显得片面和单薄，但如果把某些教师的教学活动在不同册中多次讲述，又显得烦琐重复。为此我们的策略是，如果某位山长或教师在某所书院任职时间较长或者有比较突出的事迹即把他放入该书院历史中阐述，他在其他书院任教的历史则相对略写。至于其他书院的撰写者在提及此人时则主要论述他在本书院的教学历史，对其他则略而不提。如此将本套书对照阅读，可能会对这四大书院及其它们之间的交往等有一个比较全面的把握。

古时书院以建在深山之中为常，远离闹市，以便学生修身养性、研习学问，此乃其地理位置之"深"；更为重要的是，书院之"深"亦体现在其蕴含的深厚历史文化底蕴之中。故而，我们以"书院深深"为书名，以期能在杭州书院研究方面钩深探赜，为持续擦亮杭州历史文化名城金名片贡献史志力量。

本书编者
2023 年 9 月

目　录

引　言

"我为日长无一事，偶然来此听松风"

"我为日长无一事，偶然来此听松风"，此为宋代诗人赵遹《万松岭》之句，彼时万松书院所在之万松岭，为人烟稀少僻静之处，自然就是读书的好地方——不过今天游人对万松书院感兴趣，大半是知道这里是梁山伯与祝英台读书之处以及他们的爱情悲剧。由此万松书院近年来居然成为小有名气的相亲热门地点，每逢周末就有很多为子女终身大事担心的家长来此，代替子女相亲。一座书院吸引众人的不是读书而是相亲，多少有些令人哭笑不得。

但这是怎样一个人为造成的误会啊！万松书院，又称敷文书院，本来是江南地区赫赫有名的读书圣地，是无数学子向往的地方，是王阳明、袁枚等大学者、大才子读书、学习和讲学的地方，是康熙、乾隆等帝王数次巡视并赋诗赞颂的地方……数百年来，从这里不知走出了多少才华横溢的学子，他们胸有成竹、雄姿英发地走进科考试场，运笔如飞，然后迎来自己人生中的高光时刻——科举高中，金榜题名。诚然，更有无数学子名落孙山，但他们在书院所学所得毕竟是有所收获，即便是返乡设馆，收授弟子，也能够言传身教，造福一方。固然也会有少数如同《儒林外史》中范进那样的迂腐之徒，但这不是在书院读书学习的必然，而是科举制度产生的弊端。时至今日，人们对书院的历史以及它们在中国教育史、文化史上的地位知之甚少，这其实是一个遗憾。至于杭州敷文书院，它在中国书院史和教育史上曾经有过的辉煌，更应该被人们铭记，因此，请读者跟随我，开启走进敷文书院的精神之旅。[1]

1　本书根据具体内容，有时用"万松"，有时用"敷文"，实指同一书院。但从全部历史看，以称"敷文"为宜。

第一章
书院的开办与建筑布局

初秋下午的"朝圣"之旅

彩蝶纷飞书声聚，桃花落尽琴音绝

偷得浮生半日闲，坐看云卷云舒时

初秋下午的"朝圣"之旅

八月的最后一天，杭城终于暂别了热浪，迎来属于秋日的凉爽。略带阴雨气质的杭州，总给人一种温婉多情之感。午后的凉风暂时阻止了瞌睡的侵扰，我终于决定去一趟离单位不过十多分钟车程的万松书院。

万松书院位于杭州西湖边凤凰山北万松岭上，初为报恩寺，始建于唐贞元年间。明弘治十一年（1498），浙江右参政周木改辟为万松书院，自创办20余年后，经正德、嘉靖两次大规模维修、扩建，藏书、祭祀和教学等方面才逐步有序发展起来。清康熙十年（1671），时任浙江巡抚已三年的范承谟决定重建万松书院，并将其改名为"太和书院"。康熙五十五年（1716），康熙帝为书院题写"浙水敷文"匾额，万松书院遂改称为敷文书院，从此进入其最为辉煌的一段时光。

微风轻送，工作日的景区内游人总是稀少些，特别是此处，躲在群山密林之间，若不是"万松书院"几个大字，或许就被掩没在这秀美的风景中了。重修后的万松书院，背靠凤凰山，左边是钱塘江，右边是西子湖，是杭州唯一一座以书院为主题的公园。

据史书记载，万松书院从创立之初便几经损毁，乾隆年后书院逐渐荒废湮没，书院遗址只剩石狮一对，以及刻有"万世师表"四字的牌坊一座、照壁一座及依稀可见"至圣先师孔子像"的石碑等物。20世纪90年代末，在热心于杭州历史文化遗产保护的社会各界人士的呼吁下，杭州市政府决定根据史料记载和留存的遗迹，按照修旧如旧的原则，在原址上按照明式旧制重建万松书院。如今展现在人们面前的这座占地 6 万多平方米的书院，正是历经三年多时间的修整和建设，于 2002 年 10 月建成并向游人开放的，所以它是既新又旧。对比西湖边一座座带着岁月痕迹的历史古建筑，它显得尤为年轻，但它的年纪却又可以追溯到几百年前。踏入此处便踏入了历史，游人可以在新的建筑中追寻它曾经的辉煌。

风过叶动，发出窸窣之声，令人莫名心静。与"万松书院"几个字隔着万松岭路遥遥相对的便是"浙水敷文"四字。两者见证着这里来来往往的人群，似乎也等待着那个会放下匆匆脚步，陪着它一起追溯过往的人。

许是中午，又是工作日，几乎不见游人的万松书院给我一份不被打扰的宁静，奢侈而珍贵，可以驻足在每一处细细品味。

◎ 浙水敷文

万松门

进入书院，首先就得穿过万松门。万松门，即书院的大门或者头门，是明洪治年间浙江右参政周木所建。书院因建于万松岭之巅，即沿用岭名，大门也由此得名。远远就可以见挡墙石栏上有"万松书院"额，外侧为黄色字体，而内侧则为红色字体。

2002年重建后，万松门仍为书院的主入口。为方便游人出入以及大客流量时的疏散等，两边的台阶呈"八"字形建造。花岗岩挡墙主体的巨大浮雕，雕刻的便是梁山伯与祝英台同窗三载的场景，随着岁月的流逝，它们被掩映在郁郁葱葱的树木中，若隐若现。忽而想起工作人员告知的，这里到周六会热闹些。确实，如今的万松

◎ 万松门

书院除了是公园外，随着梁祝故事的不断传播，也拥有了另外一个重要的身份——相亲圣地。

沿着台阶向上，左边的浮雕显示出"日课"的场景，这是师者诲人不倦、学者孜孜以求的写照；而右边的浮雕则是古代"拜师"的画面，体现了尊师重教的中国传统美德。

几幅浮雕含蓄地点出了重建后书院的文化主题：这里既是明清知名学府，也是传说中梁祝爱情萌发之地。

这里曾经是众多江浙士子梦寐以求的求学之所，而那些琅琅书声终究是淹没在了历史的长河之中。

◎ "日课"浮雕

 第一章、书院的开办与建筑布局

◎ 浮雕

　　拾级而上，一只黑色小猫躲在浮雕上方的树丛下，与我静静地对视着，突然它惊恐地尖叫起来，原来是几个小学生模样的孩子正在追赶它。它的惊恐声与他们的笑声交织在一起，汇聚于松林，为这里增添了一份别样的味道。九月一日便是杭州各小学开学的日子了，今日便是他们暑假的最后一日。不知道在那些学子纷纷来此求学的岁月里，万松书院的开学季是如何的。也许答案就在书院的某处，唯有细细寻找。人与猫依旧对峙着，它似乎知晓他们根本爬不上它所在的位置，叫声已变得温柔。

万松书缘

　　万松书缘是以万松书院为主所组成的景点。重建后的书院发展成为杭州最大的姻缘牵线之地，故取名"万松书缘"。

◎ "万松书缘"碑

第一章＼书院的开办与建筑布局

进入万松门，万松书缘石碑就会进入我们的视线，位于中轴线的右侧。绿树环绕，清新雅致。

"品"字牌坊

进入万松门，沿着台阶探寻，抬眼处便见几座矗立的牌坊，雄伟凝重，气势磅礴，蔚为壮观，此处便是著名的"品"字牌坊。

牌坊自古便有旌表之意，"品"字形的石牌坊是原万松书院的主要建筑之一。据嘉靖《仁和县志》记载：万松书院外有万松门、"万松书院"石坊，西有"德侔天地"石坊，东有"道冠古今"石坊……

◎ "品"字牌坊

重修后的三座石牌坊也是万松书院的标志性建筑，庄严肃穆，奇伟磅礴。

主牌坊呈南北向，高 9.22 米，正面为曾任中国硬笔书法家协会主席的姜东舒所题"万松书院"，背面为浙江大学教授、曾任中国书法家协会理事的马世晓所题"太和元气"。

其余两座牌坊呈东西向，相向而立。东牌坊高 7.8 米，正面为曾任西泠印社执行社长的刘江所题"太和书院"，背面为曾任浙江省美术家协会副秘书长的吕迈所题"德侔天地"。西牌坊高 7.8 米，正面为曾任中国书法家协会理事的沈定庵所题"敷文书院"，背面为中国书法最高奖兰亭奖获得者林剑丹所题"道冠古今"。

石牌坊的阳额分别代表了书院的三个历史时期，即万松书院（1498—1671）、太和书院（1671—1715）、敷文书院（1715—1892）。阴额多为对孔子的赞语，指导了人们的思想和活动。"太和元气"是赞颂孔子的思想如同天地生育万物一样，"德侔天地"是赞颂孔子的贡献如天地一样博大，"道冠古今"则是说孔子的主张从古至今都是最好的，从中可见孔子的教学主张对书院的影响。三座石牌坊呈"品"字形排列，也蕴含着"做人要有人品，为官要有官品"的深刻寓意，哪怕到了今时今日，也有着一定的警示意义。

牌坊不仅寓意深远，造型、雕饰更是倾注了许多心力。三座石牌坊皆为三间四柱石坊，歇山顶，翘角凌空，坊脊两端堆塑龙首鱼尾的"鱼化龙"造型，寓意学子只要一心向学，就可以脱胎换骨，成为人中龙凤。护柱前后为抱鼓石，上饰波浪纹，有步步高升等祥瑞之意。

三座石牌坊在雕饰上也各有自己的小心思，主坊上方均留有竖匾额，但无文字。而大小额坊上几处分别雕有双龙戏珠、双狮戏球、鲤鱼跳龙门、凤穿牡丹、丹凤朝阳等图，也有仙鹤麒麟、松鹿、鸳鸶荷花等蕴含着福、禄、寿等吉祥寓意的图案，还有竹、荷、梅等代表君子气节以及石榴、桂花、芍药等具有美好祝愿的雕饰。各牌坊虽皆有不同，但每一处的镂空浮雕皆是活灵活现、逼真传神。

从牌坊顶部的火焰珠、鸱吻、背板以及虎头牌，到花坊、花窗、云墩、雀替等构件，无不精凿细作。三座石牌坊无论在布局还是构造上都堪称严谨，雕刻精美，寓意深远，无论从建筑意义还是文化内涵上都堪称精品。它们的身上也渐渐开始显现时间的痕迹，在绿荫的掩映下，更显出历史的厚重。

泮池

《礼记·王制》："大学在郊，天子曰辟雍，诸侯曰泮宫。"辟雍四周环水，设池为圆形，如同玉璧，而泮宫半池环水，以示区别。《五经通义》指出：诸侯不得观四方，故缺东以南，半天子之学，故曰泮宫。古制学宫都引水辟池，形如半月，称泮池。学泮池也称月牙池，泮字古义指学宫，人们踏上泮池就好像进入了最高学府，所以学生上学也被称为"入泮"。"入泮"，即古代儿童入学的大礼，是区别顽童和学子的重要仪式。

在杭州的街头或者西湖景区内，总有很多身着汉服的传统服饰爱好者穿梭其间。这些年，越来越多的人对中国的传统礼仪与服饰产生浓厚的兴趣。

万松书院初建时规模略如学宫，故设有泮池。重建后的万松书院依旧保留了这一重要建筑，而且从 2008 年起开设了文化体验活动，许多爱好传统礼仪的人纷纷慕名前来。据不完全统计，前后也有上千场。

◎ 泮池

这些文化体验活动包括"入泮礼""讲文礼""成人礼""四壁书声经典诵读"等等。时常有一些小学童身着传统服饰，有模有样地学习着"儒家弟子"的传统习俗，汲取尊师爱学的思想精华，将传统与现代交融，为传统文化注入新的生机。

而在万松书院的各类文化体验活动中，最受家长与孩子欢迎的当数"入泮礼"。

每周六是万松书院的相亲日，而每周日的上午 9:30—11:00，就是"入泮礼"的活动体验时间。活动定期招收 6—13 周岁的学童，通过焚香、净手、祭笔、向师长同学行礼、向老师奉茶、诵读国学经典等环节，在青山绿树的掩映之下，以孩子们觉得新鲜有趣的形式将传播优秀传统文化的种子播种到他们的心里，传承、发扬传统美德和文化。

这些看似好玩又有些繁复的礼仪，对于曾经的万松书院学子而言，却已是简化版中的简化版了。

现在院内的泮池位于中轴线东侧，即"太和书院"石牌坊后。半圆形的泮池周边围着青石栏杆，排水处缀以螭首，池内栽种水草与莲花，初秋季节，莲花盛开，红花绿叶相映成趣。莲下红鲤翩然游动，红绿交错，泛起的波纹惹得莲花轻轻荡漾，水池泛起一圈圈涟漪，好不快活。虽非鱼，似也知鱼之乐矣。

池西中壁刻有浙江省书法家协会秘书长杨西湖先生所书的"泮池"二字，字体工整清秀，运笔洒脱飘逸，与泮池相得益彰。池旁有芷兰轩等处，是供游人品茗、用餐、休憩之处，此处不赘。

仰圣门

告别泮池，告别"品"字牌坊，沿着中轴线继续前行，青石板经过雨水的洗礼，呈现出时光的吻痕。可来不及细究，一座面阔三间卷棚式硬山建筑便迫不及待地映入眼帘。门额横匾上书"高山仰止"四个大字，运笔如行云流水，洒脱不羁，细看，原来是中国美术学院书法系主任祝遂之先生的手笔。"高山仰止"取意于司马迁《史记》中对孔子的赞语"高山仰止，景行行止，虽不能至，然心乡往之"，表达了学子对著名思想家、教育家、政治家孔子的尊崇和敬仰之情。

此处自然便是大名鼎鼎的仰圣门。据悉明清时期的仰圣门为三开间建筑，中间双门，平时紧闭，只有在帝王降临、喜庆大典、迎接圣旨、春秋大祭时才在十三响礼炮中开启，可见其尊贵之处。

仰圣门是原万松书院的主体建筑之一。门的两侧有行书写就的柱联：

松岭仰弥高，万仞宫墙，居仁辅义；

◎ 仰圣门

杏坛瞻在迩，一堂弦诵，抡雅扬风。

此联由中国当代古典文学家王翼奇撰写，这里的松岭自然就是万松岭。孔子学生赞叹孔子创立的儒家之道，仰望时令人高不可及，谓之为"仰之弥高"。这里用"仰弥高"赞颂万松书院传播博大精深的民族文化。"宫墙"即住宅的围墙。八尺为仞。《论语》中子贡说"（孔）夫子之墙数仞"，清朝康熙帝《过阙里》诗中有"万仞见宫墙"，都是以宫墙为喻，以孔子宫墙之高比喻其学识高深、品德崇高；在这里也兼喻万松书院具有崇高的学术地位。"居仁辅义"意为崇尚仁义。相传孔子曾在杏坛讲学，杏坛现为孔庙建筑，是孔子教育光辉的象征。而万松书院是传统讲学之处，也可看作杏坛。"瞻在迩"的意思是看起来很近。"一堂弦诵"即师生聚于一堂弦歌与诵读。"雅"和"风"指的便是我们熟悉的《诗经》中的《大雅》《小雅》以及《国风》，合起来的意思就是弘扬诗教。

全联大约可以翻译为，来到这万松书院，"仰之弥高"的感觉油然而生，孔子学识高深，品德高尚，而其核心就是崇尚仁义；万松书院是传统讲学之处，就应像孔子当年在曲阜聚集弟子弦歌讲诵一样来弘扬诗教。

毓粹门

过仰圣门，毓粹门便闯入视线。它是万松书院的内门，也就是过道门。门额的横匾上是由中国书法家协会副主席朱关田书写的"毓粹"二字，"毓"是培养，"粹"是精华，言下之意就是万松书院为培养有学问、有道德人才的学府。

另有行楷门联书：

> 人只此人，不入圣便作狂，中间难站脚；
> 学须就学，昨既过今又待，何日始回头。

此联原由清代浙江巡抚杨昌濬所撰，后为郭仲选先生补书。人格品德最高的人可称圣人，自儒家定于一尊之后，圣人便特指孔子。《论语·子路》："不得中行而与之，必也狂狷乎！狂者进取，狷者有所不为也。"《集解》："狂者进取于善道，狷者守节无为。"对联的大意是，一个人或学习圣贤之道，或为狂狷者，没有其他道路可选择；治学要珍惜机遇，把握时机，否则事后追悔就来不及了。

居仁斋、由义斋

入毓粹门，便来到了二进明道堂院落。分列两侧的两幢建筑，就是居仁斋和由义斋。两斋皆悬有隶书横匾，分别是由绍兴市书法家协会主席沈定庵先生书写的"居仁斋"和浙江省书法家协会副主席俞建华先生书写的"由义斋"，浅底黑字，工整清秀。虽皆是隶书，但运笔、气度却各有千秋，均是书法精品之作。

据晚清《敷文书院志略》载：明道堂左侧有居仁斋，右侧有由义斋。两者斋名源自《孟子》"居仁由义，大人之事备矣"一句，大意是一个人拥有仁义之志就拥有了一切，表现了儒学所提倡的一种思想境界。两斋于明嘉靖三十年（1551）由杭州知府孙孟重建万松书院时建造，为古代学生自习和住宿的场所。

居仁斋正门外侧悬有柱联，上有清代著名学者俞樾的撰句：

> 四时之乐俱在于此；
> 六艺之义不属于斯。

礼、乐、射、御、书、数这被称为六艺的科目，却由"仁"来作为统率六艺的纲。对联的意思是仁者乐山，居于仁则四时皆乐，切斋名。现存联为唐诗祝重书，行书体。

内侧有清代崇文书院山长胡敬所撰门联：

> 闭门自精，云无心以出岫；
> 登高能赋，文异水而涌泉。

"云无心以出岫"一句出自陶渊明《归去来兮辞》。"登高能赋"则出自《汉书·艺文志》："不歌而诵谓之赋，登高能赋可以为大夫。"意思是像山中的白云那样不为俗世所惑，关起门来潜心攻读，就可以造就精深的学问；具备"登高能赋"素质的人，其文章固然不同于水，但其文思却可如泉水般喷涌而出，不可遏止。

居仁斋侧门有吴冠民撰句，骆恒光行楷书写的柱联：

> 院内书香盈袖，思追周礼；
> 亭边鸟语播音，胜比乐章。

"周礼"就是周代的典籍制度，"乐章"即《乐》的篇章。对联大意是书院内充满书香，让人缅怀传统文化；庭园中鸟鸣婉转，似与《乐》媲美。与居仁斋的功能相匹配。

居仁斋建筑布局精巧雅致，内有小天井，怪石绿植，相映成趣，

读书累了，静坐游廊的美人靠上也是一个不错的选择。庑廊的左端有一石碑，便是《新建敷文讲学之庐记》碑。居仁斋背面墙处还有一块出土时保存完好的"清光绪二十年禁示"碑原件。

居仁斋现分为大小两间，大间是中国书院发展史陈列室。推门而入，只见墙上放着许多中国书院简介图，如著名的湖南岳麓书院、江西庐山白鹿洞书院、无锡东林书院等，同时陈列的还有官学介绍、书院和科举简介等，图文并茂地展现当年书院办学时的情景等。漫步其间，可以对万松书院，甚至中国古代书院的发展史有个大致的了解。

参观完此处，往小间走时，可见一门，门上有书法家来仲梾所书"心灏气俱"匾额，下有对联曰："教思追大雅欣此日横，经箧鼓共歌乐职布中。"推门而入，只见整齐摆放的桌椅陈列其间，仿若回到读书时期。这显然是间教室，现为万松书院开办国学文化课

◎ "心灏气俱"匾额

的场所。老师的座椅后面是一张唐朝名家吴道子所绘的《先师孔子行教像》木刻版。两侧有乾隆皇帝题敷文书院的楹联：

正谊明道；
养士求贤。

　　此间便是居仁斋里的杭州书院发展史的陈列室。所以在靠墙的一侧专门辟出了橱窗，透过玻璃可以清晰地看到陈列着精致的文房四宝，精美的歙砚、笔洗、笔架等，造型秀美，不得不感叹古人写字时的讲究。再之后是青铜礼器的陈列，有流行于商晚期至春秋中期的用作酒器的罍、商周时期祭祀礼仪中盛酒的象樽以及盛行于两周时期既可盛放干食也可放汤汁的食器豆等。造型精美，让人忍不住驻足赏析。内墙的廊柱上写有一副对联，上联是语出董仲舒《举贤良对策》的劝学名言"常玉不琢，不成文章"，下联是体现传统儒家式教育方针的"学以为己，不求人知"。

◎　孔子行教像

散文书院

◎　笔筒

◎　廊柱

◎ 由义斋柱联

　　静静的课堂内，我坐在其间想象当年的学子们在此学习时的模样，细听，似有琅琅书声传来。

　　由义斋的整体建筑与居仁斋基本一致，由义斋也设有游廊，沿着游廊亦可见精致的小天井，庑廊的右边也设有石碑，内容是《嘉靖辛酉重修万松书院记》一文。

　　由义斋现也分大小两间，为万松书院历史文化陈列室。横额之下，外侧柱联为清同治年间的书院监院高鹏年所撰，卢前先生所写隶书，曰：

草木清华，美此间天地；
湖山明秀，假大块文章。

李白的《春夜宴桃李园序》中有"况阳春召我以烟景，大块假我以文章"一句，此联就是以此句为依据，上联说万松书院环境清幽雅致，下联说它处在明明秀秀的西湖山水之间，应该借大自然之优势，写出精美的文章与优美的风光相匹配。

内侧柱联则是由欧阳诚先生以行书写就，曰：

广厦千间，出须由户；
乔松万叠，生必有根。

《论语·雍也》中说"谁能出不由户，何莫由斯道也"，此联的意思是行必由义，哪怕是高大的松树也皆是由根部往上生长，学习必须打好扎实的基础。

进入馆内，首先是一扇状元及第的木质屏风，上面栩栩如生地雕刻着状元及第的热闹场面，上面的鼓乐声与欢笑声仿如即将从中溢出，分享士子高中的喜悦。

大间陈列着万松书院的历史沿革、学规、章程、教学特色、祭祀制度、藏书制度、考课制度等等丰富的内容介绍，甚至还有与书院紧密相关的著名学者的介绍，如桑调元、金甡、袁枚等。沿着墙壁陈列的玻璃罩内，还有 1935 年魏颂唐编著的，现存最为完整的记载万松书院历史的志书——《敷文书院志略》；康熙五十五年（1716）所赐的《古文渊鉴》《周易折中》；敷文书院肄业生员来金鉴的考卷；等等。虽非原件，也不能窥全貌，但可从中感受到万松书院悠久的历史沉淀以及浓厚的文学氛围。

小间是书画室，用拓片、书法、山水画等形式充分展现万松书院的碑记与诗词等，内有一联：

> 竹里书声来隔院；
> 松间棋韵静虚窗。

全联措辞言简意赅但意境优美，凸显出书院环境氛围的幽静和师生学习生活的高雅。

明道堂

明道堂位于书院的中心位置，原是万松书院的主要建筑之一，是书院的教学重地和举行重大活动的场所，也是书院的核心部分，倒有点类似于大学里的阶梯教室。

明道堂在万松书院初建时设讲堂五开间，是书院最重要的建筑之一。嘉靖三十三年（1554），杭州知府孙孟重建后改称明伦堂。清代又称文昌宫、正谊堂。历经明清至今，屡毁屡建。几百年间，虽称谓几经变更，但功能一直没有改变，是书院集中授课的地方，先生们在此为学子"传道、授业、解惑"。

据史书记载，历代的明道堂都是高大宏伟、宽敞明亮。只可惜随着时代的变迁，它早已淹没在历史的洪流之中，呈现在我眼前的明道堂是 2002 年重新建造的，保留了五开间的设置，单檐歇山顶，砖木结构，白墙黛瓦，建筑面积近 200 平方米。前后有门，后门开启便可直通大成殿。

《汉书·贾谊传》："忠臣之事君也，言切直则不用而身危，不切直则不可以明道。""明道"也就是申明道理的意思。现有明道堂檐前悬有"明道堂"横匾，金字黑漆，为金鉴才先生所写。

檐柱有清代著名学者俞樾所撰的对联，由郭若愚先生以大篆体书写：

> 倚槛俯江流，一线涛来文境妙；
> 迎门饮湖渌，万松深处讲堂开。

对联的意思是说，凭栏俯瞰钱塘江，汹涌而来的"一线涛"仿佛能拓展思路，给人以奇妙的创作灵感。位于松涛深处的书院，只要打开门窗便能看见清澈秀美的西湖，这里正是个读书的好地方。以规范化和线条化著称的大篆字体书写，与意境优美的文意结合，两者相得益彰。

内侧柱联则书：

浙水重敷文，看此山左江右湖，千尺峰头延俊杰；

英才同树木，愿多士春华秋实，万松声里播歌弦。

此联由清代浙江巡抚蒋益澧撰写，张海先生以隶书誉写。"敷"即铺陈、扩展；"延"则是引进、接待；"俊杰"即才能出众的人，"英才"便是优秀的人才。"多士"出自《诗·大雅·文王》"济济多士，文王以宁"，就是众多的士子。"歌弦"即"弦歌"，泛指礼乐教化。所以翻译过来，对联的意思就是浙江是重视发展文化教育的地方，万松书院左靠钱塘江、右倚西湖，高耸的群山山峰就像是引领学子的才能出众的人；培育优秀的人才如同种植树木一样，但愿万松书院能够培养出更多的人才，春华秋实，让礼乐教化的乐章在万松岭松涛声里传播。本联巧妙地将清朝康熙帝御题的"浙水敷文"四个字融入其中，又将万松书院特有的自然环境与办学传统结合在一起，虚实相间，语境优美。

匾额之下置有一块木板，上书《〈中国科举文化大观〉简介》，介绍了由杭州市工艺美术研究所历时一年，费工万余，精心制作的一件大型立体硬木彩塑仿真艺术作品。作品全长 39 米，高 2.5 米，深 1.2 米。带着这份好奇，我跨入内堂。

堂内正中悬有"正谊明道"的横匾，取自康熙皇帝赐联"正谊明道，养士求贤"，意思简单明了，学院就是要培养端正行为、阐明道统的人才，进一步说明无论万松书院建立之初对科举是何看法，但在清朝，它是为统治阶级输送人才的培养基地。

由吴仲谋先生撰句，曹寿槐先生书写的"以德育人，千秋示范；因材施教，四海传经"的对联更是点明了书院在教书育人方面应该遵循孔圣人的方法。

堂后正中也悬有"四壁书声"的横匾，由楼伯安先生于2010年书。

第一章　书院的开办与建筑布局

◎ 明道堂

◎ 明道堂

横匾之下有清代浙江巡抚马新贻于同治五年（1866）重建书院后所写对联，由刘江先生以小篆体重书：

　　两字仰奎章，二百年雅化作人，幸如今偃武修文，依旧重华日月；

　　万松留讲院，东西浙英才乐育，愿多士读书经世，增光有美湖山。

"奎章"指的是皇帝的御笔。康熙五十五年（1716），康熙帝赐万松书院"浙水敷文"额以及《周易折中》等典籍，同时又赐御题七律一首，内有"我愿树人常似此，讲堂近接号敷文"句，书院也由此更名为"敷文书院"，并建存诚阁珍藏这批典籍，现在的万松书院里依旧建有存诚阁。只可惜此行它并未对外开放，内里的珍品自然也早已不在此了。

对联大意就是自康熙帝赐额以来，万松书院办学近 200 年，书院高尚的学风培养着人才，又有幸遇到太平盛世，书院继续传播着圣贤的道统，如日月之重辉；万松书院是孕育人才的沃土，希望有更多士子学业有成，造福社会，为美丽的西湖山水增光添彩。

现在的堂内，虽早已没有了在此刻苦求学的莘莘学子，但却有栩栩如生的浮雕，移步换景，随着精美的设计对中国的科举文化体味一番，有如身临其境。

颜乐亭、曾唯亭

随着探访的深入，我终于来到了大成殿。但还未进入大成殿便被殿前的两座亭吸引了注意力。亭前的木架上挂满了写满心愿的木牌，红绸绑带随风飘扬，偶尔的疾风牵动木牌，撞击声与松涛交汇，在这个秋日的午后形成最美的声音。

这些许愿牌不是无缘无故放在这里的，这还得从明万历年间说起。据说，那时有位学子刘生，晚上做梦梦到了孔圣人。梦中的至圣先师反反复复地对他说："愿望绕灵树，机缘天铸成……"最后还不忘叮嘱他天机不可泄露。

醒来后，刘生一直反复思考这个问题，却还是百思不得其解。直到几天后，他漫无目的地走到书院大成殿后，忽然有一颗果子落到他的头上。牛顿被苹果砸之后发现了万有引力定律，刘生被这么一砸也有了一番奇遇。他捂着头"哎哟，哎哟"叫个不停，拾起果子看了半天，忽然想通了某件事，不由得哈哈大笑。正好一同窗经过，发现了刘生的异样，关心地问候，而刘生却只神秘兮兮地说"天机不可泄露，天机不可泄露"，然后携着果子悄然离去，步履再也没有了之前的沉重。

大成殿后有两棵枫树，春夏时节会产多孔的果实，俗称"路路通"，经常被佛家弟子用来做佛珠，所以老百姓将枫树看作是具有灵性的树。刘生被这"路路通"一砸，突然开窍，他大胆地设想，要是把心中的愿望写在纸上，再绕灵树几圈，不就是"愿望绕灵树，机缘天铸成"了嘛！

想通之后，刘生的信心更足了。他每天闻鸡起舞，挑灯夜读，比以往更加努力，唯一的不同是，每次月课考试前，他都会前往大成殿认真叩拜，然后悄悄将愿望写在纸上，趁着无人时偷偷地来到大成殿后，绕着灵树转几圈后，将绑有重物的纸条抛到枫树上，果然月月都获花红（奖学金）……

成为学霸的刘生自然也成了众多同窗的崇拜对象，他们纷纷去问刘生他进步如此神速的原因。但孔夫子早就叮嘱过他"天机不可泄露，切记，切记"，所以刘生执意不肯说。弄得别人觉得他小气，他自己也很无奈。但世界上终归没有永远的秘密，刘生不肯说，同窗们就暗中观察，不久之后就发现了他的异常行为。大家便心照不宣地开始跟着他一样去绕枫树，将心愿挂在上面。大家积极求上进，用功读书，学问越做越好，万松书院也由此更加出名，成为越来越多江浙学子求学的首选，而这个传统也在学子中一届一届地传了下去。

几年后，刘生高中状元，衣锦还乡，亲朋好友都前来道贺。原本应该是春风得意的状元郎却终日愁眉不展，心事重重，在家人们的询问之下他才道出缘由。原来他在书院学习期间，与先生的女儿小月两情相悦。两人发乎情止乎礼，虽刘生也想等自己取得功名之后再正式向先生求娶，但终归是忍不住相思之情而偷偷见面。但在他离京赴考之前，两人的恋情就被先生发现了。先生为人严谨，不准两人再私下见面，要求刘生功成名就之后才能有儿女私情。

随着出发时间的临近，刘生也唯有静下心来读书。在爱情的支持下，他读书更是认真，只是夜深人静时也难免有思念之情。不久，他终于踏上进京之路，让小月安心等待自己的好消息。小月虽对他有信心，但几个月过去终究还是思念成疾，日渐憔悴。刘生金榜题名，匆匆赶回杭州，见到的只是一个昏迷不醒的小月，不禁痛哭不已。见此状况其实先生也有些后悔，但深感回天无力，只能看着这对有情人叹息摇头。

刘生每日过来探望小月。一日他再度走到熟悉的大成殿后面的枫树下，风穿过树叶，发出轻微的声响。刘生静静地坐在灵树之下，恍如隔世，不知道是心有所念还是神情恍惚，他竟看到一男一女来到面前对他软语宽慰。他正想感谢一番时，两人却展翅欲飞，翅膀竟然是色彩斑斓的蝴蝶翅膀。刘生一惊，瞬间清醒，眼前哪有人呢，原来是南柯一梦，不由得苦笑。要是自己与小月真能如梦中的两人所祝愿的"愿天下有情人终成眷属，是前生注定莫错过姻缘"一样就好了。

忽然，他后背一凉，整个人一哆嗦，梦中的两人莫不是……他们在梦中可不就是互称"梁兄"与"贤妹"，这不是梁山伯与祝英台又是谁呢？难道这两人有心帮助他与小月，再想起自己曾经得孔圣人托梦相助的种种，他更是深信不疑。于是他马上起身，跟以前一样，焚香沐浴之后前往大成殿，点燃三炷清香，虔诚叩拜，又带着写有愿望的宝牒来到殿后，绕灵树几圈之后，将宝牒抛上灵树，虔心祷告。

几天后奇迹发生了，小月忽然醒来。她告诉刘生，是梁山伯与祝英台送自己回来的。刘生惊喜万分，再次想起多年前的那个梦，孔圣人不就告诉自己"愿望绕灵树，机缘天铸成"吗？真的是太神奇了。

前有刘生考试有神助，后有小月奇迹苏醒，消息不胫而走，周边的老百姓们也纷纷跑来书院许愿祈福，将心愿写在俗称宝牒的红纸上，用绳子将它与象征吉利的红橘或者橙绑在一起，抛到树上，以祈求愿望成真。消息一传十，十传百，且愈传愈神，前来许愿和抛宝牒的人络绎不绝。

信众太多，日积月累，终有一日，灵树也不堪重负了，枝叶日渐枯萎。书院师生担心情况再度恶化下去，灵树难保。于是就在大成殿后用竹子建起一座许愿亭，让往来的信众将写有心愿的宝牒卷起来，放入特制的竹筒中，然后挂在许愿亭里。灵树依旧灵验如故，香火日盛一日。

如今看来，"愿望绕灵树，机缘天铸成"早已深入杭城老百姓的心，重建之后的大成殿前两排许愿架依旧满满当当。红绸系着的竹牌上写着人们的美好愿望，由风将它们带去远方……

许愿架边的颜乐亭和曾唯亭是万松书院最早的建筑之一。明正德十六年（1521），刑部尚书洪钟所撰记文中载："……偏左（原）有亭三间，匾曰'颜乐'。……又于前右建亭三间，匾曰'曾唯'，以对颜乐亭。"由此可以推测出，明弘治十一年（1498）已建有颜乐亭，面阔三间，位于大成殿左侧。明正德十六年（1521）重修书院时又建曾唯亭，与颜乐亭对应，位于大成殿右侧，规制与颜乐亭同。

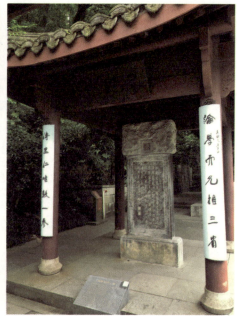

◎ 颜乐亭　　　　　　　　　◎ 曾唯亭

2002年重建时，两亭为御碑亭。颜乐亭请中国书法家协会会员、钱塘书画研究社常务理事欧阳诚以草书撰写柱联：

陋巷箪瓢，安贫乐道；
尼山几席，立己达人。

上联切亭名，上下联皆语出《论语·雍也》。分别是："贤哉，回也，一箪食，一瓢饮，在陋巷，人不堪其忧，回也不改其乐。贤哉，回也。""夫仁者，己欲立而立人，己欲达而达人，能近取譬，可谓仁之方也已。"

亭子内有康熙御题的"浙水敷文"碑，此碑原为清康熙五十五年（1716）皇帝赐额，2002年重建万松书院时勒石刻碑，碑是太湖石，高156厘米，宽86厘米，厚20厘米。双面阴刻"浙水敷文"四字，为康熙御题。碑额浮雕双龙戏珠，上有阳文篆书"康熙御笔之宝"。碑身四周皆饰以龙纹。碑文意思为一方水土养一方人，浙江山水是培育文人的沃土。是对浙江以及万松书院重视教育传统的极高评价。后浙江巡抚马新贻对"敷文"的理解稍有不同："敷者博之谓也，学者因文见道以广其业，则驯入圣域而不难。"大意是：敷就是博的意思，学生因为学习而懂得道，进入圣域也就不难了。

曾唯亭有吴冠明先生撰句，卢乐群先生手书行书体柱联一副：

论学而允推三省；
传里仁唯数一参。

联中提及的"学而""里仁"便是《论语》中的篇章《学而》《里仁》。《论语·学而》曰："学而时习之，不亦说乎！"曾子曰："吾日三省吾身：为人谋而不忠乎？与朋友交而不信乎？传不习乎？"前面一句不用过多解释。后面一句可以解释为：我每天多次反省自己，为别人办事有没有尽力呢？同朋友交往有没有不真诚呢？老师传授的知识是不是温习了呢？后来也泛指回顾过去的言行，看是否有过错。

《论语·里仁》篇里有子曰："里仁为美。择不处仁，焉得知？"子曰："参乎，吾道一以贯之。"意思是孔子说："居住在有仁风的地方才好。选择住处，不居住在有仁风的地方，怎能说是明智呢？"孔子说："参啊，我讲的道是由一个基本的思想贯彻始终的。"联中的"一参"即曾参，切亭名。

曾唯亭内有依据原拓件重刻的乾隆御题诗碑。是清乾隆十六年（1751）暮春，乾隆帝第一次南巡亲临敷文书院时所题。全文为：

松冈回首望祇园，讲舍层阶喜得门。

◎ 乾隆御诗

气助湖山钟远秀，道传孔孟有真源。

清游只欲心无逸，名教何非乐所存。

嘉尔青衿真济济，嗣音实行勉相敦。

乾隆辛未暮春月御笔

　　根据石碑上的介绍文字，此碑是 2002 年重建万松书院时，有关人员在浙江图书馆古籍部重新发现原碑拓件后，勒石刻碑。碑为太湖石，与"浙水敷文"碑高宽厚一致。双面阴刻，字体为行草，碑额浮雕双龙戏珠纹，上有阳文篆书"乾隆御笔"。碑身四周皆饰以龙纹，有"乾隆宗翰"印和"陶冶性灵"印。

大成殿

　　这当是书院的核心建筑物。大成殿取孟子"孔子之谓集大成"的语意，赞叹孔子的思想已达到了集古圣先贤之大成的至高境界。大成殿是师生们祭祀孔子及历代儒家先贤的场所，是师生施礼的地方，万松书院初建时称为孔子殿，明正德十六年（1521）重建；明末毁于兵火，清初重建；此后屡毁屡建，重建次数不下五次。名称也时有变化，如孔子祠堂、夫子殿、圣殿、大成殿等等。

　　现大成殿建于高台之上，砖木结构，歇山顶，重檐翘角，庄严宏伟。前有檐廊，朱栏画栋，古色古香。天花彩绘为传统桃李图饰，蕴含"桃李满天下"的意思。殿外悬贴金竖匾"大成殿"，匾的四周镶嵌九龙祥云。有檐柱联曰：

萦回水抱中和气；

平远山如蕴藉人。

第一章 书院的开办与建筑布局

◎ 大成殿

◎ 大成殿柱联

"萦回水"即转折回旋之水，暗喻钱塘江；"蕴藉"则典出《后汉书·桓荣传》"荣被服儒衣，温恭有蕴藉"一句，意思是宽容广博。这副对联是康熙帝南巡亲临万松书院时所撰写的，对联从山水环境切入，给予了书院极高的评价。可惜没有确切的记载年份。现在这副是王伯敏先生以草书体重写的。

> 入则孝，出则悌，守先师之道以待后学；
> 颂其诗，读其书，友天下之士尚论古人。

清代著名学者朱彝尊撰句，陈振濂先生以行书重书。上联典故出自《论语·学而》："弟子入则孝，出则弟（悌）。"又说："孝弟也者，其为仁之本与。"善事父母是孝，敬爱兄长为悌，意思就是要孝顺父母，敬爱兄长，遵守孔子教诲，并以此引导后来的学者。下联典故出自《孟子·万章下》："以友天下之善士为未足，又尚论古之人。""善士"即品行高尚的人，"尚论"为追论意。这句意思是要努力诵读孔子的著作，与品行高尚的人交往，进而追论古人，达到更高的境界。

> 大德大功，还凭仁义立言，冠冕百家称极致；
> 成王成圣，最是精神传世，华夷一例拜先师。

此联是著名学者、诗人、书法家吴亚卿先生所撰，以楷体书写，线条平直自然，结构匀称方正，显得大气端庄。

《左传·襄公二十四年》："大（太）上有立德，其次有立功，其次有立言。虽久不废，此之谓不朽。"立德即创制垂法，博施济众；立功即建立功业；立言即创立学说，撰写著作。仁义乃孔子学说的核心。《论语·雍也》："夫仁者，己欲立而立人，己欲达而达人。"

此联上下起首嵌"大成"二字，切"大成殿"之名。全联的大意是：孔子在世间不仅有大德大功，还创立了以仁义为核心的儒家学说，位于诸侯百家之首，达到了最高的造诣；孔子被后世尊奉为素王和圣人，尤其是以学说精神赢得了人们一致膜拜的"大成至圣先师"的荣誉。

"大成殿"内侧有徐弘道先生所撰写的对联，并以行楷写就：

　　出陬邑，游宋陈，归鲁封，受弟子，夙夜苦申孤诣；
　　删诗书，定礼乐，赞周易，修春秋，古今咸仰大成。

对于熟悉孔子的人而言，上联完全就是对其生平的概括，"出陬邑"就是孔子出生在鲁国陬邑，此后周游列国，"宋""陈"即当时列国的代表。"归鲁封"是孔子在回到鲁国疆界之内聚徒讲学，据说弟子三千，日夜苦心追求以达到理想的境界。下联蕴含《诗》《书》《礼》《乐》《易》《春秋》六经，相传是孔子整理的授课教材。

进入殿内，庄严、朴素的气息扑面而来，首先映入眼帘的就是由康熙帝手书的"万世师表"的匾额，威严、大气，令人肃然起敬。匾额之下便是孔子像及四配像。居中者自然是圣人孔子的木雕坐像。孔子像高 2.7 米，身着十二章之服，头戴十二旒之冕，手执镇圭，一如古代天子礼制。像前置一木主，上书"至圣先师孔子神位"。据悉，这座孔子像是以山东曲阜大成殿中的孔子像为母本，突出表现孔子容貌之端肃、体格之魁伟，令人望而起敬。

四配像在高度上明显低于主像，高度均为 2.2 米，身着冕服。孔子左手边为复圣颜子，颜子就是颜回，是孔子最得意的学生。再左侧是述圣子思，子思，名孔伋，孔子子孙，受业于曾子，其门人传业于孟子，形成"思孟学派"，相传著《中庸》。紧挨着孔子右手边的是宗圣曾子，曾子名参，字子舆，传业于孔伋，相传著《大

◎ 孔子像

学》《孝经》。再接下来是大家很熟悉的亚圣孟子，其学说、影响和地位仅次于孔子。五座像威严肃穆，手势与表情各有不同，足见设计者的用心。

孔子位前供桌上供奉陈列后母戊大方鼎一、豆二、大爵二、四羊方尊一、折觥一、簋二等青铜礼器。四配像前礼器则明显少一些。据悉这些礼器都是重建时参照史书中的记载制作的，工艺精湛，品种丰富，充分展现了万松书院当时严格的祭祀制度和齐备的祭器。透过眼前的一切，我仿若看到几百年前，众多学子跪拜于此的场景，表情严肃虔诚。

殿内除了给人肃穆之感的祭祀布置之外，左右两侧还有八幅栩栩如生的精美壁画，以孔子生平故事为内容展开，包括杏坛设教、读《易》有感、舞雩从游、泰山问政、子贡辞行、忠信济水、侍席鲁君、礼堕三都等。

◎ 孔子像及四配像

"万世师表"平台

从大成殿后门出来便能直达一座牌坊，即"万世师表"平台。它位于中轴线的最南端，是民国初期的建筑，现存供案、一对石狮子、一堵照壁以及孔子线刻像碑等文物。这里的建筑风格与整个万松书院的仿明建筑群不同，因为在 2000 年 3 月重修时，杭州市园林文物局依照文物"修旧如旧"的原则保留了民国初期的特征。

游览万松书院时，大部分建筑都可以随意进入，只有抵达"万世师表"平台时却被木质围栏挡住了去路。地上的石板缝隙间已长出了各类植被，鲜活挺立，与沉淀着岁月痕迹的景点融为一体。原本应是白底的照壁经过风吹雨打，终是掩饰不住沧桑，布满黑灰色的斑迹，记录着雨水对它的青睐。壁顶已成许多植物的聚居之地，苍翠欲滴，哪怕如此，但以青山绿树为背景的它，依旧挺拔，望之，敬意油然而生。当然，敬的不是照壁，而是壁上所书的"万世师表"四个大字，特别是镶嵌在照壁内的孔子线刻像碑。

此碑高 178 厘米，宽 70 厘米。其中碑额高 62 厘米，宽 94 厘米；篆额宽 34 厘米，高 26 厘米；碑座高 47 厘米，宽 172 厘米。是孔子后裔孔庆臣在 1948 年按照《敷文书院志略》中的"宋石刻至圣像"形制重镌。石碑篆额"德侔天地，道冠古今，删述六经，垂宪万世"十六个字，可惜字体现已模糊不清，令人唏嘘。资料显示，石碑中间用线刻的手法镌刻身着十二章之服、头戴十二旒之冕、端坐在九龙椅上的孔子像。落款为"民国丙戌裔孙庆臣重镌"。碑身在眼前，但这些珍贵的画面与文字却只能凭借想象在脑海中重塑。初建时，它该是多么精美大气！只可惜该碑被多次凿毁，但从残存部分依稀可见其精湛的雕刻工艺。

清风微送，照壁后的树林轻轻摇曳，发出细微的叶片撞击声，驱散午后的零星残暑。敬立在碑前，细品这一句"万世师表"。如果没有木栏的遮挡，那张历经日晒雨淋，却依旧稳如泰山的供案上

◎ "万世师表"平台

是否会贡果长兴呢！听，风声越来越大，千年前，百年前，它是否也曾时常来这里，见证过这里的热闹与喧嚣，繁盛与衰败呢？划过树梢、逗弄杂草，它终究是不肯多停留一会儿，只向往自由的远方，徒留我一人在此与碑对望良久，却不知答案。

据悉，民国时期的遗迹还留有一座水泥牌坊，原位于主入口，现已移至车道主入口，只是此番前往未能寻获，惜哉！

存诚阁

存诚，保持诚实之意。存诚阁是清代万松书院主要建筑之一，位于书院西侧石林的芙蓉岩上。由浙江巡抚徐元梦始建于清康熙

◎ 存诚阁（组图）

◎ 《渊鉴类函》《朱子全书》

五十五年（1716），用于珍藏康熙帝南巡时御赐给万松书院的《古文渊鉴》《渊鉴类函》《周易折中》《朱子全书》等典籍，为御书楼。此后也用于收藏乡绅捐赠的典籍等，是万松书院的藏书楼。

为再现万松书院的藏书功能，存诚阁于2009年原址复建，现在是书院位置最高的建筑。周围树木参天，环境清幽。

正谊堂

正谊堂位于书院右侧石林的圭峰上，是清代万松书院主要建筑之一。与明道堂功能一致，都是古代书院师生集中学习的课堂。始建于清康熙五十五年（1716），由浙江巡抚徐元梦在明道堂的旧址上重建。

正谊，意为在学习中要发扬国学辨析、辩证的精神。与"明道"意思相仿，都是出自康熙帝所御赐的"正谊明道，养士求贤"句。

2002年重建万松书院时，明道堂作为"中国科举文化风俗大观"的陈列室，未能体现古代书院的讲学功能。为了恢复古代书院"讲学、祭祀、藏书"三大功能，2009年，杭州市政府又拨款复建了正谊堂。面阔三间，两层小楼，硬山顶，用以讲学、会文和藏

◎ 正谊堂

书等，让游客对古代书院的教育形式有更加直观的认知。

正谊堂檐前悬有"正谊堂"横匾，檐柱有清代旧联：

山川佳色澄悬镜；
松桂清阴静读书。

松树挺拔，是读书人所推崇的品德，蟾宫折桂便是读书奋斗的目标。这副对联言简意赅，万松书院这样优美的环境最适合读书了，好的环境也有助于他们早日登科，实现心中理想。

二层正中悬有"务求真实"的横匾，两侧有联："正谊明道；养士求贤。"这一点与明道堂同理，此处不赘。

重建后的正谊堂四周石林簇拥，周围树木郁郁葱葱，环境清幽，哪怕是夏日，有树荫的遮挡，想来也是清凉惬意的。边上设有大片的铺装和石桌石椅，可供几百人同时驻足休息，确为学者讲学和学术研讨的理想场所。只可惜此次拜访，大门紧闭，未能一探内部究竟。

彩蝶纷飞书声聚，桃花落尽琴音绝

　　毓秀阁并不是万松书院初建时便存在的建筑，而是在明嘉靖四年（1525）才开始建的，后来经过几次重建和维修，成为书院的主要建筑之一，位于中轴线的左侧。所谓"翼以精舍，以待四方游学之士"，毓秀阁是专门用来接待各地的访院学者的，相当于我们现在的会客厅。

◎　毓秀阁

如今的毓秀阁为砖木结构建筑的两层小楼，悬山顶，面阔三间。二层正中上方有"毓秀阁"横匾，红底黑字，古朴雅致，是中国书法家协会理事、河南省书法家协会副主席王澄先生的行楷作品，字体飘逸俊秀又不失大气沉稳。

一楼有柱联曰：

山色当窗，松声拂院，无数栋梁材，端赖读书万卷；
文明古国，礼义名邦，几多风雅事，正宜垂范千秋。

这副由吴亚卿先生撰并以行楷所写的对联与别处相较显得通俗易懂许多，写景抒情两不误，而后上升到民族大义。联中的"风雅"本指《诗经》中的《国风》《大雅》与《小雅》，可谓风流儒雅。所以此联的意思是：毓秀阁窗外有青翠的山色相映成趣，有万松岭的滔滔松声相伴，在书院就读的许多栋梁之士唯有博览群书；我们中国既是文明古国，又是礼仪之邦，有许多的风流儒雅之事足以作为传统规范流传于千秋万代。

二楼现为书院藏书楼，收藏部分典籍。中堂亦有王其煌先生撰句，宋涛先生手书的行楷对联一副：

旌表奎章留史迹；
松涛竹韵拟书声。

上联意在表明书院有名声显赫的历史，下联则指出此地虽已不复见当年读书讲学的盛况了，但环境清幽，仍有不同于凡俗的神韵。

毓秀阁尤其值得关注的一点，在于它就是传说中梁山伯与祝英台三年同窗学习的地方。故我人还未进入，镌刻在内心深处的《化蝶》即已翩然飞舞，小提琴上的每一根琴弦都拨动着情绪的起伏。步入其间，见到许多关于梁祝的布置，想象着他们在此度过的朝夕相对的日子，虽然祝英台未能表明自己的女儿身，虽然梁山伯未能识破这同窗对自己的异样情思，但相对那悲惨的结局，这里大约是他们生命里最美好的一段时光了。

时光回转，恍惚中只见一位样貌清秀的姑娘，卸下钗环，洗净脸颊，褪下罗裙……不消一会儿，娇俏的女子不见了，只一个风度翩翩的俊朗公子。

这位女子便是浙江上虞祝员外家的独生女，名唤英台，年少聪慧，一心向往可以如男子一般入学院求学。这一日，她终于说服了疼爱自己的父母，可以女扮男装前往杭州。自由的轻风拂面而过，祝英台的心也雀跃不已，畅想着自己在书院求学的生活。忽然，路遇一位书生模样的年轻男子。或许也是求学的，要一路有个伴也是好的，祝英台想。主动交谈之后发现，那人竟然与她要前往同一目的地，而且还是会稽老乡，学名梁山伯。两人一见如故，相谈甚欢，于是决定义结金兰，一路说说笑笑地前往万松书院。

书院院长是祝英台父亲的至交好友，早已修书一封，请他们代为照顾英台。在院长以及夫人的帮助下，祝英台顺利入学。万松书院风景秀丽，不知不觉祝英台就在这里度过了三年。她与梁山伯同窗三载，形影不离，学习上互相探讨，生活上互相照应，情谊日渐深厚。但憨厚的梁山伯同学却一直未发现祝英台的女儿之身，只当他是自己的异姓好兄弟，可祝英台却早已情根深种，芳心暗许。

某日，祝英台收到父亲的书信，不得已收拾行装回家。她既不想错过梁山伯，又没有勇气当面告知，只得在临行前，偷偷将随身佩戴的玉蝴蝶扇坠交给院长夫人，请师母做媒。这三年，两人的一切师母也是看在眼里，知晓梁山伯是个憨厚老实之人，如果祝英台能与他成就一段姻缘，倒也是一桩好事，自己又何乐不为呢？

终于到了祝英台要告别师长、告别书院的日子。梁山伯也很舍不得自己的"好兄弟",一路相送,在这段"十八相送"的途中,祝英台一次次借景喻情,向梁山伯暗示自己是女子。但梁山伯真的是位憨憨,就是不明白,急得祝英台不知如何是好,只能带着无奈回到了家。好在梁山伯在师母的点拨下,终于恍然大悟,于是匆匆赶往祝家求婚。可惜来晚了一步,祝员外已经将女儿许配给上虞太守之子马文才了。梁山伯心中凄苦,与祝英台"楼台相会",他自知求娶无望,内心懊悔不已。回家之后,郁郁寡欢,不久便带着遗憾离世。

祝英台得知梁山伯去世的消息,悲痛难忍。出嫁当日,她向父亲提出要先到梁山伯的墓前祭拜,否则不肯上花轿。祝员外拗不过女儿,只得同意。祝英台来到墓前,哭得肝肠寸断,忽然天昏地暗、电闪雷鸣,狂风暴雨中突然一个雷劈向坟墓,顿时裂开一道口。祝英台纵身跃入,坟墓又徐徐合拢。然后风雨骤歇,又是艳阳高照。随行的人看着这惊奇的一幕,久久不能自已。随后从坟墓中飞出一对色彩斑斓的蝴蝶,它们围绕坟墓翩翩起舞,然后飘然远去。众人都明白,这一对蝴蝶就是梁山伯与祝英台的化身。

这就是中国历史上有名的"梁祝传说"。我们的百姓是善良的,他们让两位相爱之人在无法违背礼教道义的情况下,羽化成蝶,让在现实中无法相守的爱情以一种特别的方式相守。这也寄托了人们的美好祝愿。

"梁山伯与祝英台"如今被纳入中国四大民间爱情神话传说,大概是无人不知、无人不晓的存在。它最早见于1400多年前南朝的《金楼子》,此后在初唐梁载言《十道四蕃志》、晚唐张读《宣室志》、宋代李茂诚《义忠王庙记》,以及明代冯梦龙《古今小说·李秀卿义结黄贞女》等书中都有详细的记述。但各个版本中的故事发生地点却并没有定数。

传说演绎千年,历史几经变迁,战火初歇的杭州再度迎来春的

◎ 梁山伯与祝英台像

美好，依旧是那个令人心驰神往的模样。梁山伯与祝英台地下有知，当会感谢一位大才子，是他让后人记住了他们，记住了他们和万松书院的关系。

这是顺治八年（1651）的一天，一个头戴斗笠的中年男子漫步在万松岭上，他刚刚举家从金华兰溪迁居杭州。信步其间，似乎有琅琅书声由远及近地传来，循着声音，隐于松林间的这座著名学府——万松书院便展现在他的面前。但哪有人呢，只有他与书院静静地对视。

面对略有些破旧的建筑，他有些惆怅，当年的它是何等的热闹与辉煌，如今的暗淡里透出苍凉感。当时的统治者害怕书院讲学活动会造成朝局不稳，便采取手段抑制书院教育的发展。看着这座静静地待在此处的建筑，他不确定之前听到的是读书声还是松涛……似乎冥冥中有什么指引着他前来，成就他与这里的缘分。

此人便是素有才子之誉，世称"李十郎"的李渔（1611—1680）。李渔自幼聪颖，擅长古文词，但奈何身在乱世。清军入关之后，他无意仕进，便从事著述和指导戏剧演出。此时面对这座并不鼓励科举的万松书院，不由自主地信手推门，想去寻一寻那些文学大家的踪迹。漫步其间，一个大胆的想法便开始慢慢滋生，并随之蔓延，一发而不可收。

此后，李渔再度移家金陵，康熙十六年（1677），再次回到念念不忘的杭州，并在云居山东麓修筑"层园"。他对杭州充满了感情，最终将这份感情融入了作品中，为杭州送上了一份珍贵的礼物——传奇小说《同窗记》。历史上梁祝读书处各有不同，是李渔最早将这个故事的发生地落户到了万松书院。不过，关于《同窗记》的作者是否李渔，至今尚未确认。

李渔这部作品中的杭州地域特色比较鲜明。比如梁祝第一次相遇的地点变成了他们渡钱塘江而至的草桥门，并在此义结金兰，而后相伴前往当时杭州最著名的书院——万松书院。三年后，十八相送的地点自然变成了长长的凤凰山古道。

李渔别出心裁地将故事中固有的书院、山川、草桥、长亭等元素都打上了杭州的标签并融入故事，增添了故事的说服力和渲染力，仿若这个美丽的故事就真实地发生在万松岭这片神奇的地域之中，让人想要循着漫漫古道去访一访。原本让人觉得肃穆的书院因为有了这样美好的传说而变得温馨，富有人情味，著名的学府也使虚无的故事有了落地生根之处，两者相辅相成，让遗世独立的万松书院成了人们心目中的"梁祝书院"。

似乎为了让一切更加合理，民间还流传一首名为《万松书缘》的诗，作者不详，摘录如下：

> 万松书院云海端，相欣相爱已三年。
> 本应良缘成双对，世事难料遭摧残。
> 人间多少真情在，无奈化蝶舞翩跹。
> 若是能得一夕欢，也胜清冷伴月寒。

2001年7月，杭州市启动万松书院复建工程，按明朝建筑风格样式修复，规划面积5万多平方米，建筑面积1200平方米。书院主体建筑包括仰圣门、明道堂、大成殿、毓秀阁等。修葺重建后的万松书院被赋予了新的功能——爱情。一明一暗、一实一虚两条文化主线：明为"明清知名学府"，暗为"梁祝爱情之地"。中轴线上以古代书院的布局为实景，而在右侧石林中又根据自然地势巧妙点缀与"梁祝"十八相送有关的场景，比如观音堂、草桥亭、独木桥等等，为肃穆的书院注入美好的传说，增添更多的人文情怀，同时也让虚无的故事有了真实的场景可以寻找。

2007年10月20日，西博会开幕式晚会宣布了"三评西湖十景"

的结果。万松书院被誉为"万松书缘",成为新一代西湖十景之一。进入万松书院,往品字牌坊前去的路上即可看到一块碑石,名曰:万松书缘。

如今的万松书院,还会组织各种传统的活动,为这个伟大的时代将这些浸透着历史的故事继续传承。我带着这个故事与毓秀阁相遇,也祝愿前来的人,都能在这建筑中感受故事,在故事里品味这建筑之美。

跨入毓秀阁,首先见到的便是着男装的祝英台手持书卷站立在

◎ 毓秀阁内梁祝雕塑

书桌旁与坐在书桌前手执毛笔的梁山伯四目相对的场景，虽是两个雕塑，却仿若能从他们的眼神中看出那份别样的情愫，背景更迭，四季变换，他们的情谊未曾改变……闯入其间，似有打扰两人之嫌，唯有匆匆环视，急急离去才是正途。只可惜被墙上所挂的梁祝与万松书院的始末的壁画牵住了离去的脚步，还是细细品读一番，了解一下这座书院被赋予新功能的来龙去脉。

重建后的书院，特辟"梁祝"书房，采用东阳木雕、壁画以及多媒体等多种形式再现了两人与书院相关的故事情节——草桥结拜、三年同窗、十八相送等等。因为梁祝，这座沉寂的书院，如今在每个周六都焕发着新的光彩，富含全新的意义。梁山伯与祝英台虽只能化蝶相随，而从这里走出的男男女女却希望他们可以甜蜜无牵绊，万事顺遂。

可汲亭

出观湖亭，左转，就能看到一座造型有些与众不同的攒尖圆顶亭子，四柱圆形设计，小巧玲珑，秀气可人，这便是可汲亭，原为万松书院观景亭，现为梁祝故事中草桥结拜的场景。

所谓无亭不成园，无亭不成景，所以万松书院内亭子众多，虽都是木结构，但别处顶部是瓦片铺就，而可汲亭屋面却是茅草覆盖，俗称"草桥"，便是暗合梁祝草桥结拜的故事场景。

可汲亭位于书院西侧，据明朝田汝成所作《西湖游览志》所写，书院中有四亭，"曰振衣，曰可汲，曰依云，曰见湖"。由此可见，可汲亭也是书院最早的建筑之一。亭檐下有横额"可汲"，由兰溪市书法家协会副主席王逸生先生书。

◎ 可汲亭

观音堂、双照井

　　梁祝十八相送的场景是整个故事中常为人津津乐道的，两人出书院，过可汲亭，继续前行，途经观音堂，两人请观音菩萨做媒，随后又过双照井，祝英台以水为镜，对着镜中两人的倒影对梁山伯说："你看，一男一女笑盈盈。"结果直男山伯却恼道："你怎么能将我比作女人呢？"一路上，聪慧的祝英台拼命暗示，奈何梁山伯是位憨憨，完全不懂祝英台的苦心，只能任由她干着急……这些出现在梁祝十八相送的场景，从想象落到现实的感觉，让人大呼过瘾。

　　观音堂前似也为与梁祝十八相送相契合，有吴仲谋先生撰句，秦天孙先生以行书体写就的柱联，曰：

　　　　　莲座证慈航，但愿苍生沾化雨；
　　　　　杨枝洒甘露，唯祈情侣结鸾俦。

◎ 观音堂

第一章 \ 书院的开办与建筑布局

059

◎ 双照井

大意是以慈悲为本的观音菩萨端坐在莲座之上，但愿霖雨庇佑苍生；手持净瓶，普洒甘露，只愿有情人终成眷属。

　　静谧的午后，在书院的各处与梁祝相遇，偶尔飞来的蝴蝶，让人忍不住遐想。

偷得浮生半日闲，坐看云卷云舒时

观风偶憩亭

参观许久，若想寻一处小憩半刻，位于"万世师表"平台左侧山坡上的观风偶憩亭是个不错的选择。此亭原是雍正年间，由浙江巡抚朱轼建造并题额"玩心高照"。雍正四年（1726），浙江总督李卫主持重修，将书院所有建筑都修缮一新，补植松、柏、桐、桂、梅、杏、桃、李等树木，使书院环境更加宜人。改"玩心高照"额为"观风偶憩"额。现有的亭子翘角凌云，木质结构，四柱四面，东面靠山，西面檐前有横匾"观风偶憩"，是后来海鸿先生补书。徐弘道撰书柱联：

◎ 观风偶憩亭

坐怜彩蝶微风处；

近看青山小憩时。

对联言简意赅却颇有意境，已参观完大半的万松书院，腿脚正有些酸楚，静坐一会儿，微风徐徐，再过不久，杭城的桂花就会陆续盛放，那时的风中更是充溢花香。看着青山，遥想梁祝"化蝶"的故事，倒也不失为一件雅事。

见湖亭

穿过一段石道小径就来到了著名的芙蓉岩，眼前出现万松书院较为著名的观景亭——见湖亭。见湖亭曾出现在明朝著名方志撰写人田汝成之子田艺蘅的诗《游万松书院侍阮宗师与杨秋官弈见湖亭修真率会晚别江津有作》中。

顾名思义，见湖便是看见西湖。作为整个万松书院最佳的观景点，明朝某诗人在此俯瞰西湖之后，有感而发，赋诗曰：

山疑墨沈水疑笺，米大游人蝇大船。

一幅武林奇妙画，笑予喜画万松巅。

只是如今因植被繁茂，若坐于亭中，视线所及也不过是葱郁的树木，只得站立眺望，方能在树杈交错的缝隙间隐隐约约地看出点西湖的景致。

现在的亭子是庑殿顶的设计，斜坡形亭面起翘上扬。面阔三间，周围设置美人靠以供游人休憩赏景。东面檐悬"见湖"横额，为浙江省书法家协会秘书长杨西湖先生所书，笔法俊美飘逸。檐下有吴仲谋先生撰句，陈为民先生手书的柱联：

◎ 见湖亭

◎ 见湖亭西面

水气山风齐送爽；

湖光人影两相怜。

意为：西湖的水气与山间的清风拂面而来，令人神清气爽；湖光与人影，互相怜爱。既写出了万松书院幽雅的环境，又暗喻"梁祝"三年同窗的情谊。

西面亭檐有"湖山萃秀"横额，原为乾隆四年（1739）乾隆帝御赐，现有的是沈立新先生重书。檐下有费之雄先生撰书的柱联，既描绘出书院的美景，也写出了读书人高洁自尊的心境，摘录如下：

环山皆秀色；

临水自清心。

浣云池

万松书院是在报恩寺的旧址上建造而成，浣云池是院内仅存的几处报恩寺时的旧景，在《西湖游览志》中有所记载。中国古代历史上，文人墨客有不少都爱逛寺院，比如元朝大画家黄公望在还未成名时便在杭州的某座寺庙偶遇了正在为友人写墓志铭的偶像赵孟頫，一番交谈也为黄公望后来拜入赵孟頫门下提供了契机，成为后世美谈。

作为唐宋时期在杭州的大寺院，报恩寺自然也不乏文人骚客，比如前面提及的苏轼与白居易等在杭州留下浓墨重彩的大家，他们自然也没有错过报恩寺，并为浣云池等处留下了大量诗篇。

2002 年，浣云池重建，水系从可汲亭一直蔓延至"光绪十有八年"摩崖下，积水成池。摩崖处还设有一挂瀑布飞泻而下，缓缓

◎ 浣云池（组图）

注入池中，让这汪池水有着源源不断的活力。池边石块造型自然雅致，池中还有白鹅的雕塑，栩栩如生。池水清澈见底，有小鱼悠闲地游弋其间，好不快活！池中架有石板小桥，可供游人穿梭其间，也可以近距离赏玩。静坐在桥上的石凳之上，体味这一番盎然生趣，倒也不失一番滋味。只叹没有先人们的文墨，要不然也能赋诗一首，不枉这一片风景。

石匣泉

据《敷文书院志略》记载：泉水被四周山石合抱，犹如装入石匣之中，故名石匣泉。古时泉水清冽，涓涓细流，顺流而下，汇入浣云池。可如今泉水早已干枯，徒留"石匣泉"三字，以供游人寻访旧景。

若赶上雨季，不知是否能再现当年美景！

节义亭

万松书院西侧山麓间有座亭子，名曰节义亭，是清朝同治年间钱塘知县为京师书生崔升夫妇所建，旁边有"双吊坟"。

崔升何许人也？知县又为何要在书院为两个外地人专门建亭？这些疑问，或许杭州长桥一带的老居民能为大家解惑。在清嘉庆年间，京城的书生崔升因为受到株连，被迫携妻离京，前来杭州投奔亲戚。夫妻俩跋山涉水，风餐露宿，风尘仆仆地来到杭州，谁承想亲戚一家早已搬走。

◎ 石泉匣

人生地不熟，又加上语言不通，心情沮丧的两人只能先找客栈暂住，再从长计议。夫妻两人每天都早出晚归地寻找，希冀可以寻得亲友的一点线索。但随着时间的推移，两人身上所携带的钱财已日渐稀少，生活也慢慢变得拮据。一个月后，亲友还是杳无音信。囊中羞涩的两人接受了好心人的善意，崔妻给一些有钱人家做洗浆缝补的活，换点买米的钱。夫妻二人又在南山僻静处寻了间小屋租住，勉强度日。

　　崔升依旧外出寻找线索，就这样过了半年，两人不得不在现实面前妥协，最终放弃了投奔亲戚的想法。崔升在妻子的支持下，决定重拾书本，参加来年的会试。从此，为了让崔升专心读书，妻子揽下了更多的针线活。日子清贫简单，两人在杭州的日子倒也踏实。

◎ 节义亭

崔妻不仅年轻貌美，而且出身官宦之家，又知书达礼，有好事者便暗中劝说，与其跟着崔升这穷苦书生过日子，不如嫁作商人妇，虽不能做原配、正室，但好歹吃喝不愁，正好也给崔升一点钱财。这乍听起来是桩双赢的买卖，但遭到了崔妻的严厉拒绝。她怆然曰：贫贱不能移，富贵不能淫。无论生死，永远都不相弃。好事者听她这么说只得悻悻而回。

虽然崔妻每日辛苦干活，但所得钱财毕竟有限，入不敷出，连随身可典当之物也早已换成了大米。渐渐地，日子就更加困窘了，夫妻俩时常食不果腹。贫贱夫妻百事哀，崔升看着曾经贵为千金小姐的妻子，为了养家糊口日渐消瘦，自己堂堂七尺男儿也要依靠妻子养活，心里很不是滋味。既心疼妻子，又痛恨自己的无能。

某日，崔升无意间发现妻子在蒸饭时总是事先在碗中倒扣一只碗，很是好奇。偷偷观察了几日，他才恍然大悟，原来家中的粮食已经不够吃了，所以妻子每次蒸饭前在自己的碗中埋入一只小碗，这样饭蒸好之后看起来还是满满一碗。既可以让他多吃点，也不至于折了他的面子，令他难堪。

知晓这一切的崔升，对妻子充满感激，但更多的是自责，陷入不可抑制的悲伤之中。他忍不住自问：堂堂男儿竟然要靠妻子挨饿受苦才得以苟且偷生，这样的我还有何面目留存在世上？科举之路遥遥无期，是否能挨到金榜题名时也未可知。或许没有了自己，妻子就不会再有这么重的负担了，至少不用再吃这碗"空心饭"了。

这样的想法一旦产生，就如同长出了脚，不久便占据了他的整个思绪，崔升的情绪越来越低落，夜晚辗转反侧无法入睡，看着身旁娇弱的妻子日渐憔悴的样子更是坚定了自己的决心。第二日，趁着妻子外出，他就在自家屋后的大樟树上上吊自尽了。

崔妻虽知晓丈夫近来确实心情不佳，但未承想到丈夫竟是如此决绝。她交完活计收到工钱，买上一小袋米便急匆匆地赶回家，想着今日可以让丈夫饱餐一顿。兴冲冲地进门，迎接他的只有一室宁静，几声呼唤只换得几声鸟鸣。原以为丈夫只是外出散步，静待片刻之后，崔妻越来越觉得不安。做上饭后，崔妻寻到屋后，见到早已命赴黄泉的丈夫，不禁悲从中来。号啕大哭之后，忽感自己身世飘零又无依无靠，连相依为命的丈夫也离她而去，自己一个人活在这世上还有什么意义呢？不如随着丈夫而去，许在奈何桥上还能相遇，索性也在那棵樟树上自缢而亡。

袅袅升起的炊烟渐渐退去，米饭的香味在林间穿梭……

崔升夫妇的悲惨遭遇赢得了世人的同情，当时的钱塘知县既同情这对苦命鸳鸯，又感慨他们"固穷守志，至死不移"的节义，于是就在万松岭敷文书院西侧择了一块地厚葬了两人，并建亭树碑，亲自撰文为记。

这个故事从此不仅一直在民间流传，甚至引起清朝著名学者俞樾的注意，他在《春在堂随笔》中有如此记载："万松岭有双吊坟，闻祈祷有验，香火甚盛。癸酉春，余至敷文书院，访同年杜莲衢侍郎，乃过其地。因坟为屋，塑男女二像。门外一碑，载其大略曰：嘉庆间，有崔升者，京师人。携其妻陈氏来杭州，落魄不能归。或有以夫妇两全之说进者，陈不可。后益穷困，同投环死。钱唐令哀而葬之，并建亭曰'节义'。夫匹夫匹妇，固穷守志，至死不移，事固可风矣。然其生也穷困不能自活，其死也灵爽乃尔，亦不可解。殆所谓生而有成神之骨者，非偶然乎？"

节义亭的故事流传到后期还带上了神秘色彩。

同治年间，书院内有一穷苦书生某日途经节义亭，饥寒困顿，恍惚间竟看到一对男女软语宽慰，甚至赠银数两。待书生清醒过来时，本以为是黄粱一梦，但定睛一看，竟发现怀中真的有一包碎银子。此后，又有多名穷苦书生得到过崔氏夫妇的资助。一传十，十传百，且越传越神乎，惹得大批民众前来，两人成了有求必应的菩萨般的存在。后来，人们以坟为屋，在屋中塑崔氏夫妇像，朝夕供奉，香火鼎盛。虽然这个故事未免有些失真，但这里以坟为屋，香火旺盛，几经兴废，直到1958年才被彻底拆毁却是有据可查的。

现在的节义亭是根据俞樾在《春在堂随笔》中的记载，在原址上重建的仿木亭。亭檐有"节义亭"横额，由杭州市书法家协会副主席陈进先生书写，笔力遒劲、厚重稳健。黑字配以白底，简朴素雅。亭内有青石碑，高180厘米，宽80厘米。碑额浮雕双鸟戏竹图，喻意崔氏夫妇的恩爱与高洁。阳面阴刻"双节义"三个大字，同为陈进先生手笔。背面有重建碑记。

走走停停，时光匆匆流逝。漫步在这座清幽雅致的书院公园，看着各处的简介，与遗迹相遇，与雕塑相视，仰望树木，俯瞰花草……它们仿若在我的脑海中排列组合，诉说着书院的前世今生。

第二章

从万松到敷文
——书院的前世今生

浙江的书院起步并不早，始于宋元而盛于明清，创建时间相对较晚，这与历代的政治中心的选择以及战乱密切相关。

江南风景多秀丽，特别是江浙两省素有水乡之称，地理位置好，环境优美，文化底蕴深厚，是许多文人墨客的向往之所。随着时间的推移，北方的人才随着人口迁移而转移到江浙一带，人才充足使得江浙一带的学校和私塾得到空前发展。

唐朝后期，北方战乱频发，而南方多稳定，凭借着桑麻遍野、鱼米之乡的物质条件和深厚的文化底蕴与充足的人才储备，江浙一带形成了教学风格鲜明、学术氛围浓厚的地域特色。书院自唐朝兴起以来，到宋朝获得发展并呈繁荣气象。

元朝时期，元世祖首次下令广设书院，民间有自愿出钱出粮赞助建学的也立为书院；后又多次颁布法令保护书院和庙学，并将书院等视为官学，书院山长也定为学官，这便是书院官学化的开始。元朝虽然支持书院，但却进行政策规划，很多书院最后要么消失，要么被官方招安，由原来的自愿讲学的学术机构，变成了为朝廷养士的学校。说到底，书院变成了为统治阶级服务的机构。

明朝初年，朝廷重学兴教，虽提倡科举，却只注重官学。各地虽设有书院，但都不为统治者所重视，以讲学为主要内容的书院则仅仅维系而已。有明一代曾先后四次毁禁书院，然而书院有着顽强的生命力，多次毁而不绝，在严酷的政治压迫下，书院师生宁死不屈。一直到明嘉靖以后，书院教育才发达起来。

明朝中叶以来，科举与官学变成一体，书院原本只是作为研习之所的单纯已经不复存在。以程朱理学为代表的官方哲学蜕变为士子敲开科举之门的砖块，人们为了挤进科举仕途而变得不择手段，所谓"率天下而为欲速成之童子，学问由此而衰，心术由此而坏"。

特别是公然卖官的纳粟之例一开，"使天下以贷为贤，士风日陋"，愈益不可收拾。这些进一步说明官学教育的失败，而重建新的理论以维系日益涣散、败坏之人心的任务就变得迫在眉睫。以王阳明、湛若水为代表的杰出思想家们站了出来，他们批判、解构官方哲学，并从此入手，承担起建构新理论、重振纲常以维系人心的艰巨使命。

王阳明认为，在程朱理学普及，尤其是朱熹的《四书集注》成为人人必读官方教科书的同时，理学的精粹之处就已经被淹没了，完全成为拘缚人们思想的僵死教条，而且程朱理学本身"言之太详，析之太精"，势必造成"章绘句琢"，以至废弃圣人之学的局面。此外，他在镇压统治阶级内部宁王朱宸濠叛乱及东南地区少数民族和农民起义即所谓"破山中贼"的实践中，再一次深切地感受到程朱理学的烦琐、无用，凭此而欲"破心中贼"委实不易。由此，王阳明便提出以"破心中贼"为目标，创建起以"心即理""致良知"和"知行合一"学说为主要内容的心学思想体系。

王阳明的观点得到了人称"甘泉先生"的明朝著名思想家和教育家湛若水的应和。湛若水是明朝大儒陈献章的得意门生，陈献章被后世尊为"圣代真儒""圣道南宗""岭南一人"，他的得意门生在明朝学子中自然也具有很高的地位。湛若水指出朱熹的《大学章句》只可用于科举考试，而不足以作为修身指南。湛若水修正、发展师说，提出了"随处体认天理"的命题。他主张动静、心事合一，随时随地去发现"本心"、践履"天理"。虽然王阳明与湛若水两人的观点，在表述方法和侧重点上有所不同，但就像王阳明自己所言，二者乃是"殊途同归"，湛若水也认为两者是"皆圣贤宗旨也"。

两大思想家惺惺相惜，经过他们的大力提倡，心学蔚然成风。

王阳明与湛若水所提倡的心学能发展成为在社会生活中影响广泛的思潮，除了本身程朱理学已不适应时代需求之外，还有一点就是书院活动的一体化。王阳明与湛若水都将宣传自己学术思想的阵地放在了书院，并都在书院讲学过程中不断发展、完善自己的学术主张和思想体系。书院年轻的学子们既是他们思想的继承者又是宣传者，书院与学术思想互为表里、一体发展：新的理论在书院中崛起，新崛起的理论又有力地推动着书院的勃兴，两者相辅相成。这和数百年间南宋书院与朱熹、陆九渊之学一体发展的情形颇为相似。

王阳明死后，各地的王门弟子皆以传播、弘扬师说为己任，他们或建书院，或立祠宇，或创精舍，或办讲会。他们中有些人不乐仕进，一生以传道讲学为己任，如钱德洪（明朝中后期哲学家、思想家、教育家，人称绪山先生。王阳明奉旨出征广西，钱德洪主持中天阁讲席，人称为"王学教授师"）"在野三十年，无日不讲学"[1]，他在嘉靖十一年（1532）中进士后，在京任职，二十年（1541），因抗旨入狱，在狱中仍学《易》不辍。出狱后，于苏、浙、皖、赣、粤各地讲学，传播阳明学说，使王学获得了广泛的社会基础，培养了大批王学中坚。

当然，王阳明的弟子中也不乏位至公卿、讲学倡导于上者，如在嘉靖、隆庆之际执政朝廷的徐阶（明朝中期名臣，嘉靖后期至隆庆初年任内阁首辅），这又使王学及传播王学的书院获得了广泛而崇高的社会声誉。这些王门弟子和再传弟子将王学和书院一起推向发展的高潮。

1　黄宗羲：《员外钱绪山先生德洪》，见《明儒学案》，乾隆四年郑氏补刊本。

发展至明朝，浙江书院在教学水平与学术氛围上已处于全国领先地位，教书育人的功绩在全国也极为显著。特别是建于明朝中后期的万松书院、崇文书院，建于清朝的紫阳书院和诂经精舍，被誉为杭城四大书院，在学术研究和培养人才上成绩显著，在浙江书院史乃至全国的书院史上都留下了浓墨重彩的一笔。

万松书院之所以为"书院"，是因为从历史上看它的真正身份就是一座学堂，然后是一所学术研究机构，在当时是有些特立独行的存在，在清朝以前它并不鼓励学生参加科举考试，而是重在研究学术。清朝时，统治阶级加强了对全国书院的管控，万松书院变成了敷文书院，教育目的也有所改变，渐渐变成为科举取士服务。但它作为著名学府的地位从未改变，无论名字如何变化。

历史上万松（敷文）书院不仅是浙江最高学府，是皇帝频频眷顾的著名书院，也是孔子南宗的重镇和王阳明及其弟子讲学之处，无论理论创立还是教学实践，都长期引领明清以来江浙书院教育的发展。

鱼米之乡重读书

古语云：江南出才子。

山主贵，水主富。江南才子众多，大抵与山水相宜的自然环境有关。正所谓"地有四势，气从八方"，"乘风则散，界水则止"，水天然聚藏生气。经济基础决定上层建筑，农业发达，工商业繁荣，劳动的效能产出最大。"家里有粮，心中不慌"，江南才子们可以相当平静地选择读书，甚至世代都可读书。而读书之最终目的，就是参加科举，进入统治阶层，以完成读书人所谓的"修身齐家治国平天下"之使命。

明洪武三十年（1397年）二月，应天府还有些寒冷，经过几天几夜的奋战，三年一度的科举会试如期闭幕。几家欢喜几家愁，51名学子被成功录取，其中江西泰和人氏宋琮位居第一，俗称会元。在稍后的三月，这51人又如期参加殿试并顺利通过考核，由朱元璋钦赐功名并排定名次。

一甲共3人，赐进士及第。第一名（状元）陈䢿，福建闽县人氏；第二名（榜眼）尹昌隆，江西泰和人氏；第三名（探花）刘仕谔，浙江山阴人氏。二甲共13人，赐进士出身。三甲共35人，赐同进士出身。

金榜张贴，诰示天下，春意料峭的金陵街头再次热闹了起来。道喜者有之，叹气者有之，围观者更有之。突然，不知道谁说了一句"怎么考中者都是江南士子"？在场的人顿时倒吸一口凉气，议论之声渐起，愈演愈烈，怀疑的种子开始在众人心中生根发芽。

到底是有什么蹊跷呢?

据《明朝小史》:"洪武三十年丁丑科,试官刘三吾、白信稻,取宋琮等五十一人,中原西北士子无登第者。"原来榜上得中进士者,全部出自江南,竟无一人是北人。最终所有矛头直指本届会试主考官——茶陵人、85 岁高龄的翰林学士刘三吾,认定其"私其乡"。原本落榜就心情低落的北方考生更是愤愤不平,对这一认定坚信不疑。十年寒窗苦读,竟然被人暗箱操作,越想越不甘心。顷刻间,激愤的学子们纷纷走上街头游行示威,并一路前往礼部衙门前抗议请愿,高喊"三吾等南人私其乡"。要求官府严查舞弊事件。一时间民意沸腾,局势几近失控。

明朝建立不过短短几十年,全国人才的选拔对于新生的明王朝政权自然有着举足轻重的意义。如今竟然出现这样的科举舞弊案,已近暮年的朱元璋气得拍案而起,迅速派侍读张信等大臣严查此事。经过两个月的认真反复查证,他们得出的结论竟然是所录取 51 人皆是真才实学,考官毫无徇私舞弊行为。真相虽然查明,事情却依旧无法平息,因为北方籍的大臣和学子都无法接受没有一位北方学子被录取这一结果。朝廷上下一时之间争吵不断,竟隐约有地域分裂之象。这对刚刚建立的王朝而言极度不利。作为帝王,朱元璋知道此时重要的不是对错而是朝廷的稳固,于是在当年五月,就下旨斥责本次科举的主考刘三吾等人为"蓝玉余党",一时间被砍头的砍头,被流放的流放。六月,朱元璋又亲自策问,另取 61 名,全系北方人,故被称北榜,此事才终于得以平息。这就是明朝历史上有名的"南北榜案"。

此外,为了避免再出现这样的局势,明朝从洪熙元年(1425)开始,朝廷开始分南北卷分别取士。这似乎有点像我们如今高考采用的地方卷与全国卷。

不过,朱元璋在位期间的洪武四年(1371)至三十年(1397),

朝廷共开科 6 次，各科进士共 867 人，其中南方籍进士 620 人，占总数的 72%。以此看来，似乎"南人尽占皇榜"的现象，还是无法避免。

也许在世人眼中，江南是俗语所说的"文章锦绣地，温柔富贵乡"，但若追溯前朝，状况却是完全相反。历史学家、思想家、教育家钱穆先生在《国史大纲》里说："宋室相传有'不相南人'的教戒。无论其说确否，要之宋初南方人不为相则系事实。然而南方人的势力，却一步一步地侵逼到北方人上面去。真宗时的王钦若，仁宗时的晏殊，都打破了南人不为相的先例。"

北宋晁以道曾经说过："本朝文物之盛，自国初至昭陵时，并从江南来。二徐兄弟以儒学显，二杨叔侄以词章进，刁衍、杜镐以明习典故用，而晏丞相、欧阳少师巍乎为一世龙门。纪纲法度，号令文章，灿然具备，有三代风度。庆历间人材彬彬……皆出于大江之南。"此后这样的南北差距才进一步明显化。

书中自有黄金屋

如果能穿越，很多文人雅士都曾表示一定要去北宋。公元 960 年，赵匡胤以武将取得政权，建立北宋。但赵匡胤在黄袍加身之后，却对那些帮助他一起发动政变的兄弟们有了忌惮，为了防止历史重演，便有了著名的杯酒释兵权。在轻松取得兵权之后，执政者决定一劳永逸地解决割据势力再生的情况，亲自制定了崇文抑武的治国政策，于是重文轻武的风气在宋朝达到极致。

在有宋一代，文人士大夫的社会地位之高在中国历朝历代都是十分罕见的。

宋太祖曾要求他的子孙永远不得杀害文人，文人在宋朝地位得到了空前的提升，"好铁不打钉，好男不当兵""满朝朱紫贵，尽是读书人"等俗谚都是出在宋朝。这一举措使宋朝文人辈出，范仲淹、欧阳修、晏殊、苏轼、王拱辰、苏舜钦、富弼、韩琦等等都为我们所熟知。唐宋八大家，宋朝独占六人。这些人不仅文采出众，而且愿意出仕，于是为筛选官员而建立的科举考试也进一步推进了教育制度的发展。一般的官员都具有学者、诗人、画家、政治家的特质，喜爱字画，善于诗词，收藏古董。宋朝成为中国文化史中的丰盛时期，理学、文学、史学、艺术以及科学技术领域硕果累累。

宋朝之前，经历了黄巢起义、五代十国内乱等事件后，中国自魏晋南北朝时期传承下来的世家大族在宋朝建立后，终于真正退出了历史舞台，这也让科举制的性质发生了变化。科举制虽然在隋唐时期已经产生，但出于维护自身统治的目的，统治者选择将科举考试作为和各地世家大族妥协的工具。这也就是说，当时的世家大族依旧垄断着大部分做官的权力，平民真正能够通过科举考试来实现自身阶层跨越的概率相当之低，所谓的科举取士更像是表面文章。但随着世家大族的消失以及宋朝政府的控制，科举制开始真正成为从平民当中选拔人才的方式，普通人通过自己的努力做官的概率大大增加。宋代的科举制可以称之为至善至美了，布衣卿相一朝可得，就连许多民间故事，也因此更新了更多白衣傲王侯的情节。

在这种情况下，不仅宋朝政府大力推动全国范围内教育事业的发展，对民间教育同样持十分重视的态度，同时也带动着宋朝普通百姓投身教育的希望和热情，甚至出现了"为父兄者，以其子与弟不文为咎；为母妻者，以其子与夫不学为辱"的场面。在这样的社会风气和教育需求下，成为老师不再是一件令人感到羞耻的事情，于是乎，各种民间教育机构也如雨后春笋般纷纷出现，推动了宋朝文教事业的发展。

宋朝时开始出现农村或者街巷之间的公共小学，也称乡里小学，在全国各地都有分布，数量繁多，它的教学程度相当于启蒙教育，即幼儿园、小学教育程度。其中还有专门为生活在农村的贫困家庭开设的冬学，顾名思义，就是在冬季农闲时开办的季节性公共学校。当然也有众人熟知的私塾，但这种只能是经济条件较好的家庭才能够拥有。但这些教育机构主要还是启蒙性质，要想真正步入仕途，还需要进入专门的院校，在那里接受较为实用的考试文化和技能。这种专门院校有点像现在的考公培训机构。

当然，除了想要参加科举而学习知识之外，还有一部分人的学习目的只是单纯地想要提升自己的学问，于是就有了供他们学习静思的场所——学院，有点类似于现在的研究生学习，当然也并不妨碍他们去参加科举。比如像万松书院，便是既不反对学生参加科举，也不鼓励学生参加科举。

书院的出现可以追溯到唐朝，南唐已出现了具有教育性质的庐山白鹿洞国庠，至南宋初年形成了石鼓书院、白鹿洞书院、应天府书院与岳麓书院四大书院并立的局面。这些书院并不属于官学体系，所以其中的讲学之风相当自由，持各种学说和观点的名师大家都可以来讲学。并且相比于进去学习还要受到籍贯限制的官学来说，书院的学习更为自由和不受限制，这也吸引了大批学生前来。随着朝代的更替，政治主张的变化，书院的性质也有一定的变化。但书院已经成为一些学子无论是出仕还是做学问的必然选择，在学习中找寻自我实现的途径。不过，彼时的杭州虽有书院，却未有"万松书院"，只因冥冥之中似乎还缺少一个契机。

"弹指一挥间"——从报恩寺到万松书院

万松岭风光秀丽，西起湖岸，东抵江干，南宋时万松岭与皇城墙近在咫尺，是市区与山林的交界处。追溯万松岭古道的历史，可是比西湖上许多穿越山林的通道，如慈云岭、大麦岭、栖霞岭等等都要早，而与北山的九里云松遥相呼应。据清雍正《西湖志》卷四中的记载："万松岭在凤凰山上，夹道栽松。……南宋时密迩宫禁，红墙碧瓦，高下鳞次，上有门曰'万松坊'。州城既改，平为大涂，而松亦无几。"就是说，在南宋时，这里的松树就被砍得没剩几棵了，直到清雍正八年（1730），补植松树上万株，得此再现唐宋时期的万松风貌，也使此地名名副其实。据说松林每当"天风击夏，如洪涛澎湃，时与江上潮声相应答"，故有"凤岭松涛"的说法。因此在晚清评选出的西湖"二十四景"中，"凤岭松涛"便占据一席之地。

只是后来，这些松树又历经战乱等原因，几乎被砍伐殆尽。资料显示，1950年后，杭州市人民政府在岭上大面积种植马尾松。如今的万松岭上，这些当年被种下的树苗也都已是亭亭如盖，绿树成荫，微风轻抚，松涛声不绝于耳，是名副其实的万松之岭。真是前人栽树后人乘凉，让如今去万松岭探古的游人，哪怕是夏日炎炎，也能得一丝阴凉。正如清人赵贤《凤岭松涛》诗云："八蟠西岭路迢迢，行尽松冈暑气消。只要风来山便响，方知不是海门潮。"

但关于万松岭名字的由来，却不得不提一个人——唐朝大诗人白居易。

据传，唐朝长庆二年至四年（822—824）的某个夜晚，时任杭州刺史的大诗人白居易外出与友人小酌之后，借着酒劲骑着马悠哉地漫步在万松岭的小道上。没有了白日里的喧闹，月亮殷勤地为他照路，也将这一路的美好夜色一点点呈现出来，大诗人遂文思勃发。伴随着马蹄声而来的是一句句悠扬的诗句："半醉闲行湖东岸，马鞭敲镫辔珑璁。万株松树青山上，十里沙堤明月中……"它们随着微风轻轻飘荡，惊得夜宿的鸟雀都纷纷从窝中探出头来，打破了这片宁静的夜色，让西湖的水也荡起层层涟漪。

一首绝美的七言律诗——《夜归》也自此流传下来。后来很多人认为万松岭之名便来自白居易这首诗，而在此地建造的书院，取名万松书院也是顺理成章。

建成后的万松书院，面向云居山，背依凤凰山，左襟钱塘江，右带西子湖，西有六月崖、芙蓉岩、石匣泉等，奇石嶙峋，泉水清冽，"极高明而最幽胜，左衿长江，右带巨湖，俯视万家，举在目前"。在此读书，想来这份清苦之中也能带有一点享受吧。

明朝吴之鲸在《武林梵志》中有"报恩寺，唐贞元间建，在万松岭西"这样的记载，可见报恩寺历史之悠久。

上有天堂下有苏杭，杭州自古便是众人向往的地方，特别是久负盛名的西湖。西湖的美四季不同，春风一吹，杨柳飘飘，桃花摇曳，"几处早莺争暖树，谁家新燕啄春泥"。松鼠跳跃于树间，鸳鸯在湖中嬉戏，好不快活。遇到天气好的时候，各色的风筝与鸟儿一起畅游蓝天白云间，分不清哪个是纸鸢，哪个又是真禽。这是西湖的春日。夏日桃花离去，换上"别样红"的荷花，靠着"无穷碧"的映衬显得更加娇贵。秋风起，红枫为它添上醉人的秋色。冬日的残雪是多少人梦寐以求的景致，残荷、雪景，将夏与冬再度衔接。这样的景色如何不让人陶醉。

要说历史上有哪几位诗人和杭州关系最密切、最喜欢杭州西湖，毫无疑问就是白居易和苏轼。

在这座向往已久的城市里生活，远离纷争的白居易过得惬意而舒心，还时常去景致优美的西湖边走走，真是"最爱湖东行不足，绿杨阴里白沙堤"。白居易从长庆二年（822）开始在杭州当了三年的刺史，除了为杭州留下大量诗作名篇之外，也的确是位好官，对这片心之向往的土地也真正地做到了为官一任造福一方。兴修水利，组织民工蓄积湖水，保护堤防，做到湖、河、田畅通无阻。还重新对之前李泌在杭州修建的六井进行疏浚，给杭州的居民用水带来很大的便利。为此许多人误以为现在西湖边那条终日游人如织的白堤也是他在杭州留下的痕迹，其实不然。他在西湖边确曾修建过一条堤，位置在钱塘门到昭庆寺再到白堤东端的样子。不过，那条堤因为年代久远，早已荒废，踪迹难寻。现在的白堤，实际上是白沙堤或叫作沙堤，全长约一公里，东起断桥，经锦带桥止于平湖秋月，连接少年宫和孤山，早在唐朝以前就已存在，但究竟是谁修筑的却无从考证。但杭州人民似乎很愿意有什么与这位大诗人扯上些关系，哪怕是白堤也几乎被默认是他的"作品"。杭州对于白居易而言，即便离开多年后也念念不忘，为此留下了"江南忆，最忆是杭州""江山与风月，最忆是杭州"这样的千古名句，为杭州这座城市再添一份魅力。

除了白沙堤，位于万松岭上的报恩寺也曾是白居易时常前往之地。他在这座建于唐贞元年间的寺庙里观景作诗、谈经论佛、品茗对弈……好不惬意。这一段经历似乎也进一步佐证了建在报恩寺基础上的万松书院之名取自白居易诗句的说法，毕竟杭州人民对这位大诗人还是充满感激之情的。

据说当年建在此处的报恩寺规模不小，主要建筑有凤舞轩、万菊轩、浣云池、铜井等，在西湖优美风光的映衬下，环境清幽，确实是一个不错的去处。所以从建立之初报恩寺就香火旺盛，文人墨客常纷至沓来，在白居易之后差不多近三个世纪又吸引过在杭州任太守的苏东坡。两位为杭州做过卓越贡献的人物，跨越时空，在此交集，分别留下传诵至今的诗篇《浣云池》和《万菊轩》。

浣云池
白居易

白云本无心，舒卷长自洁。

影落一鉴空，可浣不可涅。

鸢飞鱼跃间，上下俱澄澈。

此意难与言，览之自怡悦。

万菊轩
苏东坡

一轩高为黄花设，富拟人间万石君。

佳本尽从方外得，异香多在月中闻。

引泉北涧分清露，开径南山破白云。

此意欲为知者道，陶翁犹自未离群。

幸运的是，虽然几经世代变迁，但他们所咏之景至今尚存，是院中的珍贵古迹。若是有幸前往此处，倒是不妨参观探寻一番，来一场跨越时空的交流。

历经时代的洗礼，跨越了唐、宋、元三朝的报恩寺，最终还是变为一个历史的名词，取而代之的是一座文化地标——万松书院。从中国书院史上来说，万松书院算不得历史悠久，如果硬要将报恩寺的历史融入万松书院，显然是有些牵强，毕竟两者是完全不同的载体。

关于万松书院的建立，具体只能追溯到明弘治十一年（1498）。当时的浙江右参政周木（生卒年不详，字近仁，号勉思，常熟人）因为寺僧言行不检，具体事由目前也是查无资料，反正周木大笔一挥，废除了这座陪伴着西湖历经几个世纪的百年古寺，并在旧址上取原材料改建书院，万松书院自此建立。而原本的报恩寺就此迁到了城内，易地重建了。在嘉靖《仁和县志》里便有这段历史的记载："万松书院，在凤山门外南岭上。旧有报恩寺。徙入城内后，有蜀僧可恕循故址重建。"

所以客观来讲，万松书院的历史只能从明弘治十一年（1498）算起，距今有500余年的历史。虽然较之应天府书院（在今河南商丘睢阳区商丘古城南湖畔）、岳麓书院（在今湖南长沙岳麓区岳麓山）、白鹿洞书院（在今江西九江庐山市庐山）、嵩阳书院（在今河南郑州登封市嵩山）、石鼓书院（在今湖南衡阳石鼓区石鼓山）等动辄上千年历史的书院而言，它还略显年轻，但并不影响它的重要地位。

万松书院建立初期，内部的组织机构相对简单，招收童生、监生、举人三类生徒，聘用博学鸿儒为山长、品学兼优的贤士为教授，书院有简单的学规和章程。学规采用南宋理学家朱熹的《白鹿洞书院揭示》，讲学内容为儒家四书等经史典籍。学习方面倡导个人钻研为主，强调修身养性，修己达人。按照现在的分类，更像是研究院，而学生相当于今天的研究生。当时，大多数官办学院一般都是为参加科举服务的，而万松书院并不鼓励学生参加科举考试，而是重在研究学术，当然学生参加科举也不反对，这让它显得与众不同。

作为杭州地区最有名的一家书院，万松书院曾吸引了大量的文学大儒前来讲学，包括明朝王阳明，清朝齐召南、秦瀛等，也培养出了大量优秀的人才，比如"随园诗人"袁枚就曾在此读书。赵连稳先生在《中国书院藏书》中评价说："万松书院曾名太和书院、敷文书院，是明清时杭州规模最大、历时最久、影响最广的文人汇集之地。"

几百年来，万松书院为浙江乃至全国塑造、输送了无数人才，对历史文化名城杭州形成尊师重教、育才树人的民风有其独特的历史贡献和作用。

"浙江重敷文，看此山左江右湖，千尺峰头延俊杰；英才同树木，愿多士春华秋实，万松声里播歌弦。"

从"万松"到"太和"再到"敷文"

　　万松书院的建立，让环西湖沿线又多了一处文化景观，伴随着松涛声传来的读书声，使得西湖更多了几分书卷气。经过创办初期的摸索和实践，万松书院不断发展完善，并在不断地扩建与重修中逐渐成为江浙一带颇具影响力的书院。

　　清朝初年，统治者大力抑制书院发展。清顺治九年（1652）更是明旨宣谕"不许别立书院，群聚结党"，致使清初 80 年间各地的书院基本处于停滞状态，甚至偏居杭州远离政治中心的万松书院也仅在顺治年间复建了孔氏祠堂。

　　进入康熙执政时期，政治局势逐渐稳定，朝廷对书院的开设也由禁止逐渐转为鼓励。杭州地区的书院由弱转盛，竟至盛极一时，整个杭州府书院前后共有 31 所，其中以万松书院、崇文书院、紫阳书院、诂经精舍四所书院最为著名。

　　康熙十年（1671），时任浙江巡抚已三年的范承谟决定重建万松书院，并改名为"太和书院"。之后几任浙江巡抚均对书院进行了扩建，光有记载的大型重修就有三次，分别在康熙三十一年（1692）、康熙五十五年（1716）及雍正四年（1726）。后又经嘉庆、道光两次修建，万松书院的规模进一步扩大，更具名校风采。

　　万松书院在清朝经历的第一次高光时刻就是康熙五十五年（1716），康熙帝御赐"浙水敷文"额，由浙江巡抚徐元梦从京城奉回杭州，并勒石立碑，建亭纪念，书院也由此更名为"敷文书院"。康熙帝御赐匾额的同时还赐了《古文渊鉴》《渊鉴类函》《周易折中》《朱子全书》等一批珍贵的内府刻书给万松书院。

书院既以拥书讲学为务，无书便也不成书院，因而历代书院无不以藏书浩富为荣。藏书量的多少、藏书的种类和藏书的珍贵程度等往往与书院的地位息息相关。在书院中，一般会以楼、堂、舍、阁等表述个体建筑的名词来称呼藏书之所，所以在书院建筑布局中藏书楼（阁）是整个建筑群中少有的阁楼式建筑，甚至可能是书院唯一较高大的楼阁。为了显示其重要性，藏书楼（阁）多建在中轴线上或在讲堂之后的突出位置。万松书院自然也有其藏书阁，名曰存诚阁，只可惜早已损毁。现在所见乃是原址复建，仿明朝建筑样式，上下两层。

得到皇帝御赐的珍贵书籍，对于万松书院而言不仅丰富了藏书量，也彰显了地位。赵连稳先生在《中国书院藏书》中，对于万松书院获御赐书籍一事有如下一段描述：

书院重视藏书，到清朝末年已达万余卷，书院的藏书楼名为存诚阁，巡抚徐元梦修。书院藏书来源：皇帝赐书，地方官府购置，社会人士捐赠和书院自购或自刻。《光绪浙江通志》卷二十五记载，康熙五十五年（1716），又赐杭州敷文书院以《淳化阁法帖》《古文渊鉴类函》《周易折中》《朱子全书》和其他经籍。

这段文字按照韦力先生在《书院寻踪》之《万松书院》的说法，文中的《古文渊鉴类函》系赵先生笔误，将《古文渊鉴》《渊鉴类函》两部书合二为一了。

有了帝王的支持，万松书院的发展速度也达到空前，规模进一步扩大。雍正十一年（1733），正式明令各省建书院，万松书院也被敕为省城书院（也称省会书院）。只是不管是官办还是私立，都要受政府监督，再没有宋元时的讲学自由。

　　爱下江南的乾隆帝比自己的先祖们更偏爱万松书院，乾隆十六年（1751）三月，春风中还带着些许寒意，西湖边的柳条已迸发绿意，浅草没了马蹄。往日静谧的西湖因为高宗弘历的出现而变得热闹。在春意中，他初次与万松书院相遇，遂大方赐下"湖山萃秀"四字，赐帑金1000两白银"以资膏火"。不仅如此，按照赵连稳先生在《中国书院藏书》中所言："乾隆十六年（1751），乾隆皇帝说，经书和史书是学问之根本，省会的书院尤其应该依此砥砺生徒，告诉生徒经史才是正学，朕南巡经过的江宁钟山书院、苏州紫阳书院、杭州敷文书院，各赐武英殿新刊《十三经》《二十二史》一部。"这对万松书院而言是无比的荣耀，放眼全国，当时能享有这一殊荣的也仅是它们三家，万松书院再次迎来高光时刻。更值得一提的是，乾隆南巡六次，杭州是每次必到，而每次都巡临万松书院，可见其对万松书院的重视。

　　万松书院在康熙至乾隆年间得到了进一步的发展，除了朝廷的拨款，它在维持自己的生存之道上一直做得很好。它将历年所得的经费放贷给当地的盐商，通过所得利息来解决书院的经费问题。开源节流，万松书院的课本一直是他们自己所刊刻。经费的保障，再加上得到两任帝王御赐匾额的万松书院一时风光无两，与崇文书院、紫阳书院、诂经精舍并称为杭城"四大书院"。

　　有联为证：

　　　　浙水重敷文，看此山左江右湖，千尺峰头延俊杰；
　　　　英才同树木，愿多士春华秋实，万松声里播歌弦。

　　从万松书院到太和书院，又从太和书院到敷文书院，不过400余年，万松书院却经历了四毁四建以及十余次重大维修的历史变革，真可谓历经坎坷，多灾多难。这虽是书院自身的经历，反映的却是时局的变迁，没有稳定的时局，连一个小小的书院都没办法明哲保身。

清朝书院 2000 余所，但官学化也达到极点，大部分书院与官学无异。光绪二十七年（1901），朝廷诏令各省的书院改为大学堂，各府、厅、直隶州的书院改为中学堂，各州县的书院改为小学堂。至此，书院退出了历史舞台。

第二章　从万松到敷文——书院的前世今生

揉进岁月里的兴衰荣辱

随着江南雨水的侵蚀和风霜的洗礼，以及学子的不断增加，万松书院迎来了历史上第一次重大维修，时间是在明朝正德十六年（1521），由侍御巡抚唐凤仪等人主持。这次维修主要是在万松门左右两侧各增建了一座石坊，左曰"德侔天地"，右曰"道贯古今"，并且对书院原有的全部建筑，包括殿、庑、亭、轩等处都进行了整修和加固，还扩建学生的斋舍逾20间。重修后的书院规模宏大，一时成为杭州最大的书院。

时间转眼来到嘉靖四年（1525），侍御潘景哲奉命到浙江招收国子监生源。面对众多才子，爱才心切的潘景哲只恨手中名额有限，不能网尽人才，为此深感遗憾。在他的倡导下，万松书院扩建楼居斋舍共36楹，添置祭田若干，又完备祭祀器具等，招收省内外优秀学子逾百名，进一步奠定了地位。工程历时三个月，文学大家王阳明为此特意撰写《重修万松书院记》，以志纪念。第二年又增建毓秀阁，专门用于接待各地的访问学者。

明嘉靖九年（1530），随着片片树叶的飘落，杭州迎来了醉人的秋天。这份怡人的秋色自然许多人不愿错过，秋高气爽的日子里，西湖边的游人渐渐多了起来。这一日天气大好，浙江左布政使顾璘与观察使汪珊、枢使李节三人想同登万松书院西侧的石林。不料来到石林后，他们看到的却是"群石蒙翳，飘泊标见而秀弗逞"，一派杂乱无章之象，顿时游兴大减。好在败兴而归的三人没有对此坐视不理，而是命人开山辟路，去除石障，但保留石林以及那些或蜿蜒或伟岸或奇异的风貌，凸显此处的林壑高逸。他们三人还集资兴建三亭：前山建振衣亭，顾璘书额；后山建卧萃亭，汪珊书额；

山麓建寒椒亭，李节书额。顾璘还撰有《万松山始开石路作三亭记》，专门记述此事。自此，焕然一新的石林成为书院一景，不仅吸引不少学子前来，还留下大量的题咏石林的诗篇和二十几处摩崖题记。

风光无限的万松书院虽然远离皇城，又并不主张科举，但终究没能逃脱政治的漩涡。明嘉靖十七年（1538）的一天，一封出自吏部尚书许赞的奏疏被呈至明世宗朱厚熜案前，上面的一句"近来抚按两司及知府等官，多将朝廷学校废坏不修，别起书院，动费万金，征取各属师儒，赴院会讲"重重地敲击了帝王的心，明世宗深以为然，他绝对不会允许大臣以这种方式培养他们自己的人才，于是他立即下旨废毁所有官员创办的书院。此外据说还有另外一个原因，明正德、嘉靖之际，主张新学的王阳明四处讲学，其学术主张和思想体系有着广泛的受众，与统治者的需求有些格格不入。明世宗就曾明确表达出不满："王守仁方言自肆，诋毁先儒，号召门徒，声附虚和，用诈任情，坏人心术，近年士子传习邪说，皆其倡导。"以上两点，万松书院几乎是对号入座，一是学院由地方官周木所创办，二是曾多次邀请王阳明前去讲学，又对其推崇备至，提出"明五伦"为教学宗旨，直接针对士人"驰骛于记诵词章"而"不复知有明伦之意"的时弊。

由此，万松书院的命运可想而知，书院遭受统治者的沉重打击，不幸被毁。

直到16年后的嘉靖三十三年（1554），杭州知府孙孟看到废墟，悲从中来，于是下定决心重建万松书院。他不仅恢复明伦堂等主体建筑，还增建居仁、由义两斋。明万历五年（1577），巡盐御史马应梦在毓秀阁北增建继道堂，翼以穷理、居敬两斋。他还按照当时朝廷要求，重新提倡程朱"居敬穷理"的思想理论，为此增祀周敦颐、程颢、程颐、张载和朱熹五子。

但好景不长，明万历八年（1580）大臣张居正又请禁伪学，要毁掉天下书院，万松书院岌岌可危。好在有大学士徐阶从中斡旋，浙江巡抚谢师启、提学佥事乔因阜也以"万松书院祀先圣，不当概毁"为由，乞请再三，终使万松书院逃过一劫，为此不得不改称为"先贤祠"，专祀孔子，书院虽名亡而实存。

明朝末年，统治者更加注重思想控制，近乎专制独断，动辄大开杀戒，儒士学者多有被杀者，毁坏书院之举更是数不胜数。从万历到天启数十年间，竟然就有两次废毁天下书院的"壮举"。

天启五年（1625），著名的宦官魏忠贤把控着朝政，在他的授意下，御史张讷等人上疏请废全国书院，获得明熹宗朱由校的朱笔御批，"奉旨"毁尽天下书院。

崇祯初年，国家战火不断，社会动荡不安，杭州还饱受自然灾害。据记载，崇祯元年（1628）七月，"杭州大风拔木，海啸海溢，坏屋数万间，圮石坊十七座，漂没数万人"。在天灾人祸的双重夹击之下，乱世之下的先贤祠院舍尽数毁坏。

据统计，从嘉靖起，在朝廷的支持下前后竟有五次废毁书院的举动。万松书院自正德十六年（1521）至崇祯六年（1633）的百余年中，随着变幻莫测的政治风云，跌宕起伏，经历了荣辱盛衰的变迁。

清朝初年，统治者大力抑制书院。清顺治年间，偏居杭州远离政治中心的万松书院仅复建了孔氏祠堂。

进入康熙执政时期，政治局势逐渐稳定。清康熙十年（1671），时任浙江巡抚已三年的范承谟决定重建万松书院，并改其名为"太和书院"。随着清朝统治者对书院教育由禁止转为提倡，万松书院逐渐进入昌盛时期，持续200余年。

康熙三十一年（1692），浙江巡抚张鹏翮重修了夫子殿。

康熙五十五年（1716），康熙帝亲笔御赐"浙水敷文"，书院也进入繁盛的"敷文书院"时代。由浙江巡抚徐元梦主持，在明道堂旧址上重建正谊堂，悬"浙水敷文"匾于中堂。第二年增建载道亭、存诚阁、表里洞然轩、玩心高照亭等。

雍正四年（1726），由浙江总督李卫主持，将书院所有建筑都修缮一新，包括"太和元气"石坊、戟门、正谊堂，将玩心高照亭重修为观风偶憩亭等，维修完建筑，还修整自然环境。补种了松、柏、桐、桂、梅、杏、桃、李等树木，将书院幽雅的环境再提升一个等级，吸引着更多前来访问、学习的人。

乾隆年间，乾隆帝六次前来，也多有修缮。

清嘉庆二年（1797），监司秦瀛在杭任职期间，前往书院视察，发现"廊庑倾欹，堂室渗漉"，所以耗费巨资，投入巨大的人力与物力，历时三月，将敷文书院大肆修缮一番。

虽然史料没有具体记载，但盛极一时的敷文书院在道光年间被毁，也是整个万松书院史上的第三次。于是在清道光八年（1828），由巡抚刘韵珂、杭嘉湖兵备道、杭州知府、仁和知县、钱塘知县共同主持开启历史上最久的一次重修工作。重修工作历时三年有余，耗银1360余两，将书院圣殿、御书楼、御碑亭、文昌宫、奎星阁、讲堂、东西庑、肄业房等建筑都按原样进行整修、翻新。

除了政府出资修缮之外，还有个人捐资维修。清道光十七年（1837），金华傅九龄捐资修缮书院。

可好景不长，咸丰十一年（1861），太平天国军攻克杭州城，忠王李秀成占据馒头山、凤凰山、万松岭等战略高地，在连续的炮火袭击之下，书院第四次被毁，同在杭州的其他三大书院，崇文书院、紫阳书院、诂经精舍也未能幸免于难。同治三年（1864），太平军撤离杭州，没有院舍的书院师生只得暂居府学明伦堂以及尊经阁开课听讲。直到两年后，书院才在知州戈聿安的主持下再度重建，但终究难以延续曾经的辉煌。

没有人记得，具体从哪天起书院里没有了读书声，没有了往来的人流……大门紧闭，将历史锁进深深的庭院，任由风吹雨打，看世事变迁。掉落的瓦片从第一片开始便抑制不住它的进度，斑驳的墙体也加入其中，共同奏响衰败的乐曲。落叶纷飞，腐烂再生，秋去春来，时光流逝。灰尘在风的撩拨下，飞舞不停，撩拨着墙角的蛛网，这里终究变成了它们的乐园。

左庙右学——书院与祭祀

万松书院创建之初，规模较大，主体建筑布局沿用官学"左庙右学"的形制。

清朝末年，时局动荡，万松书院逐渐由盛转衰直至荒废，历经风吹雨打，渐渐淹没在杭州的历史中，成为荒草蔓延之地。偶有几只小松鼠跳跃玩耍其间，却不知那一块块匾额背后的深意。

1999 年，陪伴在杭州经历了风风雨雨的万松书院再度被世人提及。在杭州市原副市长马时雍先生、文史学家王其煌先生等热心于杭州历史文化遗产保护的社会各界人士的呼吁下，杭州市园林文物局对遗址进行初步修缮。杭州市政府又依据史料记载和留存的遗迹，按照修旧如旧的原则，在遗址上按明式旧制重建万松书院。书院的院内有建筑 1600 平方米，主体建筑以清乾隆《南巡临幸胜迹图》中的《敷文书院图》为蓝本，以自然山体、林木、古藤、奇石为背景，采用中轴对称、纵深多进的院落形式，如品字型牌坊、仰圣门、毓粹门、明道堂、大成殿、"万世师表"平台等都集中在中轴线上，学斋、御碑亭等分列两侧，依据自然山势建造亭台楼阁，星罗点缀。运用粉墙、粟柱、黛瓦的素朴淡雅，凸显"求之于心而无假以雕饰"的风格，使书院处处散发浓浓的书卷气息。

万松书院周围苍松掩映，小溪潺潺，遥可望雷峰夕照、宝石流霞，近可听松涛泉流、虫鸟和韵。院内还有浙江省省级文物保护单位于子三墓、杭州市市级文物保护单位万松书院遗址等文物古迹，文化氛围十分浓郁。

耗费 2000 多万元，前后经过杭州市园林文物局凤凰山管理处三年多时间的整修和建设，万松书院于 2002 年 10 月建成并向游人开放。重建后的万松书院，占地约 6 万平方米，是西湖周围唯一以书院文化为主题的公园。至此，沉寂了一个多世纪、几近荒废的万松书院终又重现 500 多年前的"名校"风采。

我国古代有祭祀天、地、鬼、神以及祖先或其他崇信对象的活动，以此表达和寄托祭者敬天重地、遵礼循法、感时念亲的虔诚态度与恭顺心情。往往在遇到重大事情之时，祭祀是不可或缺的。

入学是人生大事，历来受到世人的重视。所以祭祀在书院的规制中是极为重要的组成部分，也有一套完整的祭祀方式。

据《礼记·文王世子》载："始立学者，既兴器用币，然后释菜。"又规定："凡始立学者，必释奠于先圣先师。"意思就是我国古代学校以"释菜""释奠"来祭祀先圣先师孔子。我国明朝学宫及书院大致沿用了这一礼仪。

正如邓洪波所言："北宋书院借用庙学之制，始行祭祀，但所祀和官学一样，并无特色。南宋开始，随着书院与学术事业及地方文化的结合，院中学术大师、有名的山长、关心书院建设的乡贤与地方官，日渐进驻书院的祠堂，书院祭祀走上了独立发展的道路。"[1]

万松书院一开始也沿用官学"左庙右学"的形制，左边即东面设置孔子殿，右边即西面作为学堂。2002 年重修后的万松书院也保留了这样的格局。东面有供奉与祭祀所用的大成殿，是三开间的宽敞建筑。西面有宽敞的五开间明道堂，作为先生们"讲明经义"的课堂，西廊的两侧各建有斋室五间，是师生们的自习场地。现遗

1　邓洪波：《中国书院史（增订版）》，武汉大学出版社，2012 年，第 168 页。

址尚存有"万世师表"四字的牌坊一座和依稀可见"至圣先师孔子像"的石碑等物。

这种"左庙右学"的设置如今依旧可见，比如北京国子监是我国元、明、清三代国家管理教育的最高行政机关和国家设立的最高学府，而北京孔庙则是皇家祭孔之地，两者毗邻，就体现着古代"左庙右学"的规制。

原万松书院东面靠山处的孔子殿，本是报恩寺的建筑，经过修葺之后也焕然一新，成为书院的祭祀场所。南宋咸淳三年（1267），宋度宗诏令以孔子的弟子颜回、曾参、孔伋（子思）、孟轲四人配祭孔子，称为"四配"。明朝嘉靖年间，礼部合议曰："其四配称复圣颜子、宗圣曾子、述圣子思子、亚圣孟子。十哲以下凡及门弟子，皆称先贤某子。"所以后世许多书院的祭祀场所，内部多按照此设置，万松书院也不例外。明正德十六年（1521）洪钟《重修万松书院碑记》载："修葺正殿三间，肖先圣及四配像，又立十哲木主于内。"意思是殿内供奉着原南宋学宫的孔子像、四配像及十哲木主（神位）。当时孔子的塑像据说是今人形三倍，戴冕秉珪，容貌端肃，体格魁伟，令人望而起敬。主持祭祀的是衢州南宗孔氏后裔。值得一提的是，地方官府还专门划拨了原报恩寺山地170亩作为书院祭田，"以备祭仪"。

万松书院在明朝后期可谓是多灾多难，到明嘉靖年间，张孚敬又提议调换所有学宫、书院中的孔子与四配像为木主。但因为传言南宋文华殿的庙祝说万松书院供奉的孔子像是南宋国学中的圣像，算算时间也有500余年了，历史悠久，所以"祀事具修，莫敢废坠"。

明万历五年（1577），因当时的统治阶级极度排斥王阳明"致良知""知行合一"等理论，甚至将这些称之为"伪学盗名"，重新提倡程朱"居敬穷理"的思想理论，所以巡盐御史马应梦顺应时势，在万松书院毓秀阁北面增建了继道堂，并配穷理、居敬两斋。

将周敦颐、程颢、程颐、张载、朱熹五人列入祭祀名单。

到明万历八年（1580），张居正请禁伪学，毁天下书院。好在浙江巡按御史谢师启、提学佥事乔因阜提出"万松书院祀先圣，不当毁"，再加上徐阶的从旁协助，终是保全了书院，只将祭祀场所改名为"先圣祠"，专祀孔子。

明朝末年，万松书院也"遭兵燹，庙毁焉。儿童日樵采畜牧其上，故像无复存者"。所有孔子殿中的塑像都损毁殆尽，只有"山壁有石亭岿然尚存"。时至今日，能看到的只有"万世师表"平台上的孔子后裔镌刻的宋孔子线刻至圣像了。

根据清康熙三十一年（1692）张鹏翮《重修万松书院夫子殿碑文》内容可以知道，康熙十年（1671），浙江巡抚范承谟重建万松书院时，"始复建之，前奉木主，后有石像"，重建了书院的祭祀场所。《敷文书院志略》也有"共许笔精兼墨妙，更依圣域望乡关"之句，重建后的万松书院上层供先师牌位，并有摹刻圣像碑。

书院设置祭祀除了标举自己的学术追求，借所奉人物确立它的学统、学派，也就是所谓的"正道脉而定所宗也"这一主要目的之外，还有另一个重要目的，就是对院中学生实施模范教育，即所谓的"尊前贤励后学也"。所以书院设祭也有一定的标准，凡"先贤之得祠者"，或乡于斯而"有德"，或仕于斯而"有功"，或隐学于斯而"道成于己"，或阐教于斯而"化及于人"。

北宋时期的书院，讲学、藏书、祭祀的规制完备，借祭祀来引导生徒崇道、崇教、励志。崇道就是提醒学生要分辨义利，坚持孔孟程朱的儒家思想路线，不要偏离其轨道；崇教是提醒后人不忘前人办学之功、兴教之劳，感奋相继，坚持努力，珍惜学习机会，使书院弦歌相续，不辍不衰；励志则鼓励学生自我磨砺，以求进取。所以各大书院历来重视祭祀这一功能。

万松书院一直沿用传统的祭祀程式，且祭器及祭田齐备。而且除了孔子及朱熹等人，万松书院与其他书院一样，也对本地名贤和书院功臣进行祭祀。这一点从乾隆四十五年（1780），70岁的乾隆帝第五次南巡杭州，并莅临书院，79岁高龄的山长金甡为了迎接乾隆的到来，重启旧奉名宦神龛，还专门写的纪念诗作《书院重启旧奉名宦神龛作》中可以看出。诗歌摘录如下：

列圣重敷文，翠华先后莅。大僚勤教育，善体作人意。
群情感尸祝，讲堂陈版位。晨夕一瓣香，高山申仰跂。
何年掩轩槛，障之以书柜。略同幽隧封，竟作夹室閟。
我初不省识，宁料壁后置。阖扇偶偏欹，微窥殊愕眙。
侧身排闼入，摸索暗中试。肃容语监院，屏当急迁避。
豁然门洞开，重喜天光被。再拜起翘瞻，一一认名字。
见见与闻闻，事迹类能记。声望既隆崇，政绩复殊异。
褒然国史传，岂惟郡邑志。祀典虽缺如，馨香在天地。
时俗多阿好，那得免滥厕。节取或犹堪，有举无废弃。
久远忘讥评，冥漠任惶愧。就中最遗憾，硕果独不食。
高安文端公，大儒宣德施。公暇进诸生，从容亲讲肆。
为国预储才，春风借余吹。洎乎正揆席，尊师九重备。
时当前庚子，抚浙赞文治。即今六十载，后来复谁嗣。
我昔始观场，未通文字贽。仁宇固亲炙，累德解诠次。
惟公不近名，此座宜脱屣。祗差宫阙薄，失载灵光岿。
何当颂遗爱，补奉拔其萃。仍参从祀例，春秋常奠繲。
学宫奉名宦，原许先师侍。尊贤更容众，培槚亦养樲。
谁欤有心人，修举明风义。怅尔两楹间，俎豆犹虚器。

　　诗中所提及的"文端公"，即为一直对万松书院关照有加的张鹏翮。其他供奉的名贤和官宦名录因记载不详而不可得知，但从金甡的这首诗中还是可以窥知全貌的，万松书院确有供奉对其有重大贡献的官宦和大儒的习俗。

　　金甡本就是杭州人，对万松书院有着特殊的情感，离开杭州后，对家乡也颇为牵挂。老话说，七十古来稀，已年届70的金甡终于决定落叶归根。乾隆三十九年（1774）秋，北京的天气已有些微凉，杭州也进入了绝美的季节，桂花飘香，已经官至礼部侍郎，但思乡心切的金甡还是将一封辞呈上交到了乾隆帝的案头。因病乞归的金甡得偿所愿，收拾行装，准备带着家人回杭州。不过金甡才名在外，于是浙江巡抚上奏朝廷，希望他可以入主书院。金甡欣然接受，并将自己所有的精力都投入进去。乾隆帝莅临书院，金甡不顾自己的高龄，做足准备工作，一番接待工作令皇帝十分满意，于是他得到了皇帝优渥的赏赐，也让万松书院的地位进一步提高。

敷文与孔子后裔

敷文书院的祭祀活动一贯是比较讲究的，主持活动的是随宋室南渡，聚居在浙江衢州的南宗孔子嫡系后裔。

这一点可以从张绣虎《万松岭夫子庙记》一文知晓，他根据《敷文书院志略》《孔氏南宗考略》等资料的记载考证得出："庙祀事，独孔氏子孙主之。盖故宋南渡时，孔氏子孙从焉。聚族在衢州江山，其在杭州者，盖其苗裔主斯庙祭祀者也。"

早在明弘治十一年（1498），浙江右参政周木初建万松书院时，就聘请了衢州孔子第57代孙孔衢、孔积两兄弟主持祭祀活动，并划出山地五顷，拨给孔家兄弟。所以后人一直将敷文书院所在的山称为"孔家山"。这一点在山长齐召南《宝纶堂诗钞》注里有写："奉宋时石刻至圣像，以孔氏后裔奉祀，至今乡人呼此曰孔家山。"

明正德元年（1506），孔衢与孔积两位的侄儿，孔子第58代嫡长孙孔彦绳被封为翰林院五经博士（汉武帝设五经博士，教授弟子，从此博士成为专门传授儒家经学的学官。汉初，《诗》《书》《礼》《易》《春秋》每经只有一家，每经置一博士，各以家法教授，故称五经博士），子孙世袭。孔彦绳前往衢州主持南宗祀事。从此之后，就由西安博士署派一名执事官常驻万松书院奉祀。

乾隆十六年（1751）三月，乾隆帝第一次巡临敷文书院时，就因为敷文书院的祭祀活动是由南宗孔子嫡系后裔主持，于是当场赋诗，曰："气助湖山钟远秀，道传孔孟有真源。"可见敷文书院祭祀规格之高。

虽然经历了朝代更迭，明末书院被毁，清初也遏止书院的发展。但敷文书院一经重建，祭祀就随之恢复，也坚持孔氏嫡系后人主持的规格。清康熙至嘉庆年间，主持敷文书院祭祀的是翰林院五经博士孔兴燫及其子孙。到了光绪年间又改由孔子第 72 代嫡长孙，翰林院五经博士孔庆仪主持，后又派孔宪达为奉祀生（又称"香火秀才"，不经过科举考试，赐予秀才功名，专门管理先祖祠庙的祭祀事宜），一直到民国都没有中断。

五经博士共传了 15 代，也就是从第 58 代至第 72 代。到孔庆仪时，大清灭，民国立。1919 年，北洋政府颁布《崇圣条例》，将"翰林院五经博士"一职改称为"奉祀官"，奉祀官是孔子祭典的祭祀官，须由孔子的嫡传后裔担任。孔庆仪成为首任"大成至圣先师南宗奉祀官"。

1937 年，抗日战争全面爆发，杭州城沦陷，原本就破落不堪的敷文书院被战火彻底摧毁殆尽，徒留些许残垣断壁。这里虽然杂草丛生，荒凉破败，但紧靠西湖，依旧是很多人眼中的风水宝地。1939 年，杭州市伪市长何瓒死后，其家人在为他选择安葬之地时，竟将主意打到了敷文书院的遗址上。圈地为墓，在大成殿后设墓包安葬还不够，竟还在大门口竖水泥牌坊，上书"何公墓道"，简直是胆大妄为。堂堂一座百年书院竟成了何家的私人墓园。直到1945 年抗战胜利后，孔氏后人孔庆点代表南宗奉祀官向浙江省政府饬令杭州市会查，这才要回了被侵占的孔家山。

古人注重品行修养，学师德，谢师恩，尊师重道，是从古至今的优良传统。常有"生我者父母，教我者师父""一日为师，终身为父"的俗语和古训，所以传统的师徒关系仅次于父子关系。

《礼记·内则》就规定，儿童 10 岁时出门拜师求学，不论是进私塾，还是入学府，都要行拜师礼。《学记》则明确说"大学始教，皮弁祭菜"。释菜从周朝起就是一种尊师的礼仪，是一种从简的祭礼，它与释奠礼一起并称为中国古代两大祭祀先师的仪典。所以说古代但凡入学，学生在举行拜师礼之前，都要先跪拜至圣先师孔子，双膝跪地，九叩首。其次是拜先生，双膝跪地，三叩首，献上投师帖子。这既是对先师和先生的敬重，对本行业的敬重，表示从业的虔诚，同时也是祈求祖师爷"保佑"，使自己学业有成。

所以中国书院历来将祭祀圣贤视为隆重的礼仪活动和重要的教育教学活动，秉持诚敬恭谨之心精心组织、筹备，严谨慎重地对待礼仪活动的每一个环节。如祭前十日就要专门检查礼器、乐器、庖厨一应杂器，演习礼乐等，祭前三日要将祝文放于祝版，供于书院藏书阁正中桌案上。太祝生侍守三日，凡官过之必揖。还要将与祭人员名字填写进花名册等，事无巨细。

敷文书院在祭祀事宜上也不敢有半点马虎，张鹏翮在《重修万松书院夫子殿碑文》中提及，敷文书院"释奠释菜之礼，又以岁时举行"。意思就是敷文书院每年定时举行释奠与释菜这两大祭祀先师的仪典。大祭的时间被固定在每年的春（二月初三）、秋（八月初九）两季。敷文书院不仅祭祀的时间有着明确的规定，就连祭祀前的礼仪也有着严格的要求。它规定举行大祭的前三日，所有陪祭人员都要"斋戒"，即节制饮食、修身反省，大祭前一日还必须住在书院内。

大祭的当日则更为严格，要求所有人员必须早起，主祭人员要求身着吉服。通常由掌祠主持祭祀典礼，先"瘗毛血"（掩埋所宰牲畜毛血），再迎神，然后鞠躬，拜，起，再拜，同时诵读写于帛上的"祝文"。整个仪典严格而繁复，所有叩拜行礼皆有规范。所有参加人员皆凝神屏气，神情肃穆，陪祭的地方官员、山长以及监院等人带领诸生跪拜。鼓乐三日不绝，鞭炮响彻山谷。大成殿的烛火也要从初一（朔日）点起，一直到十五（望日）为止，历时半月之久。

第二章　从万松到敷文——书院的前世今生

春秋两季的大祭于书院而言是极为重视的大事，就连对赞礼、读祝、纠仪、执帛爵、鼓乐等礼仪和器具都有着具体而严格的要求。祭祀时使用的祭器不但名目繁多、形状作用各异，而且在数量上也有着严格的规定，如"鼎单豆双"等等。这些礼器部分可以从居仁斋的展示柜中看到。

书院在祭祀一事上从不马虎，当然，这一点跟敷文书院祭祀所需经费有所保证有关。每次重建或大型维修后，万松书院都会添置大批祭器。据《浙江通志》载：乾隆年间即添置了大量圣殿礼器。因为除了每年春秋大祭外，每月朔（初一）、望（十五）两日对书院而言也是需要拜谒先圣贤哲的日子。一般由山长带领师生们举行，仪式相对春秋两次大祭而言简单许多，但气氛依然肃穆庄严，绝无半点懈怠之意。

书院直接规定，凡书院学生，必严朔望之仪。那么这所谓的"朔望之仪"又具体规定了哪些呢？据《中国书院史资料》记载：

其日昧爽，值日一人，主击板。始击，咸起，盥、漱、总、栉、衣、冠。再出，皆着深衣，或凉衫。升堂，师长率弟子，诣先圣像前再拜，焚香，讫。又再拜，退。师长西南向立。诸生之长者，率以次东北向，再拜，师长立而扶之。长者一人前致辞，讫。又再拜，师长入于室。诸生以次环立，再拜；退，各就案。

除了这些之外，师生日常之间的相处也是礼仪森严，做好"为人之道，为学之方"。

敷文书院重视祭祀活动，身教大于言传，在亲自参与的庄严气氛下，学生们不仅能对祭拜的先圣先贤产生真实的认同感，也将儒家尊师重教的礼仪植入心里。以先贤为榜样，见贤思齐。

皇帝的青睐

要说清朝的皇帝，谁最喜欢杭州，康熙与乾隆祖孙俩绝对是当仁不让。

清康熙二十三年（1684）至四十六年（1707），康熙帝六次南巡，其中后五次南巡都到过杭州。分别是康熙二十八年（1689）、康熙三十八年（1699）、康熙四十二年（1703）、康熙四十四年（1705）和康熙四十六年（1707）。

而乾隆帝则六次南巡，六次到杭州，分别是乾隆十六年（1751）、乾隆二十二年（1757）、乾隆二十七年（1762）、乾隆三十年（1765）、乾隆四十五年（1780）和乾隆四十九年（1784）。

古语云，上有天堂下有苏杭，江南美景对这祖孙两人而言都有着莫名的吸引力。当然，作为皇帝，他们的南巡肯定不只是游山玩水这么简单，更多是政治统治的需求。特别是康熙时期，虽朝局初定，但民间的反清复明思想并没有消散，所以他出巡江南，走访人文重地，接见汉族耆旧及致仕官员等，实际都是为了笼络人心、稳定统治。

康熙帝选择探访彼时已被称为太和书院的万松书院，是因为其作为浙江省城一所重点书院在江南士子心中有足够的分量。想来书院内的环境也给康熙帝留下了很深刻的印象，以至于时隔多年，他依旧念念不忘。

康熙五十三年（1714），被誉为清朝第一有学问之人的徐元梦出任浙江巡抚一职，临行前皇帝赐给他御制诗文集及鞍马。他深知康熙对于浙江文教事业寄予了很高的期望，所以一到任，便积极招揽名士为国所用。徐元梦将康熙历次南巡的档案仔细整理，发现皇帝关注所在，即下大力气加以整顿。难怪康熙六十年（1721）有"徐元梦乃同学旧翰林，康熙十六年以前进士只此一人"之语。

康熙五十四年（1715），徐元梦主持了太和书院的重修工程。完工之后，他又亲自登门拜访高淳经学家、教育家和诗人张自超，请他出山主讲太和书院。一切准备就绪，他就快马加鞭地给康熙皇帝上了一道折子，大意是：皇上，您南巡杭州以来，杭州人民百感交集，人人振奋，尤其是读书人对皇上圣德尤其感念。我深知皇上关心杭州的教育事业，一点也不敢懈怠，一到杭州就抓紧重修了太和书院。如今书院修好了，又延请名师大儒出任书院主讲，地方文教风气也焕然一新。为激励书院生徒，恳请皇上赐题。

既猜准了上司的想法，又拍对了马屁。康熙帝龙心大悦，一个月后果真给书院题写了"浙水敷文"的匾额，并赐《古文渊鉴》《渊鉴类函》《周易折中》《朱子全书》等典籍，作为书院教学所用。康熙赐题后，徐元梦便决定改太和书院为敷文书院，以昭圣德。于是乎，短暂的"太和书院"被取代，万松书院的"身份证"上又多了一个曾用名。

雍正执政期间，虽未亲临，但秉承上一代君主的统治思路，将敷文书院钦赐为省城书院，受到朝廷在经济上的支持与照拂。

乾隆深受爷爷的影响，他执政后一心效仿圣祖、学习尧舜，立志做一代圣君，再加上他本身也确实喜欢文学艺术，人送外号"盖章达人"，所以对在康熙、雍正年间都得到过照拂的敷文书院也给予了更多的关注。

乾隆元年（1736），乾隆帝颁旨"慎选师儒以居讲席"，使敷文书院人文蔚集。此后为了统治需求，提倡汉学并优先选拔一批优秀的文人学者，进一步笼络江南士子，以达到满汉一统，乾隆效仿祖父，在执政的 60 年中先后六次下江南巡视，且每次都"翠华巡幸"被视作江南书院代表的敷文书院。

乾隆十六年（1751）三月，乍暖还寒的春日，杭州桃红柳绿，美不胜收。乾隆帝带着浩浩荡荡的人群来到西湖。泛舟湖上，登高望远，将这个诗文中无数次提及的地方细细赏玩了一遍。祖父钦赐匾额的敷文书院自然也是必去的，那时正好是桑调元任山长。桑调元在雍正年间当过官，才高八斗，人品气节都是一流，后来引疾归乡，入主书院。桑调元在陪同过程中，进退有度，对答如流，引得龙心大悦。于是乾隆帝在观赏完书院秀美的风景之后，赐下"湖山萃秀"额。41 岁的乾隆帝精力充沛、兴致勃勃，巡视后即当场赋诗，给予书院评价。

乾隆帝对自己的即兴诗作很是满意，而且他也一直把敷文书院视作江南书院的典范。或是为笼络人心，或是为考察江南士子的才气，他召集浙江省所有的学官及书院学子齐聚于敷文书院魁星阁前，命在院诸生和韵。此后每次"翠华巡幸"皆现场召试。

这一次，当时书院共有 103 名学生参加了"恭和御制诗"。人多半有好胜之心，才子比拼总不愿落于人后。经过激烈的角逐，有位宁波鄞县籍学生屠可堂在众生中脱颖而出，被乾隆钦取为一等一名，召至孤山行宫，赏赐彩缎。这位屠同学确实有才华，第二年就中举，考授教习分发云南，后来官至白盐井提举。著有《霞爽阁诗钞》等。他所作的和诗也摘录如下：

> 睿藻缤纷春满园，赓扬多士拟桥门。
> 道隆械朴薪樗化，心沧江淮河汉源。
> 复旦光华文诏远，千秋风雅教思存。
> 从兹标识湖山胜，劝勉还将百行敦。

皇帝的马屁自然是要拍的，当然主要还是江南也不缺才子。为表达忠心、显示才华，除了在场的学生之外，陪同的书院教授和地方士绅也纷纷加入这场比拼。经过认真的比较赏读之后，有两首诗脱颖而出。一首是侍郎张藻川的《恭和御题敷文书院元韵》：

> 湖山到处足林园，松岭云深护礼门。
> 讲院宏开论秀士，銮舆暂驻契心源。
> 文章报国情应共，温饱平生志莫存。
> 凤翙梧栖沾圣泽，岂惟率土颂安敦。

张藻川就是张映辰（1712—1763），浙江钱塘人，字星指，号藻川。雍正十一年（1733）进士。乾隆年间历任湖北、陕甘乡试主考官，提督湖南、江西、陕甘学政。官终左副都御史。

另一首则是校官沈樾的《圣驾幸敷文书院恭和御制元韵》：

> 琳琅翰墨迈西园，多士咸宗道义门。
> 地应斗牛钟间气，春当风浴溯灵源。
> 龙章宠锡恩波渥，凤辇时巡教泽存。
> 文治光华昭盛典，儒修从此日加敦。

可能是第一次游览的印象很不错，时隔六年，乾隆帝再度莅临书院。此时担任书院山长的是德高望重、学识渊博的齐召南。齐召南率诸生迎驾，应对得体，获得乾隆帝的赏识，对他"赏赐优渥"，此后第三次和第四次也都是齐召南负责接待工作。尽管是第二次来，敷文书院的美还是令乾隆惊艳，特别是环境与建筑的融合、文化与自然的融合所体现出的美，令乾隆忍不住题咏：

> 崇儒因广学，设教幸敷文。
> 砥砺先修己，圭璋待致君。
> 两京班莫美，三策董应勤。

诅尚饰其貌，还应尊所闻。

江山诚助秀，华藻欲祛纷。

械朴真材毓，勖哉鱼雅群。

日月如梭，白驹过隙。乾隆二十七年（1762），名声与地位都如日中天的敷文书院第三次准备接驾事宜。哪怕是第三次来，乾隆帝还是兴致勃勃，照旧题诗一首，叠旧作六韵：

牖民先迪士，筹治在崇文。

尔尚希前哲，吾宁骄大君。

并非事游衍，实欲验修勤。

峰色北轩挹，江声南户闻。

取裁堪契要，稽度贵离纷。

治事兼经义，胡家法出群。

御诗一出，就有人恭和御制诗，其中以书院附生（科举制度中生员名目之一。尚未取得廪生、增生资格的生员为附生）沈初的作品为佳，曰：

岚光回合傍林园，晨嶙云开识礼门。

早是六龙辉讲院，定知千圣接心源。

宸章映处文星动，睿藻摅时至教存。

草莽小臣惭握管，承恩多士共相敦。

沈初（1729—1799），字景初，号云椒，又号萃岩，是明朝江西参政沈炼的裔孙。相传沈初的记忆力极强，有过目不忘的本领。有一年，外祖父家的小染坊不慎失火，所有来往账册付之一炬，老人家急得团团转。沈初知道后便对外祖父说："这些账册平时我都随便翻过，我可以根据记忆将它录出。"外祖父知道他记性好，实在没有别的办法，也只有让他试一下了。只见沈初拿来纸笔，沉着冷静地将看过的账册一一誊录。外祖父拿着新账本向客户收付时竟发现分毫不差，全家人啧啧称奇。

乾隆九年（1744），年仅16岁就已中秀才的沈初便离别母亲，从平湖来到省城杭州应试，但省试的结果却是榜上无名。此后数年，沈初虽然每次都能在秋试前由学政出题的试卷中拔得头筹，但秋试总是榜上无名。后来只能在敷文书院谋了个教书职位，一边教学一边晨昏苦读，准备迎接下一次秋试的到来。

其实早在第二次巡临敷文书院时，乾隆就命浙江学政选出浙江最有才华的人和诗文御览，沈初也在名单之列。才子们当场作"文、赋、策论"各一道，乾隆帝看了沈初的文章龙颜大悦，给予钦取二等的好名次。可惜在庚辰（1760）恩科考试中，沈初再次名落孙山。不过，好在沈初曾在乾隆帝面前展示才华，给乾隆留下深刻印象，得知沈初落选后，求才心切的乾隆命沈初参加他亲自组织的特别考试。沈初终于得偿所愿，取得不错的成绩，即授任内阁中书。第二年，沈初又参加会试，以榜眼（第二名）的优异成绩进士及第。后官至户部尚书。著有《兰韵堂集》。

乾隆三十年（1765）闰二月，时隔三年，乾隆第四次临幸敷文书院，再叠旧作六韵，曰：

> 湖山孕灵处，忱行不忱文。
> 讵尚三都赋，谁批五鹿君。
> 甄身贵方正，绩学要精勤。
> 卢植刊碑在，戴凭夺席闻。
> 崇儒临帐绛，程士驻旄纷。
> 何以对休命，忙惟佔毕群。

此后经年，乾隆对江南的思念之情与日俱增，所以再度南巡。乾隆四十五年（1780），已是70岁高龄的乾隆皇帝第五次临幸敷文书院，这次接待他的是比他还年长的金姓。敷文书院的山长一直由清朝极富名望、德才皆备的学者担任，既要自身才学可以让众学子信服又要有自己的教学方法，金甡也不例外。金甡少时即以勤学著名，是乾隆七年（1742）钦定的状元，授翰林院编修。他曾担任詹事府辅导诸皇子十余年，廉俭方正，处事无巨细，井井有法度，诸皇子皆重其品学。金甡的接待工作自然得到了肯定与赞赏，乾隆帝在赏玩之余，既给了学生优厚的赏赐，又沿袭传统作诗，三叠旧作六韵：

> 久矣别书院，重修时对文。
> 载咨尔多士，何以称尊君。
> 值此兴学际，应思课读勤。
> 虚车懔有戒，实地鄙无闻。
> 雅正原非饰，清真不贵纷。
> 他年栋梁器，兹日蓢菅群。

阔别杭州 15 年，乾隆诗中也不免有些感慨。作为一个老者，他勉励学生要趁青春年少好好学习，把握举国兴学的机遇，成为国家的栋梁之材。

乾隆四十九年（1784），时任敷文书院山长的杭州人李汴渡负责接驾任务，已经 74 岁的乾隆帝终于要完成他的第六次南巡。从意气风发到垂垂老矣，仿佛这座城市也见证了他的一生。走在敷文书院，乾隆感慨万千。那些山石与树林，楼阁与亭台之间曾经都有过自己的身影。清风吹来，松声不绝于耳，静坐其间，感受岁月静好，恍惚间，乾隆也许会有几丝怅惘，毕竟这岁月之流逝是无法掌控的。于是乾隆这次为敷文书院留下的御诗，颇有一些人生感慨：

> 借问读书者，敷文敷底文。
> 必先修其己，乃可致乎君。
> 讵以风云贵，徒然月露勤。
> 枕经固厥柢，菲史博于闻。

何必妍华尚，翻滋思虑纷。
大端示五字，最矣雅儒群。

乾隆皇帝确实对敷文书院有着特殊的感情，除了南巡次次来此，每次留诗、赏赐之外，他还创作过一些和万松有关的诗，如《题董邦达西湖画册十四幅》其十三《万松岭》：

翠临城郭迥盘云，老干千年赦斧斤。
湖色江声欣两得，吴山凤峤与平分。
岂争艳冶春光富，时有飕飗天籁闻。
我愿树人常似此，讲堂近接号敷文。

皇帝六次临幸同一家书院，在书院史上可谓绝无仅有，再加上之前康熙帝与雍正帝的偏爱，敷文书院在江浙一带的政治地位以及在全国书院中的地位也达到了前所未有的高度。由于三代帝王的重视，书院的勃兴，江南地区自此人才辈出。据统计，清朝江南地区共考取进士4013人，占全国14.95%，每7个进士中就有一个来自江南地区。这个比例，毫无疑问在全国都是独占鳌头。

乾隆之后的清朝皇帝虽未对敷文书院再如此厚待，但依然对其多番照拂。比如清嘉庆二年（1797），因书院"廊庑倾敧，堂室渗漉"，朝廷拨款白银500余两进行维修。清光绪五年（1879），浙江巡抚梅启照重建万松书院魁星阁，补植许多松树，恢复"万株松树青山上，十里沙堤明月中"的盛景……当然，凡事有利自然也有弊，老话说"吃人家嘴软，拿人家手短"，既然从官方获得那么多的好处，有些事情书院也不得不作出妥协。

书院是古代民间办学的一种形式，不仅有自己独特的办学规则、授课方式，而且大多选择僻静优美的环境建设院舍，以便静心讲学著书，切磋学术。起步稍晚的万松书院，曾经深受"访问学者"王阳明"心学"理论的影响，反对以功名利禄为目的来学习，提倡"探性理之要，询治道之源"的求真务实的学风。办学重视"讲明义理"，重视自学、提倡独立思考，培养学生独立的治学能力；同时强调相帮相扶、相推相引，"使之日进而光明光大"。故书院课程设置较为简约，学生自由选课，"以充所善，养其所长"，发挥学生的特长和兴趣。

但万松书院不追求科举、只为研学的宗旨在它成为敷文书院时就已经改变，因为它已经具有鲜明的官办色彩。从名为"万松"到改为"敷文"，说明书院已不再追求自由研究学术，讲求身心修养，而是将办学宗旨变成以科举仕进为目标，完全改变了书院传经讲学的初衷，成为官学的另一种形式，目的就是为统治阶层输送人才。

不差钱的书院

　　纵观整个万松书院的历史，似乎它从未在经费上欠缺过。这一点跟它的身份地位密切相关。古代官学因为是中央和地方政府创办并管辖的学校，所以都由政府委派管理者，当然经费也由政府提供。至于古代书院的办学经费除了"官助"之外主要靠民间集资、捐献和书院创收、自筹，其中学田收入是办学经费的主要来源，故其官办色彩不甚明显。但这些学田之获得，背后其实也有官府运作的影子，有些直接就是由官府划拨给书院。

　　万松书院初建时便是由官员创办，一直备受官方重视。所以不仅有财政拨款，还有自己的私产——原报恩寺山地间的 170 亩田产被周木划拨给了书院，作为学田，"以备祭仪"。明嘉靖四年（1525），增修书院时，地方官府又添"置赡田若干顷"。

　　清朝时期，清政府为了打破宋元以来所谓天下四大书院的局限，便诏令建立省城书院。朝廷颁布优惠政策，集中地方人力、财力与学术人才资源等优势，在各省建设好一到二所重点书院，引领各地书院的发展。作为清政府重点支持的书院，当时的敷文书院、崇文书院、紫阳书院都得到了朝廷的经费支持，浙江巡抚专门为这三所书院每年拨款 3000 大洋，叫"奖赏税提息洋"。

　　雍正十一年（1733），敷文书院受朝廷颁赐经籍，延师督课，赐为省城书院，11 郡诸生肄业其中。作为浙江省内唯一的省城书院，它的经费更是不用担心。邓洪波《中国书院史》一书在对省城书院特点的总结中第一点就提到了"经费充足"：

各省城书院在雍正十一年正式确认之时，就获得了皇帝恩赐的帑金，其数一般是每院一千两白银，最少的也是两院共一千两。这些银两或委员经理，或置产收租，或筹备赏供，所获赢利皆用来作为书院师生膏火。如果收入不够开支，则准许在"存公项下拨补，每年造册报销"。[1]

也就是说省城书院的开支与官府银库联系在一起，由此省城书院便有了充分的经济保障。

清统治者纳敷文书院于官学的轨道，也确实使书院多次从清朝多位皇帝手中获得拨款，比如雍正十一年（1733），雍正帝赐帑银1000两以资膏火。乾隆四年（1739），乾隆帝又加赐帑银1000两等。清政府慢慢将敷文书院的办学宗旨改成以科举仕进为目标，自由讲学也改成时文（八股文）训练，经费由官府划拨，所以书院在清朝时期的辉煌不是没有道理的。除了从皇帝手中获得资金，地方官员也会想方设法为书院筹措资金，比如道光四年（1824），以运库余款拨银两生息，贴补膏火；道光八年（1828），浙江巡抚刘韵珂复增膏火；等等。

为了让敷文书院得到更好的发展，一些官员和富豪还会给书院捐赠田地。清康熙五十七年（1718），浙江巡抚朱轼复捐益赠产；雍正年间浙江监驿道黄炳捐置学田；雍正十一年（1733），浙江总督程元章以杭州敷文书院作为全浙士子肄业之所，"酌议生息，增置田亩，以为永远膏火之资"……

有了经费的支持，再加上教学目的的更改，所以敷文书院肄业生员中考取功名的比例在杭州也是最高的。而这些从这里出仕的学子又以各种方式回报母校，形成一种良性循环。

1　邓洪波：《中国书院史（增订版）》，武汉大学出版社，2012年，第512页。

敷文书院除去日常开支，靠着收租与收息，不仅能自给自足，甚至还有结余。所以在道光十六年（1836），管辖浙江杭州、嘉兴和湖州地区的地方官吏想要开设孝廉月课时，富裕的敷文书院便成了他们的选择：“浙江为人文荟蔚之区，三书院暨诂经精舍每月分轮课试，人才辈出，多士奋兴，于作养之方，已属至周且备，惟孝廉向无考课，尚为缺事。饬令于敷文书院经费内核计，能否有余，可以增设孝廉课式。”

那么，敷文书院到底多有钱呢？经过严格审计之后，每年竟能由书院提供500多银两结余用作新课程的开设。要知道道光二年（1822），作为名校的白鹿洞书院全年给书院师生才只提供800两银子作为日常开支，直到道光四年（1824）才在巡抚程含章的努力下增加到每年1000两。但这些跟敷文书院几乎没有可比性。

又如孝廉月课的增设事宜落实到了敷文书院，浙江地方长官们还专门发了一份名为《浙江分巡杭、嘉、湖兼管水利、海防、兵备、驿政道窦为敷文书院增设孝廉月课事》的公文，中间更是精确而清楚地交代了敷文书院的经济情况。内容如下：

自道光四年以后，各前宪筹款拨给，历年添补，渐有盈余，计共额收银四千八百余两。除每年按考课、生童膏火、山长脩金、杂项照例支给，实放银四千三百余两，约存剩银五百余两。现在本年经费，除收支外连旧管共存银三千三百两。应请即将此项经费存银内提出三千两，仰祈宪台饬给运司衙门，分给盐商具领。按月一分生息，每年可得息银三百六十两，遇闰增银三十两，仍由运司按季移道。又额收经费，每年余剩银五百余两内，拨银四百八十两，共足八百四十两之数，年计十课，足敷各项支给。

在这一指示下，敷文书院根据特别筹集的840两银经费，制定《敷文书院增设孝廉月课章程》以确定招生人数，“于杭州府属之在籍举人报名投考。请录取内课十八名，外课十八名，附课二十名，送敷文书院课试"。敷文书院对于这场选拔考试前期的要求也很严，比如在考试之前，所有的举人还需要履行类似科举考试"投牒自进"的报考手续。杭州府的所有举人，包括丁忧在籍和已经成为教官但还没有赴任的举人"自带供给，即用书院卷为试卷，该举人先期赴监院处填明三代、年貌、中式科分、名次，由监院造册申送职道衙门，查核转送"。

虽然规定严格，但报考人数也不少，因为这样的甄别考试，敷文书院会给予膏火，它规定：每年十课，正取生童，每人给膏火银2两；次取生童，每人给膏火银1两；附取生童，每人给膏火银4钱。院长两课共给束脩银40两，每课供膳银1两5钱。可谓是待遇优厚。

从上述总总足以看出，敷文书院的确是"不差钱"。

悠悠数百年，只是一瞬间

　　清光绪年间，敷文书院变得破败不堪，重新修复需要大量的经费投入。于是浙江巡抚叶赫崧骏、布政使刘树堂决定委托杭州乡绅丁丙寻找替代原址的办学之地，地处偏僻的葵巷沈宅便成为较好的选择。丁丙参照清初敷文书院的建筑，历时近半年修整，将沈宅改造为新的书院。新书院虽然规模不能与敷文书院相比，但其祭祀、讲学、藏书三大功能也是一应俱全，绿植繁茂，环境清幽，连学生住宿饮食等生活细节也都有细致安排。

　　书院建成，又恰逢叶赫崧骏进京觐见光绪帝，请求赐名。光绪帝随即写下"敷文讲学之庐"，以区别万松岭上的敷文书院。敷文讲学之庐的招生数量小于原敷文书院，它规定住院额数为每期36人，学生可以自由参加会试。而原本的敷文书院则稍加修缮之后，在四周建起围墙，由专人看管，作为古迹供人凭吊。

　　清光绪二十年（1894）7月25日，中日甲午战争的开端丰岛海战爆发。清政府仓皇迎战，以北洋水师全军覆没告终，被迫签下不平等条约——《马关条约》，民族危机加剧。内忧外患之下，朝野有识之士深感树人育才才是救国图存的重要路径。于是在社会贤达人士陈叔通、邵伯絅、杨雪渔等人的建议下，杭州的大实业家胡趾祥出资，开国元老、民主斗士陈叔通亲自担任学校筹办人，以葵巷的"敷文讲学之庐"为校址，改建新式学校。光绪二十八年（1902），在"停乡试，废科举，兴新学"的背景下，敷文讲学之庐变身为浙江第一所私立中学——浙江安定学堂。胡趾祥也以救国之志、务实之风获得"嘉惠儒林"的褒奖。

学堂的首任校长是中国早期白话文运动的先行者和最有成绩者之一的项藻馨。项藻馨（1873—1957），字兰生，杭州人，清朝科举出身，学识渊博，著名的维新派人物，还是北大教授、著名学者钱理群的外祖父。

光绪二十七年（1901），项藻馨与中国近代史上著名的记者、报人、新闻工作者林白水等创办《杭州白话报》。光绪二十八年（1902），项藻馨主导创办浙江安定学堂，并担任首任校长。其间，他还兼任浙江高等学堂监督。他除了办报纸、办学堂之外，还修公路，开时代风气之先，是中国近现代史上的风云人物。2010年，杭州第七中学（原安定学堂）在校园里建造项藻馨铜像。

项藻馨后专事银行工作，安定学堂的继任校长为杭州人叶仲裕。叶仲裕（1881—1909），名景莱，以字行。青年时期在上海震旦学院肄业，深受创始人兼首任校长、著名教育家马相伯器重。光绪三十一年（1905），叶仲裕协助马相伯，与于右任、邵力子等人创建复旦公学。初创时因为经费拮据，叶仲裕冒酷暑到南京、扬州、淮阴等地募集资金，使学校得以维持。

光绪三十二年（1906），叶仲裕参加光复会组织浙江旅沪学会，继而创办《神州日报》，后被推举为浙江国会赴京请愿代表，回浙后创办《全浙公报》，鼓吹民族革命，并兼任杭州安定学堂监督，此后担任校长。

安定学堂除了校长是学识渊博、品行端正的社会名士之外，连教员也多为江浙名士。比如有五四运动"浙江四杰"之一的刘大白；被康有为誉为"浙省第一人"的周承德；在浙江图书馆"凡十四年，厥功尤伟"的章篯；著名教育家，钱学森的父亲钱家治；中国民主同盟创始人之一的许宝驹；还有与黄兴、秋瑾、徐锡麟、蔡元培、章太炎等人交往甚密，为光复浙江贡献极大的黄元秀；浙江大众教育先行者陈训正……

第二章、从万松到敷文——书院的前世今生

123

清宣统元年（1909），浙江安定学堂更名为"钱塘县私立安定学堂"，到 1912 年又改名为"杭州公立安定中学校"。

因改行新学制，所以到 1923 年，学堂又更名为"杭州私立安定初级中学"。抗战时期，战乱不断，学校先搬迁到诸暨次坞，再迁移到象山墙头，后来又迁至缙云壶镇，辗转千里，但教育的本质从未改变。正如浙江安定学堂初办时就悬于礼堂的那副对联，既表明了它为兴学救国而创办的初衷，也确定了学校的办学宗旨：

是社会中坚，是国民先导，责任重丘山，我辈敢亏职守？
正成德年龄，正达才时候，光阴争顷刻，诸生毋自蹉跎！

世事变迁，初心不变。

1939 年，学校招生范围扩大，开始招收高中生，遂又改名为"杭州私立安定中学"。1945 年，学校终于回到暌别许久的杭州，并在此迎接新中国的诞生。1956 年 2 月，学校由私立转为公立，并正式更名为"浙江省杭州第七中学"，这个名称沿用至今。

这座建校已逾百年的名校，是浙江省最早建立的中学之一。著名作家、中国革命文艺奠基人之一的茅盾（沈雁冰）先生在 1911 年隆冬告别母亲，告别乌镇，走出嘉兴，进入杭州，成为这所学校的学生。此后多年，他在《我走过的道路》一书中，这样写道："私立安定中学的校长想与杭州中学比赛，凡是杭州的好教员都千方设法聘请来。……张献之老师教我们作诗、填词……他常常写了上联，叫同学们做下联，做后，他当场就改。"好的校风，再配上好的老师，所以这所名噪一时的学校，才会培养出众多知名学者、科学家、教育家等。除了茅盾先生之外，抗日爱国名将、军事教育家厉尔康，中国历史学家范文澜，水利专家何之泰，著名漫画家华君武，一代数学宗师柯召，著名作家冯亦代，著名科学家、两弹一星功勋奖章获得者钱学森等人都曾在这里就读。

现在的杭州第七中学，依旧秉承"崇学敦教"的优良作风。行至今日，"诚""勤""爱"的三字校训，仍是杭州第七中学传承的精神宝藏。资料显示，学校现为杭州市教育局直属的浙江省重点中学，浙江省首批一级普通高中特色示范学校，省市文明单位，杭州市首批美丽学校，市重点涉外参观单位，全国校园文化建设先进单位，省市中小学实验示范学校，杭州市名师培养基地学校……学校培养出了一批又一批的人才，无愧这份百年传承。

第二章　从万松到敷文——书院的前世今生

第三章

「人只此人，不入圣便作狂」

山长之中多名人

学生中的「大咖弟子」

那时的「访问学者」

山长之中多名人

宋朝马永易《实宾录》中载："尹恭初，阆州人也……唐刺史孙丘，置学舍于阆州北古台山，延尹恭初为山长，学者大集。"五代时期的蒋维东隐居在衡山讲学时，授业者也称之为山长。所以"山长"一词，在唐朝、五代时期是对山居讲学者的敬称。

历代书院对老师的称谓有很多，有山长、副山长、院长、山主、洞主、主洞、掌教、副掌教、院师、经师、馆师、主讲、副讲、都讲、讲书、讲书执事、讲宾、助讲、助教、教主、学师、堂长、学长、学录、经长、分校、教习、训导等等，至少有 40 种。其中以"山长"地位最高，每所书院的教学和管理也是以山长为核心。

到了宋朝，在范成大的《代儿童作立春贴门诗》之三中也写有"盛族推山长，修龄号栎翁"。宋朝著名诗人陆游在他的诗歌作品《遣兴》中则写道："退归自合称山长，变化犹应侍帝晨。"可见，这时期的山长不再只是对讲学者们的称呼，而是进一步特指归隐之士。元朝在各路、州、府都设书院，设置山长。比如元朝吴养浩的诗《象山山长岳仲远美任》中就有"雅有岳山长，三年今在兹"的句子。

明清时期沿袭元制，乾隆时虽曾一度改称院长，但到清末仍叫山长。清朝的李伯元在《文明小史》第二十二回中有这样的描述："（总办）本是郎中放的知府，因为办军装的事违误了，制台为他学问好，请他做个书院的山长，后来改了学堂，便充总办之职。"

废除科举之后，书院改称学校，山长的称呼才正式废止。

山长主持书院的教学与学术研究，且大多兼领院务。所以山长一职的人选对书院而言是至关重要的，他们学识的高低、人品的好坏直接影响到书院的盛衰进退。因此，其人选自然也备受重视，产生方式有建院学者自任，官方任命、推荐，地方公众选任三大类型。一般而言，"经明行修，堪与多士模范"是公认的用人标准。为了防止有人作弊走后门，很多书院还专门设置任职标准，比如在入职要求里增加进士、举人、秀才等条件，试图以公众标准来把关；或者要求士绅推选官府聘任；抑或是实行聘任制，一年一任，以是否"允惬众论"决定取舍去留。可以说，为了选好领头羊的角色，各大书院也是想尽办法。

敷文书院一直秉承尊崇程朱理学的理念，与许多鸿儒才俊结缘于西湖畔。它能成为明清时期江南的第一书院，与其拥有一批有名望有地位的山长有直接关系。

首任山长

陆堦（1619—1701），字梯霞，明末清初浙江钱塘人，少与兄陆圻、陆培为复社名士，称"陆氏三龙门"，他是清朝万松书院第一任山长。

公元 1644 年，既是大明崇祯十七年，也是大顺永昌元年，还是大西天命三年，甚至是清世祖顺治元年。这么多年号在一个年份出现，只能说明一件事，朝代更迭频繁。

明朝灭亡，很多的文人志士皆不愿仕清，曾与兄长陆圻、陆培以文章领袖一时的陆堦也是其中一位。陆堦早年与明朝末年的大臣、学者、民族英雄陈子龙关系非常不错。陈子龙被誉为"明朝第一词人"、清词中兴的开创者，两人多有诗词上的交流。陆堦凭借文采、品行而高于世人，尤其将推行道德、经世济民作为自己的责任。

他在清军入关之后，便远离政权漩涡，带着明朝遗老的身份与母亲隐居在河渚骆家庄，以种田捕鱼为生。日子过得简单而清贫，偶尔泛舟西湖，吟诗作赋，倒也怡然自得。

一片泛着黄色的梧桐叶轻轻地掉落，殷勤的风儿不舍它的离去，将它托起，悠悠荡荡，受不住鱼儿的嬉戏声，一不留神掉落在湖面之上，像是在向世人宣告秋的来临。陆堦漫步在杭州的秋色里，不由得生出一些感慨。他本就文采斐然，是明末清初以常熟虞山命名的，以钱谦益为首的东南诗坛重要流派——虞山诗派中的一员，作诗写文是他闲居杭州的日常。只可惜留存作品不多，且看他的《秋日杂感次秦楚芳韵》：

秋水新添一尺波，晚凉处处采菱歌。晚家似我虚弹铗，有恨何人共枕戈。酒户不缘贫后减，风情终觉少年多。鬓毛几缕惊非旧，白日相催马下坡。

此外，他还著有《白凤楼集》14卷，《四书大全》60卷，以及为好友李渔的《论古》《闲情偶寄》及诗文作评，有文选入《尺牍初征》等。

陆堦退隐回到杭州后，有时候会接受寺庙和商人的邀请选编制艺文章，增加一点收入以维持生计。生活虽然清苦，他却甘之如饴。陆堦才名在外，有些慕名而来的学子前来求教，所以他也由此招收了一些学生。岁月一点点流逝，陆堦的内心不时也泛起一丝涟漪，一身的才华随着年华老去无处施展。

一日，时任浙江巡抚的张鹏翮（1649—1725，字运青，号宽宇、信阳子，清朝著名清官、治河专家、理学名臣，史称"清官""贤相"）下基层察访民情，无意间来到西湖边的万松书院，没有想象中的琅琅书声，走近一看，只见书院萧条破败，院里学子也不过寥寥数人。一代名书院竟是这样的光景，这位刚过不惑之年便被提拔为封疆大吏的官员顿时感到有些惋惜。于是，他回到府里便马上调拨官银重建书院，并下令改善学子生活。张鹏翮素来重视教育，在繁忙的政务中亲自督促万松书院的修建工作，在他的主持下，办学条件大大改善。

有了官方的支持，万松书院的硬件设施都落实了，现在摆在张鹏翮面前的一个难题就是谁来担任山长一职，要让浙江众多学子能从内心深处信服的人并不好选。忽然，他想到了闲居在杭州的才学与人品双绝的陆垲，于是就想邀请他出山。

张鹏翮对陆垲极为尊重，亲自前往陆垲家中，并执弟子礼求见，奉陆垲为师。陆垲虽不愿仕清，但书院山长一职并非官职，又能施展自己的才华抱负，加之张鹏翮的诚意，于是欣然接受。全省慕名前来万松书院处读书者络绎不绝，万松书院逐渐成了杭城规模最大、影响最广的浙江文人汇集之地，为浙江及全国培养和输送了大量人才。

在担任万松书院山长期间，陆垲将自己的心力投入教育中，也因教育有方，品行高尚而被人敬重赞誉。关于他的品行，清朝文学家，曾在万松书院学习过的袁枚在他的文言短篇小说集《子不语》卷九中还以陆垲为主人公创作了一篇《裹足作俑之报》。

杭州的陆梯霞先生，品德高尚，终身不另娶或贪图女色。

不过有时酒席之上有人让歌姬劝他喝酒，陆先生无喜无愠，随意应酬；有犯小罪来求说情的，陆先生也答应。当事人尊重陆先生，他的话没有不听的。于是就有人批评陆先生自损风骨，陆先生笑着说："见米饭掉落在地，捡起来放到桌上心才安，何必一定要自己吃了呢？凡是刻意去树立什么风骨的，就是有私心罢了。我曾经受到汤潜庵中丞的教导，他在苏州任职时，苏州有很多的娼妓，中丞只是劝诫，从来没有专门去禁止或者捉拿。汤中丞对下面的官吏说："世间之有娼优，犹世间之有僧尼也。僧尼以化缘求食，娼妓媚人求食，都不是祖先的法规。若欧阳修的一篇《本论》都不能实行，那么饥寒交迫又充满怨气的小民又该怎么办呢？今天欺负娼妓的人，就像北魏武帝灭沙门毁佛像一样，都只是白白让那些官吏发横财罢了。不究其根本原因而抓那些细枝末节的事，不是我的所为。'"

有一天，陆先生在家午睡，突然梦见鬼差持帖相请，上书"年家眷弟杨继盛拜"。杨继盛是明代大臣，因为反抗严嵩而遇害，是忠臣、直臣的典范。陆先生一看是他相请，十分高兴，笑着说自己正好也想去见一下杨公呢！于是就跟着鬼差"行至一所，宫殿巍然"，杨继盛头戴乌纱、身着红袍，下台阶迎上前说："我奉玉帝的旨意，要升到天上去做官了，这阴曹地府也需要审案，恐怕就要劳烦你了。"陆先生推辞道："我在阳间不屑为官，故隐居不仕，今安能为阴间官乎？"杨继盛感叹说陆先生真是高人，性情淡泊到连城隍神都不做。

就在这时，有个判官忽然过来对杨继盛耳语了几句，陆先生有些好奇，于是便问是什么案子。杨继盛说："南唐后主李煜裹小脚的案子。李煜前世是嵩山的净明和尚，转世当了国主。有一次，他在宫中行乐，突发奇想，给妃子窈娘缠足作新月之形，本来不过就是一时的游戏，后来却相沿成习，世上的女人都以小脚为美，将父母赐予的身体胡乱折腾。女子为此受了无数的痛苦，有些人既忍受不了缠足之痛，又忍受不了世人对天足的嘲讽，竟悬梁服毒自杀！上天厌恶李后主无事生非，所以让他生前被宋太宗的牵机药毒死，足欲前，头欲后，比女子缠足更加痛苦，死后还要在阴曹地府里受苦700年。现在700年已满，他要回嵩山修道去了。本来可以让他转世重新做人，谁知刚刚得知，有数十万没有脚的妇女跑到天庭上访请愿，说张献忠攻破四川时，砍下了她们的脚堆成一座山，以最小的脚作为山尖。虽然她们在劫难逃，但为何要出乖露丑到这种地步？都是李后主开创的裹脚的罪，才让张献忠有此残暴变态的怪癖，所以让玉帝继续惩罚李后主……"

陆先生听了哭笑不得："那你打算怎么断这个案子啊？"

杨继盛想了想说："天帝可怜这些女人，便下达了旨意，要四海都城隍共同商议治罪。公文到了我这里，我想孽是张献忠造的，李后主也不能预先得知，所以也很难定罪。这样吧，我就罚李后主继续在我这阴曹地府里服刑，织满 100 万双小鞋，赔偿给那些无足妇人，才能转世为人。判决书的草稿虽然已经写好了，但还没有与其他都城隍商议，陆先生有什么看法吗？"

陆先生说，习俗难以治理，愚民有焚烧父母尸体作为孝的，便有心痛女子的脚作为仁慈的，道理是一样的。杨继盛听完不由得大笑起来。

陆先生猛地醒来，方知乃是一梦。他郑重其事地告诉夫人："千万不要给你的女儿缠足，不然李后主在阴曹地府里又要多织一双鞋了……"

虽然只是一则故事，但字里行间却可以看出陆坦为人。作为第一任山长，陆坦似乎奠定了这样一个基调，后来的山长皆是人品与文采都出众的大儒。

孝子山长

清代学者、诗人桑调元（1695—1771），字伊佐，号弢甫，浙江钱塘人。著有《弢甫集》《弢甫五岳集》《论语说》《躬身实践录》等，并辑《桑孝子旌门录》。桑调元在乾隆十六年（1751）

◎ 桑调元

时，以山长身份接待过第一次到访敷文书院的乾隆，得到优厚的赏赐，是敷文书院史上最具有影响力的山长之一。

杭州艮山门，杭州城古代的东北门，五代吴越时筑罗城，为十城门之一保德门，南宋绍兴二十八年（1158），移门址于菜市河西，改名艮山门。艮山门内有一处名为大树巷，原在杭州老城的艮山门内的东北角，与东园相邻。1989年建成住宅小区，地名也随之消失，目前还有大树路。

大树巷出名不是因为历史悠久，也不是因为环境清幽，而是小小一条巷子里，竟然出了许多的文人雅士，可谓是人杰地灵之处。比如：万光泰（1717—1755），字循初，一作晴初，号柘坡，浙江秀水人。乾隆元年（1736）进士（一作举人），被荐鸿博。工诗，擅长山水，笔墨潇洒，气味纯古，尤其善于篆刻，并且精算学。39岁逝世，留有《柘坡居士集》。

袁枚也是出生在大树巷，在其 2 岁左右，迁居葵巷（小粉墙）。在袁枚 65 岁时，故地重游，并赋诗记怀。《余生东园大树巷中，周晬迁居，今六十五年矣，重过其地》："六十衰翁此处生，重来屋宇变柴荆。想同买德寻邻叟，谁复婆留唤乳名？蓬矢挂时桑已尽，儿裙湔处水犹清。斜阳影里千回步，老泪淋浪独自倾。"可见，袁枚对此处的感情还是很深的。读书是件很讲氛围的事，这么想来，大树巷里的人家无论出生如何，大多都重读书。

乾隆元年（1736），袁枚从广西前往京城参加博学鸿词考试，遇到了也被推荐应试的老乡卢存心。卢存心（1690—1758），诗人，原名卢琨，字敬甫，号玉岩。卢存心著有《白云诗集》七卷，别集一卷等。初秋的京城，已有些许凉意，虽无从知晓，但两人想必有不少话要说。

但要说卢存心最好的朋友，肯定得是桑调元，两家住宅相近，自幼来往。谁只要买了书，一定会分成两册，看完之后交换阅读，读完两人还探讨心得，互相考察纠正。两人从总角至衰老，出入早晚都在一起，里人妇孺称呼他们为"双先生"。

两人不仅是发小，后来还成为亲家。卢存心的儿子卢文弨（1717—1796，字绍弓，号矶渔，又号檠斋，晚更号弓父，他的居所以"抱经"为名，所以人称抱经先生）娶桑调元之女。而且卢文弨自小就聪慧异常，才学非凡，为人"孝谨笃厚"。乾隆十七年（1752）高中探花，授翰林院编修。后在上书房行走，升翰林院侍读学士，任广东乡试正考官、提督湖南学政等职。说来残酷，卢存心在乾隆十七年才被选拔入国子监当太学生。儿子高中三甲，父亲方入太学，心中该是五味杂陈。

卢文弨在提督湖南学政的时候，因事被降职，于是干脆告老退休回家闭门著述了。他主持过江浙各书院讲席，"以经术导士，江、浙士子多信从之，学术为之一变"。南京的钟山书院在乾嘉时期被誉为"海内四书院之冠",他便是最为重要的院长之一。卢文弨重视培养造就学术人才,开创书院学术新风,对江南地区的文化教育的发展、学术传承产生了积极的推动作用。这一点与其岳父应该也是不无关系的。

桑调元出生于商贩之家,他的父亲桑天显,字文侯,鬻糍筒(卖粽子)为业。桑天显年幼时便丧母,事父至孝,是远近闻名的孝子。父亲生病,他便自己煮羊脂粥,侍奉在前,受到了人们的赞扬。父亲过世之后,他依旧抱着锅不肯撒手。袁枚《随园诗话》卷十载:

邻有隐者桑文侯,鬻粽为业,性至孝:父病膈,文侯合羊脂和粥以进;父死,乃抱铛而哭。人为绘《抱铛图》,征诗。万君光泰诗最佳。其词曰:羊脂数合米一匊,病父在床惟啖粥。父能啖粥子亦甘,粒米胜于五鼎肉。升屋皋某无归魂,束薪断火铛寡恩。床前呼父铛畔哭,抱铛三日铛犹温。呜呼!恨身不作铛中米,临殁犹能进一匕。谓铛不闻铛有耳。

葛虚存《清代名人轶事》中载:"调元,世称弢甫先生,著述宏整。为工部郎,忽弃官遍游五岳,人竞高之。先生父文侯,真孝子也。家贫,粥角黍于市,亲病关鬲,合羊脂和粥以进,终不痊,抱铛而哭,人为绘《抱铛图》。万征君光泰赠诗云……丁卯冬初,同友乘轮北上,狂飙巨浪中,泪涔涔下,同舟以为性惮波涛,其实见有携铛煮粥者,偶触万诗也。是编鲜录寻常诗词,以此首音节哀恻,足发至性,登之。"

桑天显的孝道之声闻名乡里,别人如果言及孝行,必定会感叹说:"何如桑郎小寿!"如果有父母苛责逆子,就说:"独不闻桑小寿之养亲疾耶!"小寿是桑天显的小字。乾隆八年(1743)五月,桑调元辑《桑孝子旌门录》,他在卷首自序曰:"先府君童年奇孝,长而仁德。勇功煜煜,在人耳目,间至老弥劭。既没,而乡国友戚追思,请旌之。已得请矣。调元幸先德之远扬,荷天恩之下逮,发露幽潜，光垂穹壤。我世世子孙感激，曷其有穷！始自请旌之辞，迄于题疏，荟为一编，将以登诸家乘。先辈巨公，直书姓名，传信也。乾隆八年夏五调元谨辑。"

桑调元虽不是出生于世族大家、书香门第，但有着这样的一位父亲作为榜样，也是不差的。他年幼时便聪明勤奋，从小就熟读诗书。雍正元年（1723），不到30岁就中举，雍正四年（1726），举顺天乡试，但后来科举不顺；雍正十一年（1733），参加会试，正榜落第。

桑调元辑《桑孝子旌门录》："雍正十一年四月初一日，世宗宪皇帝召见天下通知性理举子八人，调元与焉。奏对称旨，蒙恩谕曰：'好！好！此是躬行实践之学。'钦赐进士，授工部屯田司额外主事。"意思就是雍正皇帝命人遴选举人之明习性理者，一共选得八人，桑调元是其中之一，被特赐进士，授工部额外主事。

本来好不容易当上了官，该好好珍惜这次机会，但桑调元却很快辞官了。关于他辞官的理由，众说纷纭。有说因病还乡，也有更普遍的说法是桑调元或许是心高气傲，对自己非正榜进士出身感到不满意，也或许"额外主事"的"额外"二字刺激了他，上任不久就辞官了。如果光凭猜想，很多人应该更倾向于第二种说法，就如袁枚评价的桑调元"性孤癖，能步行百里，弃主事官，裹粮游五岳"。似乎这一说法更能显出一个人的个性，甚至说是风骨。但按照马荣祖（1686—1765，雍正十年举人，乾隆元年举博学鸿词）《桑孝子天显墓表》说："余与谢甫名声相闻，今上丙辰（乾隆元年，公元1736年）召试保和殿中，始于殿中识面。先是谢甫成进士，授工部屯田主事，岁在癸丑（雍正十一年，公元1733年），其父已于正月卒。相距三千里，寄书中道，沈搁阅五月，乃克闻讣，以是痛毒尤深。谋所以不朽其亲眷尤笃。余两人别既久，庚午（乾隆

第三章 "人只此人，不入圣便作狂"

十五年，公元 1750 年）遇于大梁。弢甫主讲席于此已四稔。"[1] 其实桑调元在考试期间，父亲桑天显亡故，但因为路途遥远，他四月一日考试后被授予官职，至五月方闻得死讯，辞官回乡丁忧。在家丁忧的桑调元秉持家风，每日清淡饮食，只吃蔬菜，只喝水，三年不碰荤腥。哪怕丁忧期满，赴工部任职，他的饮食依旧如居丧时一般。

丁忧期满的桑调元即北上复职，乾隆元年（1736）九月，参加保和殿殿试。乾隆四年（1739），因病辞官。辞官之后，桑调元的一个重要身份是清朝资深的"驴友""背包客"，他的足迹遍布各处。他每次出行，都是"袱被半肩，不与人偕，遍游五岳，人称独游五岳先生"。人说读万卷书不如行万里路，桑调元满腹经纶，本就诗文俱佳，如今看到如此多美景，游到兴之所至之处，诗兴大发，写下了不少诗句。而且他不是随便写写，而是深度游之后的文学创作，他的《留别袁石峰舜裔》写道："莫定畸人物外踪，梦魂飞入碧霞重。浮云形似世情幻，秋树色添游兴浓。白练横过天际马，乌藤直上岭头龙。凭将一斗隃糜汁，洒遍天门日观峰。"游华山留下《过华山门》："华山门下雨盈盈，玉女秋期会玉京。十万云鬟梳洗罢，漫空盆水一齐倾。"还有《嵩洛杂诗》说："铁梁大小石纵横，似步空廊屧有声。世外多情一明月，直陪孤影到三更。"真的是非深于游山者不能言也。

再摘录部分，以飨读者。

乌龙庙

背江面山根，古祠立森竦。躞跰镌青珉，蓊蔚渲画栱。
灵宫翼青冥，形势压冈陇。阴寒玉座秋，有严石础巩。
负屋攒松杉，翠蠹若环拥。犇涛卷盲风，殷殿声汹汹。
冷客无所祈，杂虑扫纷氄。欲访太虚亭，松岭贾余勇。

———— 1　钱仪吉：《清朝碑传全集》（二）正编（下），大化书局，1984 年，第 1777 页。

和马君秋日有怀西山韵

延望西山佳，胸中有邱壑。双屐何时蜡，至竟空言托。
爽气开天关，秋风振林薄。圆冰当高空，纤云了不着。
此时峰头眠，一啸鸾音作。冷梦结冰雪，清怨闻猿鹤。
之子藐姑神，微吟见绰约。怅怀空山花，无人自开落。

晓次越州用青邱登蓬莱阁望云门秦望诸山韵

春山未肯晴，湿烟飐树杪。
船头散疏雨，江城初破晓。
层空坏重云，兀立塔势矫。
草芳雉雉多，水满浮鹥小。
东风气力劲，帆疾过飞鸟。
朝色暖千岩，奇秀当门绕。
镜光溢百里，一片青未了。
禊亭人语空，樵径仙踪杳。
在处作清游，孤鸿漾天表。

桑调元众多的采风作品里自然也少不了家乡杭州的身影。雷峰塔、虎跑等大家耳熟能详的游览胜地一一登场。

晚登雷峰观落照

斜阳射赭塔，嶻嶪皆金光。层霄蔚彩翠，一径摩青苍。
峰霞蒸合沓，湖漪散滂洋。金牛方隐见，踆乌暂翔翔。
投壶天帝侧，张乐轩辕旁。路逢皇初平，纵横叱群羊。
霓旌澹偃蹇，羽衣纷飘扬。秋山蟋蟀响，鬼火冬青凉。
倒景倏已灭，弦月遥相望。搜吟沾夕露，痴坐孟溧阳。

夕游虎跑

飕飗一径风，松泉竞清响。盘沿渡石梁，面壑林扉敞。
日落山色浓，秋近节气爽。寂静憩诸天，新凉纳方丈。
石亭瞥澄泓，香台逼纬象。竹几写微吟，匏尊得真赏。

幽树暝禽栖，空阶白月上。客自爱清游，冲烟复孤往。
旧识庞眉僧，相送出灌莽。意行欺猛虎，彭觥策铁杖。

清朝梅曾亮在《桑弢甫先生遗集序》中言："桑弢甫先生，以孝义奇伟之性，发为诗文，高奇清旷，有自得之趣，非如同时诸人掇拾南宋后之偏辞剩义为奇博者比也。"

桑调元一生文学创作颇丰，著有《弢甫五岳集》20卷、《弢甫集》14卷、《论语说》、《躬身实践录》等，并辑有《桑孝子旌门录》。《四库全书总目》评《桑弢甫集》曰："是集诗十四卷、续集二十卷、五岳诗二十卷、文三十卷。调元才锋踔厉，学问亦足以副之。故诗文纵横排奡，摆落蹊径，毅然自为一家。而恃其才学，不主故常，豪而失之怒张，博而失之曼衍者，亦时有之。所作《镇海楼诗》至七言长律二百韵，古人无是格也。其所以长即其所以短乎？"《四库全书总目》对其诗文评价的最后一句话，也给我们某些吟诗作文喜好枝蔓铺陈者提了个醒。

镇海楼诗（节选）

消尽世烟将虎灭，望相遥阵炮平门。
庭级百砌汉白玉，碧褶千璃琉盖云。
盈气浩扬昂斗志，在风威影剑刀真。
安宁保海翻江浪，镇海楼容五岳珍。

桑调元辞官之后，除了游山玩水之外，他主要的工作其实还是从事书院的讲学，教育生徒。《楹联丛话》载，桑调元的书房中有一联：放开肚皮吃饭，抖起神气读书。一副充满趣味的对联，倒也颇为符合桑调元的性情，想来在他执掌下的书院也必然是有着自己的特色。

桑调元精于史学与性理之学，尊崇程朱理学，以尚志力行为先，他在各地的教学过程中积累了十分丰富的实践经验，主张"穷经之要有三：博综、折衷、自得"；强调"不通群经，不足以治一经；不知史法，不足与以谈；不博研象纬度、山川、方名、器数之岩迹，不足以穷遐极幽"。

桑调元为人清鲠正直，以教四方之士为己任，曾主持河南大梁书院、山东泺源书院、江西瀛溪书院、浙江敷文书院等，在教学方面卓有成就，编撰《大梁书院学规》《道山书院学规》《江西瀛溪书院学规》《泺源书院学规》等，精于史学与性理之学。

后人对桑调元无论是在诗词创作还是教学工作上的成绩都是非常肯定的。如《江山草堂诗钞》中有《桑先生弢甫》诗，诗云："伸纸即千言，性理资训诂。讲席名士延，扃刻杂宾户。半生五岳游，百里一节挂。乞养早归田，风诗吟屺岵。回忆抱锴图，孝子足千古。"

清朝著名诗人、学者，乾隆年间的尚书沈德潜（1673—1769，字确士，号归愚）在给桑调元的挽联里云："文星酒星书星，在天不灭；金管银管斑管，其人可传。"

三　接乾隆帝的山长

齐召南（1703—1768），字次风，号琼台，晚号息园，浙江天台人，清朝著名学者、地理学家。雍正七年（1729），齐召南在己酉科乡试中副车。雍正十一年（1733），举博学宏词，以副榜贡生被荐。乾隆元年（1736），召试于保和殿，钦定二等第十名，为翰林院庶吉士，散馆授检讨，次年参修《大清一统志》。乾隆四年（1739）充任武英殿校勘经史官，而后又充任《明鉴纲目》纂修官。

顺治十年（1653），后来成为明末清初杰出的学者、思想家、诗人和时文评论家、出版家的浙江崇德人吕留良（1629—1683）

◎ 齐召南

应试为诸生，但后来却隐居不肯出仕。康熙五年（1666），浙江学使到嘉兴考核生员，吕留良拒不应试，被革除诸生。此举震惊社会，而吕留良怡然自得，晚年为拒绝鸿博之征更是削发为僧。自康熙五年之后，吕留良便归隐崇德城郊南阳村东庄，后自开天盖楼刻局，继续选刻时文出售，并提囊行医，以自隐晦。吕留良专攻程朱理学，创立南阳讲学堂，设馆授徒，通过评选八股文，宣传他严"夷夏之防"和恢复"井田""封建"制的政治主张。

康熙二十二年（1683）吕留良死后，其弟子崇奉留良其说、为其广播。湖南永兴县人曾静，号蒲潭先生，在靖州应试时，读到吕留良所评点的文章，里面有论"夷夏之防"等语句，于是派门人衡阳张熙专程去浙江吕家访求书籍，吕留良的儿子将吕留良的遗书全交给了张熙。曾静细读吕留良的书，发现里面多有反清复明之意，愈加信服。此后也多与吕留良的弟子严鸿逵和鸿逵的弟子沈在宽等往来投契，时常赋诗相互赠答。但后来曾静策动川陕总督岳钟琪反叛，被人告发下狱，牵连吕留良的学生。事情愈演愈烈，古有伍子胥掘墓鞭尸，谁承想到了雍正十年（1732）吕留良也被剖棺戮尸，尽焚遗作，说里面有叛逆内容。还连累子孙及门人等或戮尸，或斩首，或流徙为奴，罹难之酷烈，成为清代文字狱之首。

其实在吕留良案的处理过程中，雍正皇帝许是怕落人口实，毕竟吕留良在各地学子中的威望还是很高。于是他下诏各省生员对朝廷处理吕案表态，同意者具结签字，不同意者"其有独抒己见者，令其自行具呈，该学政一并具奏，不可阻挠隐匿"（《清文字狱档·曾静遣徒张倬投书案》）。在当时的恐怖气氛之下，学子们纷纷具结，表示吕留良罪有应得。就在各省督抚学政先后上奏"所属生监，各具结状，并无一人有异词者"时，浙江台州府天台县的生员齐周华却挺身而出，真的"独抒己见"了。齐周华撰《救晚村（留良）先生悖逆凶悍疏》，赞其著作"能阐发圣贤精蕴，尊为理学者有之"，直指朝廷对此案处置不妥。此疏被县、省阻挠，但齐周华却铁了心，竟然徒步上京投于刑部。刑部将疏退给浙江抚台处理，齐周华被拘至杭，在狱中受尽酷刑，却始终坚持己见。

后来，雍正皇帝给了一个"永远监禁"的批复，齐周华在杭州城的监狱中被囚禁了五年，本以为要老死狱中，不料雍正十三年（1735），雍正帝去世，新即位的乾隆帝大赦天下，齐周华也"蒙恩"被释。

本以为经此一役，齐周华不敢再有惊世之举，但正所谓江山易改，本性难移，时间转眼到了乾隆三十二年（1767），冬日的天台县被纷飞的雪花占领，一片银装素裹，仿佛世界都变得安静了。突然，一个人急匆匆行来，拦住了一行人的去路。被拦的是前往天台县盘查仓库的浙江巡抚熊学鹏，而拦轿之人就是已经有些疯癫的齐周华。他献上自己所写的《名山藏初集》《学步时文》等书以及《独抒己见稿》一本，请熊学鹏为自己的著作作序。随书附上的还有他的状纸，告他的妻子与人通奸、堂弟齐轩南令其子媳殴打他、堂弟齐召南为人伪诈，并语涉其宗族、姻亲、邻居等多人。正所谓清官难断家务事，这桩案子倒也没什么。但熊学鹏随手翻了他的书，发现书中"语多悖逆谬妄"（《清文字狱档·苏昌熊学鹏奏齐周华著书悖逆及审拟折》），于是立即带人到他的住处搜查，查获齐周华所著的《名山藏二集》《华阳子诗稿》等12种书。熊学鹏于是便将齐周华拘押审讯，同时向乾隆帝奏报此事。乾隆帝于乾隆三十二年十二月（1768年1月）降旨，将齐周华凌迟处死。

按照清朝法制，如果齐周华触犯律法，那么，他的直系亲属都要受到牵连。与他在乡里并称为"天台二齐"的堂弟齐召南，曾官至二品大员，也由此被判了抄家。

当一众人马赶到齐召南家中时，早已辞官归乡的他居然不慌不忙，给抄家队伍递上了一份自家财产清单。齐召南被逮至京，随他一起到京城的还有这份清单。这份清单辗转被呈送到了乾隆皇帝手上，看着这位被自己宠爱了20余年，还被他指定为各位皇子的老师的昔日重臣所列名目，乾隆帝心里五味杂陈，不知是喜还是悲。喜的是齐召南对得起自己的宠爱与信任，一直以来，齐召南干的都是为皇家编修史料的活儿，当了这么多年的朝廷数一数二的大官，家中所有财产加起来居然只有区区5000两银子，若真是如此，那么说明这人没贪污。悲的是，这么一位清官却因受连累而获罪。

或许是因为多疑，或许是为了寻一个堵住天下悠悠众口的理由，毕竟当了这么多年朝廷大员，家产也不该只是如此。要么办事的人弄错了，要么是齐召南提前获得消息，在官兵到来之前已将家中贵重物品悉数藏了起来，各种猜忌之下，乾隆帝下诏让浙江巡抚熊学鹏继续严查。

熊学鹏不敢怠慢，只能谨遵圣旨，继续在齐召南家中调查。前后查了好几遍，于是熊学鹏再次上奏，齐召南家中确实没有任何隐藏的资产了。也就是说，齐召南上一次递给乾隆皇帝的这份财产清单是真的。

乾隆皇帝想起过去种种，深知齐召南为人耿直，况且所有资料显示，齐召南在告老归乡之后与其堂兄齐周华多年未有联系，而且他家中确实没有任何"不义之财"。但死罪可免，活罪难逃，皇帝也不好说自己抓错了人，于是他大笔一挥，将齐召南发配至距离京城较远的地方，不过还其家产十之三四。

据说幸得齐召南昔日的故交帮忙，他们偷偷将他发配到海岛鸡笼石。乍一听，以为鸡笼石是什么偏僻海岛，其实，鸡笼石就在齐召南的老家天台东横山北麓。也不知道是皇帝想睁一只眼闭一只眼，还是朝中大臣们隐瞒得好，齐召南不久之后就被送回了老家，但被抄家这件事对于齐召南的打击还是太大了。经此一事，归家后的齐召南缠绵病榻，不久便于家中不幸病逝，终年 66 岁，墓在天台县街头镇花坑。

据说齐召南去世之后，留下来不少遗物。大部分都陈列在齐家祠堂之中，每到元宵春祭，家中后人都会拿出陈列。

齐召南的一生可谓充满了传奇色彩，被认为是敷文书院历史上最有名望的山长之一。

康熙四十二年（1703），齐召南出生于浙江天台城，他是在明朝土木堡事变中壮烈殉国的齐汪的七世孙，是名臣之后。传说齐召南目光炯炯，视力远超常人。他曾登上杭州的凤凰山，可以看清十里外隔江西兴渡口的人物和衣裳颜色。他不仅眼神好，记性也好。

齐召南自小就是典型的别人家的孩子，年幼时便敏悟强识，看书能一目十行，为人又老成持重，入学仅一年，就能背诵五经，有神童之称。后精于舆地之学，又善书法。

12 岁，齐召南参加台州府考试，考完登上巾子山赋诗一首，懂诗的人就说他是当代的陈公辅（陈公辅，台州人，状元，宋代名臣）。

虽然无法知晓齐召南当时所写的那首诗是怎样的，但不妨看看他其他几首游览之作：

新昌道中（其二）
赤城犹在碧峰南，晓雾浑疑梦里探。
难得天鸡呼海日，但看风竹写空潭。
烟霞枕席人千古，钟鼓晨昏佛一龛。
应笑邮亭迎过客，劳劳来去几停骖。

春日山行（其一）
木杪开青涧，岩跟出绮村。
梯田高接屋，碓水曲侵门。
芝草蟠云叶，松花涨雨痕。
若将渔棹入，宁异武陵源。

齐召南 16 岁时到省里考试，主考官何世琪看了他的卷子，当着全省 11 府考生的面说：齐召南是当代奇才，他以后会像明代名臣王阳明一样有作为。

有一次，齐召南应征北上参加科举考试，夜宿在某位知县的办公地，看见架子上有八册罕见的书，于是便请求借阅。次日启程，主人见他是爱书之人，便让他将书带走。齐召南却推辞主人好意，并说："昨晚已阅讫矣！"主人不信，抽一、二册询问。只见齐召南脱口而出，丝毫不错。主人大为惊异，赞曰真不愧为神童。

雍正十一年（1733），在朝廷的博学宏词考试中，齐召南以副榜贡生被荐。乾隆皇帝执政第一年，他在廷试中得二等，为庶吉士，授翰林院检讨；乾隆六年（1741），撰写《外藩书》，凡是边塞以外，道里远近，山川险夷，地名沿革等悉数详细备注。乾隆帝挟书拜谒先祖陵园，渡热河，上长白山，凡经历处查核此书，无不准确，不禁赞道："齐召南之博学，一至是乎！"

乾隆八年（1743），皇帝对翰林院和詹事府的人员进行考试，齐召南成绩突出被录为一等一名，擢中允，署日讲起居注官，升为侍读。乾隆九年（1744），齐召南因为父亲去世，按照规定，辞职回老家守孝三年。但当时齐召南正好在为朝廷校刻经史古书，参与《大清一统志》《明鉴纲目》等的编撰，他的任务是考证《礼记》和《汉书》，工作重，时间紧，于是皇帝要求他在家继续工作。服丧期满，就立即起复原官。

乾隆十二年（1747），齐召南升为侍读学士，担任《续文献通考》副总裁。乾隆十三年（1748），朝廷又对翰林院和詹事府的任职人员进行考试，齐召南又得了第一名，于是提升为内阁学士，命上书房行走，即皇帝的政治秘书，同时兼任礼部右侍郎。乾隆帝觉得齐召南的学识渊博，还请他担任了皇子宏瞻的师傅。

有一次，宁古塔的地方官得到了一枚古镜，以为是祥瑞之事，就呈献给皇帝。古镜上面都是古文字，其他人看不懂，于是乾隆皇帝让齐召南看。齐召南不仅识得此镜，还根据上面的款识图案等内容，一一详细介绍古镜的来龙去脉。皇帝很高兴，对边上的人说："是不愧博学鸿词矣！"

齐召南学术精深，且能博古通今，一直深得乾隆皇帝的赏识。一次乾隆皇帝到西苑去射箭，射了 19 箭，箭箭中红心，心中大喜，于是回头对陪侍在身边的尚书蒋溥和齐召南说："怎么没有诗呢？"于是齐召南赶紧写诗歌颂皇帝的英武，乾隆皇帝的马屁也不是那么好拍的，毕竟人家也是个学贯古今之人，但齐召南的诗却让他身心愉悦。于是皇帝也写了和诗，并赐给齐召南。能够得到皇帝的和诗，这可是一种莫大的荣耀。

齐召南本身学识过硬，为人踏实，很对乾隆帝的胃口，所以仕途方面也很顺利。他只用了短短十几年的时间，就做到了礼部右侍郎兼内阁学士。按照清朝的官制来说，也是位列二品的大员。他不仅是清朝《十三经》《廿三史》的校刊者，还参编过《资治通鉴纲目》《续文献通考》。

齐召南以博学多闻名震朝野。当时，清政府收复了新疆，在如何设置军政机构上，一时无从下手。讨论来讨论去都没有定论，也不知道是谁忽然就提出来去问问齐召南。结果，齐召南不负所望，他马上就胸有成竹地一一指出，于何处设哨所，何处建驿站，何处可屯兵，如数家珍。听得人很是惊奇，大家以为他去过新疆，他回答说没有。那些人更是惊讶不已，他没去过，怎么能对新疆的地域了解如此之深。齐召南笑着说，那是因为在《汉书·地理志》里就有这些内容了，早在汉朝时期就已在西域建立了行政机构。他这些都是从书里看来的。

除了是一位治学严谨的学者之外，齐召南更是一位难得的正直之人，前文提及他为官清廉，其实他为人更是十分耿直，甚至耿直得有些木讷。有一次，乾隆皇帝下江南巡游，当来到浙江天台时，乾隆帝想去天台山溪谷和雁荡山看看景色，于是立刻想到出生于天台的齐召南。当齐召南被乾隆帝宣到跟前，皇帝询问他天台山景色是否宜人时，齐召南却出人意料地说自己没去过。乾隆皇帝觉得雁荡山你没去过还说得过去，但天台山溪谷就在他的家乡，怎么可能没去过。齐召南马上解释说："两处名胜地，都山高水深，我的老母亲还在，我怕自己登高临深让母亲担心，所以一直不敢去。"他这么一说，把皇帝的疑惑一下子打消了，并且认为齐召南做得对，还深表赞同。当然，还有另一个版本是说，沈德潜尚书经常向皇帝说起天台石梁风景奇绝，皇帝于是向齐召南求证。齐召南说："都是荒山野岭，根本不值得皇上去看。"打消了皇帝的游览念头。人们尽管笑话召南应对轻率，但也因此而敬重他。其实大家都明白并不是天台山和雁荡山景色不够秀美，不然也不会让李白、苏轼、陆游等人留下那么多名篇了，但齐召南并不想乾隆皇帝去巡视，因为他担心皇帝如果要来游览天台山、雁荡山，势必会劳民伤财，当地百姓负担会空前增加，日子会更苦。于是，为了打消乾隆帝前去游玩的兴致，他才说："臣虽然出生于天台山，却从未到过天台山，并不知晓风景好不好。"

最终，在齐召南的劝说下，乾隆皇帝打消了出游天台山和雁荡山的念头。不过换作现在的眼光来看，却是让天台山和雁荡山少了皇帝游览的遗迹。但在当时能够为百姓生计考虑，而不一味奉承皇帝，甚至不惜撒个小谎，齐召南的确值得敬佩。

常言道：人有旦夕祸福。齐召南前半生颇为顺遂，但后半生却可谓命途多舛。

乾隆十四年（1749）夏天，皇帝突然有事召唤齐召南，事情处理完，他在返回澄华园途中意外坠马，更为不幸的是头触到大石头，头颅几乎破裂，昏迷了好几天，生命垂危。乾隆马上遣医诊治，赐予许多皇家药品。可是，所有人在看过齐召南的伤势之后，纷纷表示无力回天了。

据传说，正当大家束手无策之时，乾隆帝突然想起一位很厉害的御医。御医一看便知道普通的医治手法对齐召南已经不管用，便派人找了一头牛，宰杀完之后，便将齐召南塞进了牛的肚子里。不承想，这个稀奇古怪的治疗方法竟然让齐召南死里逃生。此后乾隆皇帝依旧多次派宦官特地去探望病情，再向他汇报，直到病情稳定了才心安。他还专门嘱咐皇子："你师傅的病情如何了？你要时常去看看，关注他的病情。"哪怕去木兰围场打猎，皇帝也专门派人

第三章 "人只此人，不入圣便作狂"

给召南送了 15 束鹿肉干。

等到了冬天，齐召南病情终于好一点，能起身之后就立马入宫感谢皇帝。同时以脑病未痊愈，并且家中老母亲需要亲自照顾为由，提出提前退休的申请，打算回老家颐养天年。乾隆皇帝一开始不同意，直到他再三请求，才不得不允许。临行前，乾隆赐以纱、葛等物，以表荣宠。

归家后的齐召南，一边休养一边致力于讲学、著述，一度担任山长，掌教杭州敷文书院。自乾隆二十年（1755）至三十一年（1766），任教 11 年，是书院历史上最有名望的山长之一。在书院讲学期间，曾三次被南巡的乾隆帝召见。见面时，皇帝问候他的病情，并拿出自己的诗，请齐召南应和，且"赏赐优渥"。

虽然乾隆皇帝批准了齐召南的退休报告，但依然让他担任绍兴蕺山书院和杭州敷文书院的院长。他在任期间培养了很多人才，对当地的文教事业做出过很大贡献，在士林赢得了好名声。后来因健康问题，齐召南回天台养病，若不是受到齐周华案牵连，能有个幸福的晚年。

齐召南在辞官南归之后，除日常讲学之外，便是进一步研究地理学，时常徜徉于山水之间，怡然自得。齐召南一生特别钟情奇石，杭州的这片山水更是为他所爱。在主持敷文书院的 11 年中，书院西侧的那片石林在他眼中其实就是"天然大假山也"。齐召南每天清晨开门就可以见到如云涌波幻的千百奇石，还写下大量赞美石林神奇和神秘的诗篇。

如：

书屋西冈石林诗

古岭名万松，松无一株在。惟见万石林，磊落数千载。
四时总夏云，奇峰峨硋磋。书屋居卷阿，飞阁俯胜概。
自南势可测，拱北理不昧。色经女娲炼，山似灵鳌戴。
丹穴依凤巢，青霄压鹏背。神蛟奋引群，巨象整列队。
眈眈虎负嵎，飘飘骏历块。斫砺犀觊角，击张雕鹗喙。
罴卧道纵横，狮睨毯向背。亦有象人生，行坐联朋辈。
欲谈荆宜班，得趣兰为佩。驿络起草茅，弯环奉盘敦。
杰者挺昂藏，贤者表盎睟。低者企追攀，高者垂眗睐。
傲者悍直前，谦者拱而退。巧者窍玲珑，拙者貌儡礧。
蹲伏智聚谋，超腾勇敌忾。洞壑幽自迷，蹊径曲如碍。
绣璧蔟芙蓉，匦泉贮流瀩。蜿蜒护峥嵘，魁岸领琐碎。
独立最端严，如圭遥作对。品峻谁安排，笔健畴锡赉。
耸翠蔚氤氲，开襟占爽闿。锦绮匝莓苔，斑纹晕玳瑁。
只许就磨崖，那容移作碓。初平叱诧成，熊渠射莫再。
重谢夸娥负，拜任米颠爱。寓目得伟观，怀古发深慨。
武林峦岫佳，骨露尚姿态。星陨记何年，金销人靡悔。
灵鹫镂佛像，紫阳溷尘阓。繁华竞土木，本色失烟霭。
指点矜缁流，妆饰眩粉黛。何如葆天真，仙境想地肺。
不受斧凿侵，长觉冰霜耐。题咏肇白公，卜筑止冲晦。
宋宫迩伊远，梵宇兴复废。前朝炳图经，参政辟荒莱。
祠祀属孔门，游歌待圣代。造士勤岳牧，横经迪俊乂。
秀萃浙东西，房区堂外内。梅竹畅贞枝，荆榛荡芜秽。
广寒桂馥郁，新甫柏蓁蔚。诸生乐鼓箧，入学虔释菜。
元气会太和，敷文未有艾。我皇绳祖武，亲临示训诲。
山既具茨并，石亦群玉配。龙光仰照临，时雨频沾溉。
霁景罗芸窗，卿霱扬彩绩。瑞伲执躬桓，器恍陈鼎鼐。
屼峙效屏藩，雄蟠壮边塞。余病懒登楼，今晨为祭赛。
右揽明湖妍，左眺江海汇。即此石岩岩，足豁心愦愦。
融结本化工，连山皆帝绥。若从霄汉观，卷石视嵩岱。

松吹书堂歌为杭堇浦赋

大松拔地千丈强，怪松偃蹇如人长。
老松根干半化石，乔松鬈鬣蛟龙翔。
稚松尚是百年物，千株万株环草堂。
黛云影翻白日黑，朱夏气转清秋凉。
习习调调天风作，一片灵籁腾空苍。
昆仑鸾应巆谷凤，凌虚流响非笙簧。
飔容节奏本噫气，元和鼓荡成文章。
太古之雷无霹雳，黄钟之管含初阳。
轩于洞庭张广乐，牙来海上愁混茫。
风琴恍忽变清操，总合大雅殊淫伤。
草堂主人天下士，撑胸拄腹经与史。
礌砢共笑和长舆，爽健端如李元礼。
眼中那有桃李颜，门前洗尽筝琶耳。
日就松阴闲徙倚，读破万卷读未已。
砍节然膏五夜过，取枝作筹千遍记。
著述自足豪古今，况占西湖好山水。
每听谡谡独欣然，客来惊问何为尔。
兴公贞白性所喜，得意忘言堪举似。
三四年来幽兴隔，长安僦屋嚣近市。
徒寄梦寐游故园，梦回又逐鸡鸣起。
八砖影候花厅趋，万壑声间图画里。
手持素纸索我歌，为我研墨拂尘几。
我披图画几徘徊，我家老屋傍琼台。
碧海霞映赤城晓，芙蓉花插青天开。
国清十里锁烟雾，石梁三树凌崔嵬。
此皆自昔纪仙佛，汉柏唐槐行辈推。
鳞甲之而森搏攫，羽毛整顿舞翩翾。
毕宏张璪画不到，色兼紫翠凝锦苔。
饱闻咸濩廿余载，对此还作家山猜。
家山潇洒无点埃，日日车马胡为哉。

蟹眼铛熟茗一杯，君思武林我天台。

闲暇或者需要静心之时，齐召南便漫步在石林间，流连忘返。除了这些林间的大石，齐召南还喜欢那些可以放在手中把玩的小石头。

据说，万松岭原产天然印章石，似矾，隐隐有字可辨。每遇山雨欲来时，便是挖石的好时机。齐先生带上童子，背着挖掘工具，前往凤凰山顶。在奔腾翻涌的云气中，辨别彩虹将出、云根所指之处，让童子掘地，每每都能挖到奇石。洗净包裹的泥沙，那些石头就会露出晶莹剔透、形态各异的真容。齐先生将这些奇石视为珍宝，极为珍惜，收藏达数百枚，闲暇之余时常拿出来把玩。对着这些"尖成峰、圆成峦、玲珑成洞壑"的石块，齐先生时常忘却烦忧，如痴如醉，还学东坡先生，将这些奇石放在书桌观赏，陶醉于"近若湖山，远及宇内名胜"，闭门独享遨游宇内湖山名胜的乐趣。

除了搜寻那些有"寒芒最盛，面平角方"的小石镜，山水、花卉、动物、人物造型的奇石，齐召南还会特意寻觅一些像天然刻有篆、隶、行、草各种字体文字的奇石，这类石头显然更难寻找。

有一次，齐召南又上山找奇石，竟然神奇地发现了一堆似古篆籀的石头，平时找到一块都很难，这次却在相近的石种石形中找出文字石并能组成完整的词汇，简直就是"天然图书"。齐召南欣喜若狂，得意地说："天然图书落吾手。"高兴之余，写下一首《天然图书赞》：

囊括名山，近罗几席。即凤一毛，跨鹏六翮。
作逍遥游，我心实获。远岫窗中，数逾十百。
九华仇池，名惟意择。夸娥巨灵，位随手掷。
因而重之，宜损宜益。或纵或横，或黄或白。
或云纤青，或霞标赤。或鹜欲飞，或星可摘。

或眉初扫，或掌乍擘。或岭郁盘，或冈襞积。
或洞岈岈，或峦峇峇。或挺悬崖，或临广泽。
叠嶂连峰，方圭圆璧。群玉璘彬，蓬壶咫尺。
其气熊熊，其光奕奕。昔贤所慕，灵山窟宅。
缥缈凌虚，万里不隔。图诠聚米，游宁著屐。
移可学愚，拜亦成癖。以啸以歌，斯晨斯夕。
卢敖神怡，向禽愿适。奚出户庭，友邀欢伯。
福地洞天，皆遍足迹。我思造物，如易卦画。
何洪何纤，一单一析。小石与山，取象堪释。
芥子须弥，文芭简册。岳兮镇兮，雄秀谁辟。
实天地中，一卷之石。作如是观，仁寿无斁。

后来齐召南还用东坡石鼓韵再创作了《云根石天然图书歌》《又天然图书赞》《汪上湖前辈惠题云母天然假山诗次韵酬谢》等作，可见他对奇石的喜爱已是痴狂。

齐召南不仅自己时常把玩那些奇石，还秉承"独乐乐不如众乐乐"的观点，邀请朋友们一起来品茗赏石头。座上客无不是当时的文人大家，如陈文述、赵石函等。他们不仅欣赏齐召南的那些小石头，还跑去书院的石林提笔刻字，为书院留下宝贵的文学财富。前有王羲之的"曲水流觞"，后有齐召南的"云根觅石""醉花赏石"，皆是文人雅事，效仿之人颇多。他们徜徉在敷文书院中，把酒赏画，谈古论今，赏石吟诗。

齐召南在敷文书院山长的任上接待了乾隆帝三次，书院工作也做得非常顺利。突然有一天，他提出了辞职，而且态度非常坚决。传说是他某天忽然发现了一枚刻有"天台文人"四个字的云母石，状若雕刻，爱石成狂的齐召南欣喜不已，爱不释手，还作了一首《云母石歌戏征同好诗》。却没有想到这竟是他在万松岭上找到的最后一块奇石，而且连效仿他的那些人也找不到奇石。他顿时觉得那块云母石，冥冥之中有什么暗示。于是乾隆三十一年（1766），64

岁的齐召南辞去职务，收拾行装赶往天台老家。后来经历了前文提及的牵连案，辞职回乡不过两年光景便驾鹤西去。

齐召南一生著作颇丰，著有《宝纶堂集古录》《宝纶堂文钞诗钞》《齐太史移居集》《琼台集》《历代帝王年表》《后汉公卿表》等。

除了文学创作之外，后人每每提到齐召南，一定会提及其地理学著作《水道提纲》。

乾隆二年（1737），齐召南成为《大清一统志》的纂修官。出于工作需要，盛京、河南、山东、江南、福建、云南、吉林和宁古塔等地，齐召南都曾去过。乾隆四年（1739），齐召南又奉命成为《明鉴纲目》的纂修官。过往的职业经历，为其日后撰写《水道提纲》奠定了坚实的基础。

其实早在应诏修《大清一统志》时，齐召南便时常与同馆杨农先、王次山等人感叹"天文地理之书愈久愈详，惟水道未有全书。郦道元《水经注》征引虽博雅，而疏漏踳驳亦不免"云云。有人劝齐召南重新撰一书"纪载今日实有之脉络，山川都邑并用今名"。

齐召南将此事一直记挂在心头，告归养病后，他便利用余暇时间，检箧中旧稿，次第编录。齐召南做事极为认真，为了完成此事，可谓是呕心沥血。

前后历时 30 年，终于在乾隆二十六年（1761）时，齐召南完成了最重要的作品之一——《水道提纲》。全书 28 卷，30 余万字。齐召南认为："以一水论，发源为纲，其纳受支流为目；以群水论，巨渎为纲，余皆为目；如统域中以论，则会归有极，惟海实为纲中之纲。"大致意思是水道指代的是河流，纲目即以海为纲，入海大小河流为目。全书以次诠定次第，自北而南，以巨川为纲，以所会众流为目，逐一叙述各水道情形，故名《水道提纲》。

《水道提纲》最为突出的成就就是全面、系统地树立了大清版图的水系。全书起自与朝鲜交界的鸭绿江口，止于与越南交界的钦江口，叙述了自东北至西南的海岸线走向及沿海各大小河口和岛屿，是记述清乾隆中叶水道源流脉络的专书，也是一部系统记述我国河流水系的地理名著。书中早用经纬度定位，虽有错误，但仍为中国地理著作中的一个创举。

作为敷文书院的学生以及浙江老乡，清朝大才子袁枚曾为齐召南写墓志铭，说齐召南人长得清癯，个子不高，但显得庄严厚重，眉宇间充满真挚诚朴之气。将齐召南比作天台山，铭曰："天台之山，其高万有八千。以是钟灵，生公其间。学识其大，才擅其全。以人视山，几与齐肩。"

最后一任山长

谭献（1832—1901），初名廷献，字仲修，号复堂，浙江仁和人，近代词人、学者。是清朝敷文书院的最后一任山长。

谭献少年孤苦，但敏而好学。同治六年（1867）中举，但屡赴进士试却不第。迫于生计，曾入福建学使徐树藩幕，后进入秀水县担任教职。此后终于如愿出仕，历任安徽歙县、全椒、合肥、宿松等县知县。但最终还是以疾告归，专心著述。晚年受张之洞邀请，主讲湖北武昌经心书院，年余辞归。光绪末年任敷文书院山长。

谭献治学勤苦，是一位有多方面成就的学者。

《清史稿·谭廷献传》载其"读书日有程课，凡所论著，隳栝于所为日记"。二十五六岁后，谭献潜心经学，倾向今文学派，重微言大义。他的骈文，规仿六朝，高出时人。吴怀珍在《复堂诗叙》

◎ 谭献

称他的诗亦"优柔善入，恻然动人"。但他以词与词论的成就最突出。

谭献工骈体文，于词学致力尤深，为近代词坛宗师。谭献的词，内容多抒写士大夫文人的情趣。由于强调"寄托"，风格过于含蓄隐曲。但文词隽秀，琅琅可诵，尤以小令为长。

谭献的论词主张，本于常州词派张惠言、周济，较周济"有寄托入，无寄托出"之论，更趋具体，极力推尊词体。谭献鉴赏能力极佳，《箧中词》是他所选清人词作的合集，今集六卷，续集四卷。极为精审，并详著其流别，被学者奉为圭臬。谭献曾评点周济《词辨》，皆意在阐发自己的论词主张，影响甚大。叶恭绰说他"开近三十年之风尚"。王国维《人间词话》中也有论及。

谭献生平好聚书、刻书，藏书数万卷，据说有 12000 余册，重复者接近 2000 册。有《管子》《淮南子》《盐铁论》《说苑》等名家之本。藏书处曰"复堂""谪麟堂"等，尤以藏前人词曲为富，亦精于鉴别校勘。藏书印有"复堂藏书""谪麟堂""珍藏五典三坟""莫为功名始读书"等。

谭献著有《复堂类集》，包括文、诗、词、日记等。另有《复堂诗续》《复堂文续》《复堂日记补录》。词集《复堂词》，录词104 阕。

山长代表

敷文书院历史上的山长不乏德才兼备之士，在江浙一带乃至全国，对于士子而言都极具号召力。大名鼎鼎的《申报》就曾在 1894 年 5 月 16 日以《山长盛名》为题，专门刊发有关杭州敷文书院山长的消息：

杭州敷文书院山长吴左泉部郎，前主讲紫阳七年，今复主讲敷文三年。校阅课卷无不尽心批示，诸生童深受其益。本年湖州爱山书院山长周缦云太史仙逝，郅太守耳部郎之名延请掌教，部郎以不暇兼顾为辞。旋因太守再三敦请，只得收受关聘。其开课文题系"兼所爱兼所受"，盖隐寓兼掌教爱山之意也。

除了前面提及的几位代表山长之外，敷文书院山长及教师中还有一大批值得我们记住的名字，以下简单介绍其人其事。

郑江

郑江（1682—1745），字玑尺，晚号筠谷，浙江钱塘人。康熙五十七年（1718）进士，改庶吉士。历任考官，督学安徽，迁侍讲，官至翰林院侍讲，充《明史纲目》纂修官。后以足疾告老归家。郑江自幼孤苦，据说"眇一目，淡泊寡营"。袁枚曾在《随园诗话》中对他有所介绍：

吾乡郑玑尺先生，名江，康熙戊辰翰林。幼孤贫，里中有商人张静远者，助其读书。先生貌寝，眇一目，湛深经学，而诗独风骚。《自嘲》云："自号小冠杜子夏，人嗤一日江东王。"藏花片于书中，题云："卷里崔徽帐中李，何如通替见殷妃？"

郑江诗文长于抒情，为人谦虚，如果有人指出他作品的不足并加以改正，他终身都敬重对方且以礼待之。他在万松书院任山长的具体时间无从考证，推测应该是在康熙末年。郑江著作颇丰，有《筠谷诗钞》7卷、《书带草堂诗文集》40余卷、《春秋集义》20卷、《诗经集诂》4卷、《礼记集注》4卷并传于世。在《筠谷诗钞集》中有《敷文书院示诸生》一诗。

方楘如

方楘如，生卒年不详，字若文，一字文辀，号朴山，浙江淳安人，人称"朴山先生"。方姓乃淳安第一大姓，约占县城人口的十分之一。他早年受教于清初经学家、文学家，人称"西河先生"的毛奇龄，笃信好学，博览群书，精通经史子集，以博学强记见著，以文章名天下。

方粲如少有才名，但年轻气盛。话说康熙四十一年（1702），秋高气爽的八月，对所有士子来说的一件大事——秋试即将举行。全省的才俊汇聚杭州，为自己的仕途奋力一搏。人头攒动的贡院附近的青云街却出现了一道奇景。一个考生模样的人，手提一盏灯笼，上书"新科解元方"的字样，招摇过市。一传十，十传百，这事也成为贡院的话题，都在说是一个名叫方粲如的淳安籍考生，今年必摘取今科解元，连灯笼都预先定制好了。主考官一听，顿觉此生过于张扬，有意要杀他狂妄之气，沉声道："真是岂有此理！尚未开考，连老夫也不知道今科解元是谁，竟有这般傲气的秀才，取他何用！"放榜之日，方粲如果然名落孙山。

经过这次教训，方粲如收敛不少。静待三年，沉着应战，终于在康熙四十四年（1705）秋闱中，高中浙江乡试"龙虎榜"的第二名，人称亚魁。

之后方粲如又在第二年的会试中考中进士，终于可以出仕。但不知道为何，直到康熙五十三年（1714）六月，他才被授顺天丰润知县。好不容易当上官，却只干了三年就因为"烧锅失察"丢了官。这"烧锅"就是酿酒，这个罪名听来奇怪，但康熙年间因此丢官的人却不在少数。原来号称"幽燕之门户，辽海之襟喉，神京之肘腋"的丰润县地理位置比较特殊，它北靠燕山，南面是平原，傍泥河，环浭水（还乡河），隶属于燕地，燕赵多慷慨悲歌之士，侠士不可无酒壮行。据《丰润县志》记载："浭酒以还乡河水酿之，所以独异者……为燕酒第一。"自古就有酿酒的传统，它的"浭酒"闻名于世。

但清朝初年，北方烧酒产量增加很快，烧锅遍及多省，史载"且通邑大都，车载烧酒贩卖者，正不可计数"。康熙帝为了节约粮食，培育国力，就屡次下令"严禁烧锅"，目的就是控制烧酒的生产规模。但所谓上有政策，下有对策，烧锅屡禁不止，为了以儆效尤，康熙帝不得不对失察的地方官给予重处。

康熙五十六年（1717）的七月，方楘如被开除了。说不郁闷是假的，但他当时确实是对老百姓们动了恻隐之心。从他的《丰润杂诗》可窥探一番：

> 风卷边沙十丈尘，但论食物也关人。
> 墙头一过椒花雨，瓮底应空曲米春。
> 果擷苹婆分古寺，饭抄云子饷比邻。
> 新冰早李原无欠，只是飘飘愧此身。

虽然丢了工作，回到家乡的方楘如开启了另一段人生：家居力学，清严律己，教书自给。为官不顺，为师却成就非凡。《南野堂笔记》里记载："淳安方朴山先生淹长经籍，贯彻百家，尝主敷文书院讲席。"他的足迹踏遍了敷文书院、蕺山书院、紫阳书院，其教必以正心术、端品行为本。凡有弟子提问，他口授指画，有问必答，兼之身躯伟岸，仪表堂堂，颇有大家风范。时人以为欧阳修再世，把他与桐城方舟、方苞并称"三方"。

乾隆二年（1737）时，方先生以经学被推举，钦召纂修三礼，本有机会再度出仕，但他固辞不就。

方先生将精力用于教学，所以门下也多出高足，如文史大家杭世骏、官至太子太保东阁大学士的梁诗正、被京师士子士大夫奉为"文章宗匠"的陈兆仑、官至通政使的孙灝等。方楘如于乾隆年间担任过敷文书院的山长，其中杭世骏、梁诗正、陈兆仑三人就是他主讲敷文书院时的弟子。

讲学之余，他还与嘉兴的朱彝尊和桐城的方苞等商榷文史，以及致力于砥节励行、修身体道的事，教学之外，便是闭户著书。清朝学者陶元藻在《凫亭诗话》中记载："先生自经史、诸子、百家靡不淹贯，有叩即应，如倾河倒峡，汨汨滔滔。年过 80 岁仍'灵光岿然，照耀两浙'。"其生平事迹见《清史列传》卷七一。有《周易通义》14 卷、《尚书通义》14 卷、《毛诗通义》14 卷、《集虚斋学古文》12 卷、《离骚经解》1 卷及《朴山存稿》《朴山续稿》等传世。

顾宗泰

顾宗泰（1749—？），苏州元和人，一名景泰，字景岳，号星桥、晓堂。乾隆四十年（1775）二甲十三名进士，历官吏部主事、高州知府。嘉庆十一年（1806）掌教娄东书院，十三年（1808）到浙江主持万松书院。

国子监祭酒吴锡麒有《顾星桥同年宗泰主讲万松书院，画〈圭峰纪游图〉属题，圭峰在院之西，志所称如圭峰者是也》诗。观祭酒诗，可知当时的顾宗泰入主敷文书院。顾宗泰家有月满楼（室名），常与文人聚会其中。有《月满楼文集》《月满楼诗集》。顾宗泰工诗文，摘录其诗一首于此：

题张瘦铜同年梅花册
去年梅花开，篮舆过西碛。
今年梅花开，人在长安陌。
江南江北阻幽期，安得一枝寄远驿。
瘦铜示我青崖图，使我逸兴飞五湖。
空濛香气满邱壑，此花此笔燕山无。
人生何为滞京洛，故园风景殊不恶。
嫩寒天气疏雪晴，小桥修竹清溪鹤。
独来花下撚须吟，飞飞玉蝶穿云深。
春风得意不可状，若有仙人招我空山岑。
题君图卷与君约，有诗有酒须商榷。
铜坑铜井他日游，两人索笑梅花角。

苏滋恢

苏滋恢，字茂宏，又字耕余，浙江余姚人。康熙五十二年（1713）恩科第三甲第93名进士。关于他的记载很少，但在杭州孔庙的历史中记载，雍正五年（1727），"总督李卫重修橄，教授苏滋恢董理"，说明他曾参与过孔庙的重修工作。

苏滋恢先任杭州府学教授，乾隆年间任敷文书院山长。他因材施教，重视培养人才。华日南所撰苏滋恢小传略曰："耕余先生秉铎武林十余年，高安相国方巡抚浙江，器重之，延主敷文书院，造就人才，后生鹊起。梁相国诗正、陈京卿兆仑、孙银台灏，其最著者。"

鲁曾煜

鲁曾煜，字启人，号秋塍，浙江会稽人。康熙六十年（1721）进士，改庶吉士。未授职，乞养亲归。约乾隆元年至八年（1736—1743）任敷文书院山长，教导严谨，深受诸生爱戴。其掌教敷文课士有法，曾买西溪高氏山庄为游息之所。

清代学者厉鹗曾在秋塍先生担任山长期间访问敷文学院，写有《三月三日同许初观访鲁秋塍山长于敷文书院即事有作二首》，其一如下：

> 万松难觅昔人栽，胜地天教讲席开。
> 岭上白云闲不出，湖中空翠远还来。
> 先生正值成春服，都养犹能治酒杯。
> 醉向层巅问兰渚，越山如发隔江隈。

除敷文书院之外，鲁曾煜还在汴州、广州、福建等地的书院中任教，曾编纂广州地方志，还制定福建鳌峰书院学规，云："书院提衡，全在会课；课期不肃，多有代倩、怀挟、传递、换卷等弊。今无论官课、馆课，务必扃门锁试，各人上堂领卷，不许潜入私室，限昏黑时交卷，不得给烛，毋得笑语喧哗，妄行走动。"

鲁曾煜学识渊博，善诗文，著有《秋塍文钞》《三州诗钞》。

殷元福

殷元福（1662—1726），因其父夜梦见神赐五福儿，取字"梦五"，河南新乡人，诗书兼擅，为中原著名才子。他的文章是康熙年间新乡县三绝（畅俊的"字"、郭彪的"画"、殷元福的"文章"）之一，人称"殷才子""殷圣人"。康熙三十三年（1694）进士，改授为庶吉士。历官知柳城、融县、武进、无锡县等。为官清正，人称"西江神明"，宗程朱理学，是康熙年间程朱理学的代表人物。

传说殷元福在举人考试中获得第一之后，第二年赶往北京参加会试。一时之间，全国的举子云集京城，住在"招商旅馆"，准备考试。在等待期间，他们为了广交好友，所以多会选择在自己的住处门外挂上写明自己的家乡、姓名的灯笼。洛阳与新乡的举子们正好住在对门的旅店。

一天晚上，有位洛阳举子将写有"洛阳才子"的灯笼挂到店门外，殷元福觉得对方自称才子，过于自大，就想和他斗一下。于是就挥笔在灯笼上写下"新乡才子"四个大字，也挂在店门外。

洛阳举子顿时不服，毕竟洛阳是堂堂古都圣地，而小小新乡竟也敢如此自大。于是又将自己灯笼上的字改成了"天下才子数洛阳"。这明显是抬杠，殷元福写下"推倒洛阳数新乡"七个大字反击。这下，双方的情绪都有些抑制不住了，一场当面较量是避免不了了。

第二天，洛阳才子过来拜访殷元福，双方互通姓名之后，洛阳才子开了口："此次进京应试，得遇仁兄，真乃三生有幸。久闻仁兄才学广博，愚弟特来请教。"殷元福也不客气地回击："兄台自称天下才子数洛阳，还是请您不吝赐教吧！"

君子动口不动手。洛阳才子觉得大家熟悉的四书五经没有比试的意义，另辟蹊径地决定比试背诵 60 年的皇历。

殷元福本来不会背皇历，但是输人不输阵，硬着头皮应战，说："就依兄台之见，请兄台先背吧！"洛阳才子非常熟练地将 60 年皇历从头至尾背诵了一遍，赢得在场人士的阵阵喝彩。虽然殷元福不会，可人家记性好，听一遍竟然就能一字不差且流利地背诵下来。既然没有分出胜负，洛阳才子就又提议，倒着背皇历。这是他的绝技，想着肯定能叫殷元福输得心服口服，结果还是没能打败他。

洛阳才子不服气，非要分个胜负。殷元福于是提议："咱们各把皇历横背一遍，再斜背一遍如何？"说完，就流利地将皇历横着背，斜着背，竟然都是一字不差。在场的举子无不拍手叫绝。洛阳才子顿时对殷元福佩服得五体投地，赶快让随从摘下了"天下才子数洛阳"的灯笼。

殷元福在康熙三十三年（1694）中进士，被康熙大帝钦点为翰林院庶吉士。先后在广西柳城、融县和江苏无锡、武进任知县 20 年。在任知县期间，倡农业，兴水利，办教育，正民风，政绩卓著，受民爱戴。

　　殷元福崇奉程朱理学，又自认是朱子思想的继承者，是当时的一位饱学名士。关于他的学问，民间曾流传着一个故事：有一年，殷元福领旨到江南地区当主考官，人才济济的江南才子里有一些人轻视江北来的他。殷元福一到任，就有人送来写有"江南多才子"的上联求对，他信手就写上"江北一圣人"。来者不服，又将上联改成"江南多山多水多才子"，殷元福也毫不示弱，写下"江北一天一地一圣人"。来者不解，他解释说："孔子家住江北曲阜，江南、江北都是同一个天地，无论江南才子还是江北才子，皆是孔子的门生。"听他这么一说，来者顿时有些惭愧。

　　考试前，一些考生还是对他有所质疑，议论道："河南新乡人，也敢来江南当主考官！"有的还带有嘲讽地说："我看他难出个新鲜题目，怕是个'学而时习'之类的。"殷元福听了，笑而不答。

　　考试的第一场，考题一公布，众生哗然，考题竟然真的是"学而时习之"。更觉主考官平庸，半个时辰便交了卷。结果第二场竟然还是同一个题目，顿时犯了难，一个个搜肠刮肚，一个时辰过去了，交卷者寥寥无几。本来寄希望于第三场，结果竟然还是同一个题目，众人傻眼，再难交卷。一出考场就忍不住议论道："主考大人只会出'学而时习之'，他本人也未必能连作三篇。"

　　殷元福一听，马上召集众考生说道："堂堂江南多才子，竟连三篇'学而时习之'的文章都做不出来，真乃可笑。"说完就挥笔，一连写出九篇，文采斐然，每篇都有新的角度和立意。众考生顿时叹服，他们宴请殷元福登高楼入席。在登高楼之时，有考生提议，让殷元福乘兴赋诗。殷元福随口就吟道："殷梦五来登高楼，十二栏杆挂斗牛。莫非浮云暂蔽日，压倒九江十八州。"

　　殷先生有这样的学问，晚年到杭州主持敷文书院自然也能服众。他出任讲席，声誉颇盛，是清朝著名的教育家。因为南宋朱熹主持过白鹿洞书院，所以当时的人也就把杭州敷文书院称作"小白鹿洞书院"，把殷元福称作"小白鹿洞主"。有著作《寓理集》《读易莛》《知非草》等。

张自超

张自超（1654—1718），号彝叹，江苏高淳人，清康熙年间著名经学家、教育家和诗人。博通经籍，以躬行实践为主，在考取诸生时就已经很有名气了。清康熙四十二年（1703）进士，时年50岁，张自超以母亲年老需要奉养推辞。

康熙五十四年（1715），浙江巡抚徐元梦完成太和书院的重修工程之后，就亲自登门邀请张自超，请他出山。可能是诚意感人，向来不出远门的彝叹先生竟然答应主讲杭州敷文书院。康熙五十六年（1717），徐元梦回京任左都御史、工部尚书，特以经学笃行向朝廷大力举荐张自超。康熙五十七年（1718），张自超蒙诏入都，行至山东荏平，因病而卒，享年65岁。

张自超的一生充满了传奇色彩，以上这段历史，在方望溪先生的《记张彝叹梦岳忠武事》中有所记载：张自超还在当诸生的时候，有一天做梦来到一座古庙，遇到了被宋高宗加封为少保的岳飞，双方客气地行礼。岳飞手上拿着一册删定后的竹简诏书，对着张自超说："我的谥号已经更改了，但世人却还是拿以前的谥号称呼，请先生帮忙更正。"即将告别时，岳飞忽然惊慌失措地说："会在桃山招待你的。"

张自超平生足迹不出州郡，始终闭门不接见任何人。考中进士被授知县后，也是推辞不肯就职。谁知等到年纪大了却忽然答应徐元梦巡抚的邀请，启程远行，入主杭州敷文书院。一日他在书院中立碑，发现所用旧石头竟然是岳飞的墓碑。张自超恍然大悟，说道：

"我的这次远行有所作为了。"他随即告诉徐元梦自己以前所做之梦，将碑文中缺少模糊的字都补充完整之后就回去了。

徐元梦不久之后即前往京城举荐张自超。张自超奉诏远行，来到桃山的一座庙旁休息。他进入庙中一看，果然跟当年梦到的一样。于是告诉身边的人："我马上就要死了。"三日过后，来到茌平县馆驿，张自超真的衣冠整齐，坐着去世了。

张自超过世之后，他的事迹被载入《大清一统志》《清史列传·儒林传》。

张自超一生才学卓著，著有《春秋宗朱辩义》《沧溪涩音集》等。特摘录一首：

扫尘行

扫尘练日腊三七，细竹长竿风卷疾。

岁岁荒村守敝庐，家家净扫迎新吉。

扫遍瓦橼及四围，瓿中之尘凝不飞。

朝来坐曝茅檐下，垢面相逢仍苦饥。

蒋祝

蒋祝（1686—1768），字赓三，号省斋。祖籍安徽歙县，后来迁居杭州。康熙五十九年（1720）乡试中举。雍正元年（1723）进士，以殿试第三甲 27 名改庶吉士，曾参与编纂《四库全书》。为官勤勉，颇有功绩。在当乐亭知县时，整理解决了积压的千余件案子。出任晋州知州时，又每年修滹沱河堤，还在堤岸上遍植柳树，当地的老百姓称这个堤坝为蒋公柳堤。

雍正三年（1725），蒋祝因父病乞归，随后出任敷文书院山长。后赴云南永昌府任职，有土司违法，他艺高人胆大，一个人骑着马就去了，去后对土司晓以大义，竟妥善处理，安全返回。

陆宗楷

陆宗楷，生年不详，卒于清乾隆三十八年（1773），字健先，号凫川，浙江仁和人，是明末清初杭州诗人、"西泠十子"之首陆圻的曾孙。雍正元年（1723），乡举第一，翌年中进士。官至兵部尚书，后因国子监遗失书籍而降职。乾隆年间任敷文书院山长。陆宗楷博古通今，学识渊博，府志入《名臣传》。

张映辰

张映辰（1712—1763），字星指，号藻川，浙江钱塘人。雍正五年（1727）和袁枚同时拜王兰生为师，入学为生员。雍正十一年（1733）进士，改庶吉士。由翰林历官兵部左侍郎，后迁都察院左副都御史，提督湖南、江西、陕甘学政，官终左副都御史。在任期间捐俸修建问津书院学宫。

张映辰乾隆八年（1743）起任敷文书院山长。在任期间注重言传身教，治教有方。据史书记载，先生立身行己，冲澹自得，不激不随，后进皆仰其风采。

张映辰善书法，讲究结体方正，字迹遒劲，骨力雄厚。他诗文极佳，曾在乾隆南巡至敷文书院时的恭和御诗中脱颖而出。其《雨中过赤水镇》如下：

长桥一带宛垂虹，赤水中分两界通。

云似釜蒸堆大白，花当秋放战危红。

人迷古渡摧颓雨，马踏平冈蹀躞风。

不识香山有遗迹，绿杨只在岸西东。

著有《露香书屋集》，有"劲节凌霜"金匾传世。敷文书院为其立传。

赵大鲸

赵大鲸（1686—1749），初字学川，后改字横山，别号学斋，浙江仁和人。雍正二年（1724）进士。因为殿试成绩优秀而入翰林，其后又八试内廷，皆深得皇帝嘉许。官任都察院左副都御史。曾担任过两次督学，三次主持考试，四次参与乡试、会试阅卷。

乾隆十三年（1748）前后任敷文书院山长。赵大鲸提倡后学，爱才如命，是一位德高望重而又博古通今的学者。在掌教敷文书院期间，苦心培育，因材施教，培育了大量人才。高鹏年《湖墅小志》言其"桃李门生几满天下"。他是清朝乾嘉时期代表诗人、散文家。袁枚称其"提倡后学，爱才如命……所识拔者，云蒸霞起"。虽然不知道他的得意门生究竟有多少，但名留青史的人物就有三个，即清乾隆十六年（1751）的状元吴云岩，清代文学家、官员纪昀和清代书法家、文学家、金石学家翁方纲。

赵大鲸的得意门生纪昀在《阅微草堂笔记·卷九·如是我闻三》中记录了这样一个故事：

先师赵横山先生，少年读书于西湖，以寺楼幽静，设榻其上，夜闻室中窸窣声，似有人行，叱问："是鬼是狐？何故扰我？"徐闻嗫嚅而对曰："我亦鬼亦狐。"又问："鬼则鬼，狐则狐耳，何亦鬼亦狐也？"良久复对曰："我本数百岁狐，内丹已成，不幸为同类所扼杀，盗我丹去，幽魂沉滞，今为狐之鬼。"问："何不诉诸地下？"曰："凡丹，由吐纳导引而成者，如血气附形，融合为一，不自外来，人弗能盗也；其由采补而成者，如劫夺之财，本非己物，故人可杀而吸取之。吾媚人取精，所伤害多矣，杀人者死，死当其罪，虽诉神，神不理也。故宁郁郁居此耳。"问："汝据此楼作何究竟？"曰："本匿影韬声，修太阴炼形之法，以公阳光薰烁，阴魄不宁，故出而乞哀，求幽明各适。"言讫，惟闻搏颡声，问之不复再答。先生次日即移出。尝举以告门人曰："取非所有者，终不能有，且适以自戕也，可畏哉！"

这则故事最后一句话的大意是：窃取了本不属于自己的东西，迟早还是要失去的，并且还有惹祸上身的危险。赵大鲸在指点学生的学问的同时，更是有意在教他们为人、为官之道。要踏踏实实做人做学问，切勿走剽窃的捷径。同时也希望他们日后可以不断加强个人内在修养，为官能清正廉明，谨守本分，不拿不属于自己的东西。

赵大鲸还有另一则流传甚广的故事，是他和清朝大臣、满洲正白旗人永贵的一场对话。永贵在即将赴任浙江巡抚之际，前去拜见赵大鲸。赵大鲸也不客套，直截了当地问道："你上任后，准备先抓哪块工作？"永贵照实回答："惩办贪官污吏！"赵大鲸听后，仰面大笑，说："如果是把赃款赃物都据为己有的贪吏，你就不用惩办了。"永贵闻此，满脸愕然，只好再问："这是什么道理？学生实在难以理解。"赵大鲸便将道理讲给他听："贪赃据为己有而不行贿上司的，上司早就惩办他了，哪里还用得着你去惩办。如今那些擅于投机取巧的官吏，总是把贪污来的东西，留一半给自己，另一半分别行贿比自己职务高的人，甚至为了升官全部致上。这就是暗劫民财，纳己谋爵。"赵大鲸将官场贡媚营私，上下固结，牢不可破的现象剖析给永贵听，又担心他听得一知半解，不能真正领

第三章　"人只此人，不入圣便作狂"

171

会，所以他进一步说："你没有看到那些捉强盗的吗？为什么那些腰缠万贯的强盗没有人去捉拿他们？因为他们早就与官勾结，拿抢来的东西为自己筑好了靠山。所以你看捉到监狱里的那些所谓强盗，不过是一些偷鸡摸狗的宵小之辈而已。"一席言罢，永贵起身拜谢，感叹道："若非恩师，无人能对我说这些话，学生定照您的意思办。"赵大鲸此番言论对永贵而言如醍醐灌顶，令他避免了很多弯路。后时人评永贵："永贵端谨。初直军机处，与阿桂齐名，时称'二桂'。其抚浙江，有廉声。"他能有这样的评价，想必也要感谢他的好老师的切中时弊之论。

金甡

金甡（1702—1782），字雨叔，号海住，浙江钱塘人。金甡原籍会稽，后迁钱塘。金甡出身于书香门第，但并非名门望族，他的曾祖、祖父做过县主簿、知州一类的地方官。金甡其人，乾隆《杭州府志》卷八十二称："至性过人，事母至孝，偕兄虞砥砺问学，尤淹贯史事。"金甡排行第三，年少时即以勤学著名。

乾隆七年（1742），金甡举礼部试第一，廷试复第一，被钦定为状元，任侍讲学士。乾隆二十年（1755）起，任太子詹事府詹事，长期供职上书房，辅导诸皇子。金甡在上书房待了17年，直谅诚敬，所陈说必定正义法言，诸皇子"皆重公之品学"。乾隆三十年（1765），奉命督学江西，次年升任为内阁学士，后升任礼部侍郎。乾隆三十九年（1774）秋，以疾告归杭州。乾隆四十五年（1780）前后，任敷文书院山长。乾隆四十五年（1780），乾隆帝第五次巡临书院时，迎送有功，受到赏赐。乾隆四十七年（1782）病逝。金甡活了81岁，过世后，浙江巡抚阮元等人按惯例奏请将金甡入祀乡贤祠，嘉庆帝准奏。他生平"廉俭方正，处事无巨细，井井有法度"。著有诗文数十篇。

李汴渡

李汴渡，字受之，号宝幢，浙江仁和人。乾隆二十二年（1757）进士。官至侍读学士。辞官归田后，任敷文书院山长，是书院历史上任职最久的山长之一。

王昶

王昶（1725—1806），字德甫，号述庵，晚又号兰泉，学者多称"兰泉先生"。祖籍浙江兰溪，后迁居青浦县。他少年以颖异出名，博学属文，肄业于江苏苏州紫阳书院。体貌修伟。乾隆十九年（1754）进士。二十二年（1757），乾隆南巡时召试为一等一名。后官至刑部右侍郎。乾隆末年曾访问江西白鹿洞书院并讲学其间。乾隆五十八年（1793），以老乞归，乾隆允许他于"来年春融归里"。于是他回乡后，取宅名为"春融堂"，以示怀念君恩。

嘉庆元年（1796），王昶被朝廷邀请参加千叟宴。嘉庆六年（1801），受浙江巡抚阮元邀请出任敷文书院山长，任期三年。后任诂经精舍教授。

王昶晚年主要从事教育，著书立说。生平博览群书，学有大成，著作甚丰。在主持敷文书院讲学期间，编撰了《天下书院总志》十卷。著有《春融堂集》。辑有《明词综》《国朝词综》《金石萃编》《湖海文传》等十余种。王昶是清代著名的官宦学者，对浙江的教育做出过重大贡献。

马履泰

马履泰（1746—1829），字叔安，一字定民，号菽庵，又号秋药，浙江仁和人。乾隆五十二年（1787）进士。官至太常寺卿，以言事罢归。与梁同书友善。性潇洒，工诗，善谐谑，爱花木，嗜生果。以文章气节重于时。书宗唐人，古劲似李邕。中岁作画，涉笔即工，盖由学问、书法中来。山水苍率沉厚，自言："吾画但，能作丑树顽石，自率胸臆，不悦时眼。"晚年任敷文书院山长。因博通经史，治教有方，从学者众，成名者也众。著有《秋药庵诗集》八卷。后任济南沥源书院山长。享年84岁。

潘庭筠

潘庭筠，字兰公，号德园，浙江钱塘人。乾隆四十三年（1778）进士。官至陕西道御史。工绘事，兴至随笔作水墨花卉而已。嘉庆二年（1797），敷文书院重修后被聘为山长。学问广博，性情高洁，长斋学佛，喜从方外游。后皈依净域，乃捐弃一切。著有《稼书堂遗集》。

潘庭筠与清代思想家、诗人、文学家，改良主义的先驱者，老乡龚自珍是好友，时常约游。乾隆四十七年（1782），潘兰公画柳，龚自珍即作《青玉案》：

钱塘词伯春怀动。
正献罢，长杨颂。
门外缁尘飞玉鞚。
长条冶叶，明窗画出，西子湖边梦。

三生清怨凭谁送。

悔向灵和殿前种。

头白沈郎官供奉。

要添几笔，漾漾飞絮，漠漠春芜重。

还有许多清代诗人也在作品中提及潘庭筠，如李宪乔的《冬夜兰公见过寺居》《零陵江次寄周林汲编修潘兰公侍御》、显谟的《山房同端白迟兰公不至》。

陈文述

陈文述（1771—1843），初名文杰，字谱香，又字隽甫、云伯、英白等，后改名文述，别号元龙、云伯，又号碧城外史、颐道居士、莲可居士等，晚号退庵，其居曰"香禅花隐之庐"，浙江钱塘人。少以诗名，室名颐道堂、碧城仙馆、三十六芙蓉读书楼、题襟馆。18 岁入县学，为钱塘学咨部优行廪生。

嘉庆元年（1796）应杭州乡试，督学阮元以《仿宋画院制团扇》命题，文述诗最佳，末句云："歌得合欢词一曲，不知谁是合欢人。"阮元大赞，批其旁云"不知谁是合欢人"，并以团扇赠陈文述，人称其为"陈团扇"。阮元认为杭州诸生的诗，陈文述当数第一，称赞他才力有余，能人所不能。并说他的诗文，扬班高李之俦，嘉勉其学。陈文述与族兄陈鸿寿（字曼生）、陈甫（字瀛芝）等人往来甚密，皆有文名，阮元称之为"武林三陈"，或与陈鸿寿称"二陈"。

嘉庆三年（1798），陈文述中乡试副榜，同年九月，阮元任满离浙，即招他随从入都。嘉庆四年（1799）秋九月，阮元奉命抚浙，陈文述又随阮元抵浙，入阮元幕下。嘉庆五年（1800）秋，陈文述中恩科举人。嘉庆六年（1801）春，陈文述入京参加会试，阮元书以明朝晚期著名学者吕坤所著的语录体、箴言体的小品文集《呻吟语》精言长卷赠别，他尤为珍惜看重，直到道光十八年（1838），陈文述依旧收藏着。陈文述居京师五年，三试春官不第。游历京师期间与众多才子往来，与杨芳灿交好齐名，时号"杨陈"。

后来陈文述官江苏江都县知县，多惠政。性孝友，与王县、郭廖、查揆、屠倬交最契。又好修名人遗迹，在常熟知县任上时曾为著名的"金陵八艳"之一的柳如是修墓。

陈文述诗工西昆体，晚年复敛华就实，归于雅正。乾隆中后期他任敷文书院监院，与齐召南相交甚契。著有《碧城仙馆诗钞》《颐道堂集》《秣陵集》《西泠怀古集》《仙咏》《闺咏》及《碧城诗髓》等。

沈维鐈

沈维鐈（1778—1849），字子彝，号鼎甫，浙江嘉兴人。嘉庆七年（1802）进士，选庶吉士，授编修，参与修《全唐文》等。历任司业、洗马等，官至工部左侍郎。为官清廉，历督湖北、福建、顺天、安徽学政，其间弊绝风清，振拔多知名士。

道光二十六年（1846）左右，沈维鐈任敷文书院山长，兼任敬业书院教授。生平喜读宋五子书。在教学过程中，他多以朱张学说教育学生，校刊宋儒著述作为教材。主张读书是"务为身心有用之学，而不徒作八股文"，潜心于《四书章句集注》。提倡为学先正志，不挟利心以读书。以身先人，寒暑不辍，培养了大量人才。学问赅博，以人品和德行闻名于世。他享年72岁，逝世时远近乡民都前来悼念。著有《补读书斋遗稿》十卷等。代表作为《陈忠悯公化成遗像》：

将军龙虎姿，见知李忠毅。驻师吴淞江，东南半壁系。

逆锋何狓猖，勇气弥奋厉。古有凿凶门，况已置死地。

一朝将星沈，海水烽烟沸。清人胡逍遥，符离遂惊溃。

坐看金缯盟，洒遍英雄泪。我今瞻遗像，余怒犹裂眦。

焯赫五雷神，威凤震百世。由来生天人，不愧忠孝字。

关张岂无命，段颜达其志。咄哉偷生徒，武刚车自卫。

许乃赓

许乃赓，字念飏，号藉舲，浙江仁和人。嘉庆二十二年（1817）丁丑进士，改庶吉士，授编修。官至右春坊右庶子。曾任敷文书院山长。性格耿直，沉默寡言，治学严谨，精通性理学。

许乃安

许乃安，字吉齐，号退庐，浙江钱塘人。道光十二年（1832）进士。官至甘肃兰州知府。少时即负有文誉，曾国藩称其为"匡时柱石"。道光末年任敷文书院山长。因学问精湛，备受时人称颂。

沈祖懋

沈祖懋（？—1870），字念农，号恬翁，浙江仁和人，清朝政治人物。工书法。道光十五年（1835）以第一名中举，十八年（1838）中进士，官至安徽学政。同治三年（1864）任敷文书院山长，历时五年抱病精选学生课艺，于同治九年（1870）九月雕印。博综群籍，博古通今，博稽掌故，提倡后学，惜才如命。

陈钟麟

陈钟麟（1763—1840），字肇嘉，号厚甫，苏州元和人。嘉庆四年（1799）进士，官至杭嘉湖道。博通经史，善诗文，工制艺，以《红楼梦传奇》名于世。他曾是钱大昕在紫阳书院时的门人，钱大昕为他的时文集《就正草》写过序。梁章钜在《制艺丛话》卷之十一中说："余入直枢禁，即闻前辈中有两时文手，一为管韫山，一为陈厚甫。"可见陈钟麟名气之大，时文写作水平之高。

陈钟麟主讲杭州敷文书院的时间为道光十七年（1837）。《瞿木夫自订年谱》道光十七年记："九月，携叶纫之赴杭，寓居觉苑寺僧房，访家颖山，纵观其所藏鼎彝名器及古镜、汉印、瓦当诸物。又访陈厚甫钟麟、龚闇斋丽正二观察，时皆掌教书院，余在京时旧交也。"

陈钟麟任敷文书院山长一事，还有以下佐证史料：

《杭郡诗三辑》："应宝时，字敏斋，号可帆。寿椿子。永康人。道光甲辰举人。官江苏按察使，赠内阁学士衔。有《射雕山馆集》。敏斋幼时随幕中州，还浙寓杭，读书敷文书院。掌教陈厚甫观察最器之，屡上公车不售，谋禄养亲，需次苏省。"[1]

---

1 丁丙辑：《武林坊巷志》第12册，浙江古籍出版社，2018年，第3723页。

朱昌颐

朱昌颐（1784—1855），字吉求，号正甫，又号朵山，浙江海盐人。自幼好学，嗜书如命。嘉庆五年（1800）成秀才，嘉庆十八年（1813），拔贡入国子监学习。道光五年（1825）八月，考中顺天乡试，成为一名举人。道光六年（1826）二月，考中会试，四月二十一日殿试，中丙戌科状元（为海盐县历史上唯一的状元），授翰林院修撰。后迁赞善，因奏折不实降为光禄寺署正，寻起户部主事。二十四年（1844），进户部员外郎，充云南乡试副主考。二十六年（1846），授山西道监察御史，旋升吏科给事中，因与同僚发生矛盾，被削职还乡。咸丰三年（1853），太平军进兵浙江，他奉命督办团练以顽强抵抗。事后，赏给事中衔。家乡一段海塘毁坏已久，他率先捐资，又劝绅民出钱出力，重新修筑。主讲敷文书院八年，他的为人和学识令人折服，被学者奉为楷模。著有《鹤天鲸海诗文集》等。[1]

在梁章钜的《楹联续话》中还记录了朱昌颐未中举前的一件逸事："朱朵山殿撰昌颐未第时，见其叔父虹舫阁学侍儿名多多者，心悦之，未敢请也。适此婢索书楹帖，因信笔制一联云：'一心只念波罗蜜；三祝难忘福寿男。'为阁学所见，欲以婢赐之，婢谓：'九郎若中状元，吾当归焉。'明年，朵山果大魁，阁学为成其事。当时传为佳话云。"大意是，还未中举的朱昌颐一日前往叔父家，看中了他家的一名叫"多多"的婢女，但他害羞未敢表达。正好这个婢女向他索要楹联。朱昌颐大笔一挥，写下隐含"多多"二字的隐联"一心只念波罗蜜；三祝难忘福寿男"，上联本为"波罗蜜多"，下联本为"福寿多"，他故意省略两个"多"字。叔父见此联，本打算成人之美，但婢女却说只有他高中状元才肯嫁给他。第二年朱昌颐果然高中，叔父即成全好事，传为一段佳话。

1　田启霖编著：《明清会元状元科举文墨集注》第5册，广西师范大学出版社，2016年，第1829页。

朱昌颐虽然有才华，但仕途却并不顺畅，他为官时能"洞悉利弊，实心任事"，"弹章无所避忌"，官吏科给事中时以言事被议归。归隐之后，于道光末年应邀出任敷文书院山长，成绩卓著，在学者中有较高的威望，被奉为楷模。

郑羽逵

郑羽逵，字瀛州，号雪崖，康熙四十七年（1708）举人，四十八年（1709）进士，著有《怀远堂集》《东林杂咏》《粤东游草》等。祖籍慈溪，迁居钱塘。曾任四川省安县知县。辞官归田后任敷文书院山长。

《慈溪县志》：羽逵工算学，得西洋之秘传，谓三角八线之法，精于勾股。值会试，以勾股命题，总裁李光地得其卷异之，遂成进士。知安县时，仿胡安定湖州学制，捐设四乡社学，延师课读，授以学规，复修学宫，浚灌口中江，凡利民之事不一。在任五载，宦橐萧然。归后掌教敷文书院，与梁溪父、周穆门、吴绣谷以诗歌相赠答。[1]

张鉴

张鉴（1768—1850），字春冶，号秋水，浙江乌程人。清朝诗人、藏书家、校勘学家。自幼家贫，以卖画为生。嘉庆九年（1804）考中副贡生，担任武义教谕，官至内阁侍读学士，督学广东。

1　董沛、忻江明辑：《四明清诗略》上册，宁波出版社，2015年，第468页。

精通目录之学，曾被南浔刘氏、洞庭西山葛氏聘去整理藏书和编撰书目，因得纵观群书，博学多识。据说他藏书众多，藏书处名为"冬青馆"，但具体数目不详。

后阮元在西湖建诂经精舍，延聘硕学之士讲学其中，他与同里杨凤苞、施国祁皆被聘为诂经精舍讲席。后他改任敷文书院山长，教育有方，与崇文书院山长胡敬相交甚契。

张鉴博学多通，擅长作文，一生著作众多，有300余卷。如《冬青馆甲集》6卷，《冬青馆乙集》8卷，《画媵诗》3卷，《秋水词》2卷，《赏雨茅屋词》2卷，《古宫词》3卷，《詹詹集》8卷，《秋水文丛》50卷，《文丛再编》1册，《三编》1册，《四编》1册，《蝇须馆诗话》50卷，《上林子虚赋郭注辑存》2卷，《楚词释文》17卷，《杭漱录》1册，《破睡录》1卷，《冬青馆随笔》1卷，《破虱录》1卷，《梦史》1卷，《西夏纪事本末》36卷，《十三经丛说》50卷等。

周学濬

周学濬（1810—1858），字深甫，号缦云、漫云，浙江乌程人。清道光二十四年（1844）甲辰科孙毓溎榜进士第二人，也就是俗话说的"榜眼"。

周学濬是道光二十年（1840）参加乡试中式，成为举人。赴京参加道光二十四年甲辰科会试，礼部会试主考官是陈官俊、文庆、徐士芬。考题是《下学而上天乎》《有所不足》《以为未尝》《白驹空谷》。会元是焦春。周学濬经会试、殿试，高中一甲第二名进士，授翰林院编修。

道光二十六年（1846）八月，周学濬提督广西学政，旋改御史，历山东道监察御史，擢侍读学士。

周家一门三杰。周学濬与长兄周学濂（字元绪，道光丙午二十六年举人）、二兄周学源（字星海，咸丰二年壬子恩科进士，由庶常授编修，官至侍读学士）都曾跟从嘉庆间廪生老乡杨知新游学。

道光三十年腊月初八（1851 年 1 月 9 日），周学濬与汪廷儒、汪方、秦炳文、叶道芬、冯培元、张士保、华翼纶、俞凤翰等八人一道，在北京松筠庵消寒。九人共同合作画了一幅长卷《画中九友图》，存于庵中。周学浚还画有《蘋洲渔笛图》，上面有他的同年俞凤翰为画题的绝句。

汪鸣銮

汪鸣銮（1839—1907），字柳门，号郘亭，一作郇亭，浙江钱塘人，侨寓吴门。同治四年（1865）进士。历官编修，陕甘、山东、江西、广东学政，内阁学士，五城团防大臣，吏部右侍郎，总理各国事务大臣，光禄大夫等。

光绪二十年（1894），汪鸣銮任吏部右侍郎。次年，《马关条约》签订，日本侵略者坚索台湾全岛、澎湖列岛，他力陈海疆重地不可弃。时光绪亲政，数召朝臣，其奏对尤切直，且反对后党掣肘，主张巩固帝位。十二月与侍郎长麟以信口妄言、迹近离间之罪名，被慈禧太后下令革职，永不叙用。还乡后，主讲杭州诂经精舍，精于《说文》之学，能篆书。光绪末年，经俞樾推荐任敫文讲学之庐院长。校址变动，严格意义上他并不是敫文书院史上的最后一任山长。

此外，汪鸣銮还有高超的画艺，且善于补画。张公束名鸣珂曾说汪鸣銮所补钱警石《冷斋勘书图》，秀韵天成，超然尘表，不愧名笔。初典试山东，尝绘三香橼于扇，贻奖巨野魏生，传为佳话。1907 年去世，葬于花山。《孽海花》中钱唐卿的原型。卒年 69 岁。

其他师长

一所好的学校最终还是由人来创造的，敷文书院的成功除了有一代又一代的名儒大家担任山长之外，还有一大批优秀的师长。比如监院，近似教育主任。

杨绳武

杨绳武，字文叔，江南长洲人。康熙五十二年（1713）进士，官翰林院编修。乾隆初年担任敷文书院教授，是清代著名学者袁枚的启蒙老师。后任江苏钟山书院教授。办学主张"规制则仿白鹿洞，读书则仿分年课程，肄业则举乡里秀异、沈潜学问者。而推广上意，以使学者进而可循，则自励志立本，勤学业，慎交游，以及经、史、诗、赋、古今文之源流派别，一一别白而指示之"，约十余条。并主张广置书籍，增加膏火。著有《古柏轩文集》。

赵石函

赵石函，进士。乾隆中后期任杭州府学教授兼管理敷文书院事宜，即书院监院，任期颇长。他在教学之余，对敷文书院的一大贡献是在乾隆二十七年（1762）左右围绕书院补植万余株松树，后来山冈上的松树渐次成林，再现了"万壑松涛撼明月"的景观。

金海生

金海生，清朝敷文书院教授。乾隆四十五年（1780），他主持开课取诸生，作诗以记："天章启秀萃湖山，教泽深惭文律娴。共许笔精兼墨妙，更依圣域望乡关。凤翔伫见凌千仞，豹变先看露一斑。寿考作人抡选密，满庭丹桂任高攀。"

高鹏年

高鹏年，字海垞（一作瀣槎），号云客，浙江仁和人。副贡。清朝敷文书院监院，参与同治版《敷文书院课艺》的校刊、付印工作。同治五年（1866）书院重建时，曾撰"竹里书声来隔院，松间棋韵静虚窗"联。著有《湖墅小志》四卷。

岁月如水，如今这些师长早已随着历史的长河离我们远去，有些留下传说，更有些连名字都没能留下，但是他们的每一分付出铸就了万松、太和抑或是敷文的辉煌，早已成为这座书院不可分割的历史。如今，无论是求学的幼童还是好学的青年，人们走进万松，不仅是为诵读他们留下的文章，缅怀他们的精神面貌，更是为了从历史中寻找在今天可以继承的优秀文化传统。

学生中的"大咖弟子"

经常说言传不如身教，身教不如境教。前面介绍的敷文书院一些师长，无一不是人品与才气双绝。一代又一代的名师为书院营造了浓厚的学习氛围与优良的风气，使得敷文书院在江南具有很高名望。很多学子皆以入敷文书院就读为目标，但要想进入这里读书并不容易。

当时的学子读书也是循序渐进的，入门先从《百家姓》《千字文》《三字经》这些简单的作品开始读，然后是《千家诗》《神童诗》，再之后是轮到《二十四诗品》《鉴略》《廿一史弹词》《龙文鞭影》等较为复杂一些的书籍。等到这些"课本"都读会了，那么学子们就可以参加"童子试"，一旦考上就是秀才。成为秀才之后，如果可以寻找名流推荐、保举，才可进入像敷文书院这类更高的学府就读。

当年，敷文书院是博学大儒讲经明义的场所，是生徒们修身养性、修己达人的课堂，是杭州城里高山仰止的学府，所以进入敷文书院并不容易。如今保存的一份清朝中后期的敷文书院董事会名录显示，一共 108 位董事，分布于江南地区 11 郡，他们的一项主要职责就是负责保举优秀学生。当年敷文书院在江浙沪一带招生数额极少，每年总共才招 56 人，门槛之高，令人望而生畏，可想而知能够进入书院学习的生徒都不是普通人。此外因为各种条件限制，里面的学子年龄相差非常大，小的十几岁，老的已四五十岁。

无论年龄大小，之前读过多少书，进入敷文书院之后，学子们才开始系统地学习四书五经，并正式学习制艺之文。

可以想见，书院的读书生活既枯燥又繁重。那时万松书院没有上下课铃声，但却更加烦琐——上课前要先请老师，然后拜孔子，再向教授作揖行礼、敬茶、击鼓，方能开始听讲；课上完后，学生要再次敬茶、谢师、作揖，等老师退场，然后才能下课。所谓"一日为师，终身为父"，那时书院的学生被列入某位老师的门墙后，还得客串老师家里的"小帮佣"，帮助老师做一些家务，甚至还得帮老师倒夜壶。

正因为敷文书院能够聘请到有名望且有才学的优秀老师，加上这样严苛的礼教与学规的制约，才能够培养出优秀的学生。这些学生中不乏历史名人。所谓"名师出高徒"，在敷文书院确是事实。其历史上最有名的弟子门生，当数袁枚、祝德麟等人。

袁枚

袁枚（1716—1798），字子才，号简斋，晚年自号仓山居士、随园主人、随园老人，浙江钱塘人，故居杭州葵巷，祖籍浙江慈溪。清朝诗人、散文家、文学批评家和美食家。袁枚年少时家庭条件并不好，父亲袁滨靠四处担任幕宾为生，仰赖母亲章氏做针线女红维持家庭开销。袁枚是家中独子，另有两姐两妹。虽然家境一般，但好歹也是书香门第，所以袁枚6岁时就被家人安排跟着老先生史玉瓒学习。

袁枚年少时便有才名，擅长写诗文。13岁时，他与师傅史玉瓒同中秀才，进入县学，被乡里视为神童。袁枚不仅聪慧伶俐，还很有自己的想法，而非人云亦云。14岁时，他听到了人人称颂的"二十四孝"里"郭巨埋儿"的故事，顿时嗤之以鼻。这位生活在汉朝的郭巨，因为没钱奉养老母，于是就准备挖个坑把自己的孩子埋了，以减轻负担。别人只道郭巨孝顺，但在袁枚听来就是他扼杀

另一个生命，于是写了一篇《郭巨论》，文章中直接发问："不能养，何生儿？既生儿，何杀儿？"

雍正十一年（1733），18岁的袁枚经浙江总督程元章推荐，进入敷文书院学习，杨绳武先生便是他的授业恩师。

终于进入梦寐以求的书院，袁枚的内心激动不已，他很是珍惜这来之不易的学习机会。他将自己14岁时写的作品《郭巨论》《高帝论》，小心翼翼地呈献给先生杨绳武。袁枚对自己的作品还是比较自信的，果然，杨绳武很快给了他一个肯定的回复："文如项羽用兵，所过无不残灭。汝未弱冠，英勇乃尔。"对他大加赞赏。可袁枚的喜悦之情刚升腾起一点就被遏制了，因为杨绳武马上跟他说了这样一番话："总督大人对汝寄望甚高，自今日始，凡书院指定之外的书目，概从删削。一切怡情纵性之诗词，也需裁减。经史子集，务要勤谨习诵。愿以二年为期，进取举业。"对呀，进入敷文书院之后，他面前横亘着一条叫作科举的仕途之路，以袁枚不服输的性格而言，接下来他必须啃下八股制艺这块骨头，毕竟只有中举才有机会在春闱大比中，和天下英才同堂竞技。

袁枚原本兴趣广泛，其实对科举制艺并不专心，听杨绳武这么一说不得已开始收敛心性，认真学习经义策论、制艺帖括等书院常课。每每听完课，他还和同学们进行切磋。明明这些课艺对他而言也并非艰涩难懂，他还是花费了大量时间去学习，可在此类比试和正式的考试中，他却总是落于人后，而一些在才情方面明明不如他，甚至才学平庸的同学，却屡屡在这些考试中崭露头角。

这个问题困扰了袁枚许久，有一日他终于忍不住去请教杨绳武。

他无奈地对先生杨绳武说："学生非不勤奋，自认还算有悟性，来书院就学以来，缘何一直居于人下？切盼先生明喻。"

杨绳武听完，即说道："汝见识卓异，抱负远大，诚为师平生少遇之无双国士。只是制艺功夫不熟，加之内心抵牾，故进步不明显。汝尚需全心全意，勤谨百倍，假以时日，功到自然成。"

杨绳武深知袁枚从小便极为聪明，在学业一事上也从未受过挫折，结果初进敷文学院就受到了打击，怕他心态上有些不能接受，所以又耐心地勉励他。他告诉袁枚，为学之路并不会总是一帆风顺的，所以要有能承受失败的心理。如果遇到一点小小的不如意或者失败就怀疑自己，丧失信心，甚至全盘否定自己，那接下来的求学之路该如何走下去呢！人生不如意之事十之八九，在失败中汲取教训和经验，扫清学习道路上的障碍才是最重要的。

先生的一番教诲让置身阴霾之下的袁枚豁然开朗。看到自己的得意门生想通了，杨绳武很是欣慰。临了，还不忘给他再打针"鸡血"，问道："一时人下尚可，一生人下，可乎？"杨绳武可真是因材施教，这句话简直打在了袁枚的心上。袁枚这样的心性，又如何会愿意一生屈居于他人之下。末了杨绳武又给他指认了一位长于制艺的同窗，希望他们相互促进，共同提高。

那些年，每到夜晚，万松岭上总有点点微弱的烛光亮起，嘴里念念有声的学子在淡淡的光晕下手不释卷。月亮偶尔穿透层层密林前来，月色从窗户的缝隙中悄悄蔓延，试图为他们增添一丝光亮。跳跃松林间的松鼠静静地在树杈之上端详着那些摇头晃脑的书生，却不敢如白日般胆大，过一会儿便隐于林间，不肯轻易打扰了他们。

来得多了，月亮似乎也沾染了一些文气，变得有些殷勤而温柔。它时常默默地陪着那位清瘦的学子，直到夜色更浓，有时在它不得不离去时，他依旧在奋笔疾书，仿若丝毫不知疲倦。日子久了，它知道了他的名字——袁枚。直到有一天，它发现他没再出现在纸窗之下，他去哪里了？

20 岁以前，袁枚一直在杭州读书求学。清朝书院不仅通过考课为生徒提供奖励，而且还为参加正式科举考试的生徒提供一定数目的经费。在敷文书院受到较为系统的学习后，袁枚的才学得到浙江学政帅念祖的赏识，毕业后，在廪生指标已满的情况下，破例将他补为廪生（科举成绩一等，由公家给以膳食的秀才），每年廪饩银四两。

根据相关文献记载，康乾盛世期间，市面上一升优质大米的价格在 10—15 文钱，而一两银子等于 1000 文钱，一升米等于现在的 1.5 斤。换句话说，袁枚得到的四两白银可以购买 600 斤优质大米。再说，袁枚的吃饭问题本来就已经由公家给解决了，再加上他是杭州人，不用考虑住的问题。解决了吃住问题，还有点零花钱，而且随后又拔为优等，这对家境本来就一般的袁枚而言，犹如雪中送炭，也为他下一步科举之路提供了保障。

雍正十三年（1735），20 岁的袁枚参加科试，成绩名列前茅，获得了参加乡试的资格，但在乡试中却败下阵来。乾隆元年（1736），此时的袁枚 21 岁，赋闲在家的他决定去投奔在广西巡抚金鉷幕中的叔叔袁鸿。

从杭州到广西，袁枚一路长途跋涉，但沿路可以饱览名胜古迹，领略神奇的自然风光倒也将旅途的劳累消减了大半。大自然的灵秀不时触动着生性酷爱作诗的袁枚，让他逐渐从上一次乡试失利的阴霾中走了出来。此次广西之行，袁枚写下了很多优秀的纪游诗和怀古诗，成为《小仓山房诗集》的起点。到达桂林后，在叔叔的引荐下，金鉷会见了袁枚。金鉷一开始并不觉得这个年轻人有什么了不起，此时正好乡民送来一面南方少数民族敲击的铜鼓，就当场让袁枚写一篇文章。袁枚心知是有意考他，二话不说，绕着铜鼓走一圈，拿起毛笔自信地落笔，一篇骈文《铜鼓赋》一蹴而就，既描绘了铜鼓的各种特征，又巧妙植入了对金鉷政绩的夸赞。顿时，让这位金巡抚大人另眼相待。此骈文后被金鉷收入《广西省志》，列为"艺文"首篇。

雍正十三年（1735）八月二十三日，雍正去世，此前他曾下诏举行博学宏词科，下令各省督抚推荐。所以长相俊秀，文笔优美的袁枚在广西巡抚金鉷的推荐下，带着 120 两白银前往北京参加乾隆元年九月举行的博学鸿词科考试。金巡抚的举荐词极为隆重，"奇才应运，卓识冠时……国家应运生才，必为大成之器"，顿时让袁枚声名远播，成为他仕途之路的一块垫脚石。

临行时，袁枚特作《荐鸿词北上辞别桂林中丞》一诗致谢：

> 万里投知己，千秋见伟人。
> 扫门才授赞，倒屣已迎宾。
> 弱冠终军小，怜才鲍叔真。
> 牛心先赐啖，马骨倍精神。

一卷文章献，千回讽诵频。

百僚参谒处，八座散衔辰。

誉我如夸宝，称诗似数珍。

人声齐诺诺，公口尚津津。

诏举通经士，惭非珥笔臣。

毅然标姓氏，直自奏枫宸。

计吏争供具，材官尽捧轮。

办装钱络绎，祖饯酒温醇。

石重鳌难戴，风高草易春。

未开花独赏，久屈蠖应伸。

多感云霞契，能增骨肉亲。

穷途来阮籍，有叔爱苏秦。

桂岭三秋月，长安一路尘。

拜辞先洒泪，图报屡看身。

夫子宫墙远，男儿事业新。

遥闻西域国，独角贡麒麟。

袁枚在诗中多溢美之词，赞颂金铁为千秋伟人，但他感激之情却是真实可信的。告别在广西的众人，袁枚再度跋山涉水，一路往北。此时与来时的心情已然不同，山水在他眼中又有了新的韵味。

秋日的京城，带着寒意，树叶已凋零了大半，与袁枚一直生活的江南水乡有着截然不同的景象。但此时的他暂时没有闲情逸致去到处走走看看，只窝在自己的一方天地里，埋头苦读。考试前的紧张与焦虑也难得光临在这位天才身上，蜡烛的微光再度与月色交融。

共有176人参加此次博学鸿词科，参加者皆是各地的有才之士，年龄跨度也较大。最长者万经已80多岁，而最小的袁枚仅21岁。这场考试最终录取了15人，高手云集，意气风发的袁枚名落孙山。

此次失利，说不难过是假的，但大概是有了早年杨绳武的教诲，袁枚并没有灰心气馁，而是耐心等待下一次机会。毕竟这场考试拼的也不完全是实力，还有运气成分，更多的是看皇帝的喜好。

落第后的袁枚并没有回乡，而是滞留在京，辗转借住于几位同乡处，常携诗文拜访权贵，以期下一次机会。没过多久，幸运终于降临在他身上，有一天他遇到了老乡左副都御史赵大鲸。赵大鲸本身就曾在敷文书院执教过，他对袁枚诗文表示极度欣赏。袁枚"乞一授养所"，赵大鲸便给他找了份工作：坐馆于翰林院侍读、学士嵇璜家，为其子开蒙。于是，袁枚便一边当老师一边继续为科举考试作准备。

乾隆三年（1738）八月，23 岁的袁枚终于中举，春风得意。而后他在乾隆四年（1739）考取进士并参加朝廷科考，试题是《赋得因风想玉珂》，袁枚所作卷中有"声疑来禁院，人似隔天河"这样的诗文佳句。但命运似乎有意要跟袁枚开个玩笑，他的文章竟然被批"语涉不庄"，真要被定性，别说当官了，说不定还有牢狱之灾。所幸有名臣尹继善慧眼识才，力平众议，最终被评定为乾隆己未科殿试金榜二甲第五名，选翰林院庶吉士。

袁枚中举的消息一路传到敷文书院，杨绳武先生在安慰欣喜之余，找出袁枚早年写的《郭巨论》《高帝论》，再读一遍，感叹当年对袁枚"国士"的评价，绝非虚誉。此后，袁枚就时常作为杰出的毕业生代表，成为杨绳武告诫后来的书院学子们该如何取舍兴趣爱好和科举前途的例子。袁枚的故事就此在敷文书院的历史上一代代流传下来。

正所谓人生三大幸事：洞房花烛夜，他乡遇故知，金榜题名时。后两者，袁枚已经有了，二十有四的年龄也到了结婚的岁数。于是在这一年，袁枚请假回乡与早已订婚的王氏结婚。但王氏一生未生育过。袁枚作为家中独子，父母望孙心切。而他纳妾多年，也大多生女。直到袁枚 77 岁，王氏也 75 岁的时候，妻子仍为他调理膳食。

他的生活也多少影响了他后期的一些行为，此乃后话。

本以为自此仕途顺遂，谁承想一盆冷水又将春风得意的袁枚浇了个透心凉。在翰林院学习三年后，只要通过考试，一般会被留院，可袁枚却名列下等，传说是因为满文考试未通过。按照清朝的规定，庶吉士必须修满文，但袁枚却非常抵触，他觉得这种"蝌蚪文"学了也没用。再加上他才华横溢，难免志得意满，有时候会看不起别人，所以跟同僚们的相处也不甚愉快。外加他的性格比较随意，在京城结交了一帮酒肉朋友，饭馆酒局乃至青楼场子，处处有他的身影，"风评"也不大好。所以在"散馆考试"之后，袁枚只能被外调做官，不在京城留用。

乾隆七年（1742），袁枚被外调江苏，先后于溧水、江宁、江浦、沭阳共任知县七年。袁枚为官期间勤于政事，颇有声望，只可惜仕途不顺。乾隆十四年（1749），父亲袁滨过世，袁枚按律辞官，回乡守孝三年。袁枚以白银 300 两购置了位于江宁小仓山（今南京五台山北的一座丘陵）的原隋氏废园，改名"随园"，筑室定居，搜集书籍，创作诗文，日子恬淡而悠闲。

乾隆十七年（1752），37 岁的袁枚守孝期满，两江总督尹继善推荐他去做高邮州刺史，却被吏部否决。原因是户部反对，因为清朝重漕运，沿途各县需要按例缴纳钱粮，地方官未完成任务，则"不及一分者，停其升转，罚俸一年"，袁枚当知县那时正好未完成任务。过了两年，袁枚再次向吏部提出复职申请，却被派去陕西当知县。好不容易长途跋涉到了陕西，结果不到两个月，袁枚就离开了。原因是与他的上司，时任陕甘总督的黄廷桂不和。早在黄廷桂任两江总督时，袁枚就给他上万言书，说"公之度可以得小人，不可以得君子""公之威可以治边防，不可以治中士也""公之察事，明于远而暗于近也"……这内容不像是上书，倒像是在训儿子。老话说，宁可得罪君子，不可得罪小人，当年图痛快，如今在人手底下，人家要整治他，简直是分分钟的事。

　　袁枚骨子里有读书人的清高，不肯摧眉折腰事权贵，要不然也不会做了这么多年知县。乾隆二十年（1755），已到不惑之年的袁枚，终于对官场心灰意冷，无意吏禄，不肯再为五斗米折腰，当然也可能是想保命。于是休官养亲，不复为官。

　　古语有云："三年清知府，十万雪花银。"此话本意不是说古代官员如何贪婪，而是讲古代官员捞钱的办法太多，即使是"清廉"的知府，三年下来也会有 10 万两银子的灰色收入。何况袁枚当了八年知县，即乾隆七年（1742）至十四年（1749）。袁枚倒没有变着法子捞钱，但他除了攒下的俸禄之外，也可谓是生财有道。他文名在外，时常为各地富豪、世族题跋撰序、作墓志铭等，润笔所得颇丰，而且他善于投资，购买了很多田产，招募大量佃农。决定提前退休时，他已经积蓄了数万两银钱。所以之前有钱购买随园也不足为奇了，毕竟那可是《红楼梦》里的大观园的原型，即江宁织造曹寅家族园林的一部分。不过后人对此说仍有异议。

　　袁枚不仅文章写得好，做生意也是一把好手！他将随园东面和西面的田地划分好，分包给 13 户人家认领种植，而他负责收租收粮，以地养地。他还将随园的围墙尽数拆去，并在大门口贴了一副对联：

　　　　放鹤去寻山鸟客；
　　　　任人来看四时花。

　　意思就是他欢迎各地的游客免费入园参观。难道以袁枚的精明会做这种免费的事吗？答案当然是否定的。他的如意算盘打得精着呢，游客入园，饱览景色之余，总会需要喝茶吃饭的呀！这便产生了消费需求，而袁枚之前就将一些土地租给农户种瓜种菜，养鸡养鱼，这现成的自产自销，利润可观。就像袁枚自己说的："树上有果，地上有蔬。池中有鱼，鸡凫之豢养尤为得法。美酿之储藏，可称名贵。形形色色，比购诸市上而更佳。"

吃喝玩乐一应俱全的随园，顿时名声大噪。每逢佳节，更是人头攒动，文人墨客，竞相前往，据说园内亭台楼阁的门槛每年都要换一次。

袁枚辞官，对于一方百姓而言失去一位好知县，但对文学史而言却不失为一件好事。自此，袁枚过上有钱有闲，"采菊东篱下，悠然见南山"的日子。

袁枚在给好友程晋芳的信中说："我辈身逢盛世，非有大怪癖、大妄诞，当不受文人之厄。"袁枚辞官隐居后自称随园老人，因乾隆年间，文字狱次数达到历史最高峰，所以袁枚也只能编写食谱、志怪小说以及一些不入流的诗集，以防飞来横祸。好友钱宝意作诗赞颂他："过江不愧真名士，退院其如未老僧。领取十年卿相后，幅巾野服始相应。"袁枚也作对联"不作高官，非无福命只缘懒；难成仙佛，爱读诗书又恋花"回应。

袁枚与赵翼、蒋士铨合称为"乾嘉三大家"（或"江右三大家"），为"清代骈文八大家"之一。文笔与大学士直隶纪昀齐名，时称"南袁北纪"。袁枚归隐之后，很多人慕名前来拜师，他广收弟子。提倡女性文学，所以尤其以女弟子为多。袁枚生平喜称人善、奖掖士类，提倡性灵说诗论，主张文学要写"性灵遭际"，反对盲目拟古，是清中叶文学流派性灵说的创始人。袁枚诗文清新流畅，为当时诗坛所宗，与赵翼、张问陶（船山）并称乾嘉性灵派三大家，对清文学的发展影响甚大。

如今一般文学史对袁枚的性灵说评价较高，认为其性灵诗重在抒写真性灵，或写骨肉之情，或写伉俪之爱，或写思乡之哀，或写天伦之乐；或直抒胸臆，或表现个性。皆是以真情至性为创作前提与诗歌内涵，具有一定的进步性。既不像格调派沈德潜注重形式，也不像肌理派翁方纲凭借学问，而是纯以才情取胜。即在创作灵感的驱使下，展开大胆的想象，捕捉活生生的意象，运用轻灵的笔触，表现诗情。

　　至于求学究竟是为应试科场，还是实学致用，袁枚有自己的思考。早在离开敷文书院的第二年，他就在自己的诗中首次响亮地提出了"性灵"主张。他在《静里》中就说："静里工夫见性灵，井无人汲夜泉生。"只是当时的他还不具备撼动传统观念的力量，只能随波逐流。没有实践就没有发言权，经历过科考、仕途艰辛之后，他企图用性灵说，理直气壮地反对书院教学重应试科场。此后的他逐步积蓄了力量，他的观点也被越来越多的人所接受。

　　多年之后，已是耄耋老者的袁枚，郑重地写下《示儿》诗，叮嘱后辈勿参加科举考试，说明他已经基本认清科举制度害人的本质。无独有偶，几乎在他写《示儿》诗的同时，有一个人以实际行动响应了他的观点。这个人就是创办诂经精舍的阮元。阮元坚持创办诂经精舍的目的，就是不要为科举而读书，而是要研读经典，致力学术。

　　袁枚晚年游历南方诸名山，与诗友交往，留下了不少脍炙人口的作品，比如他去往浙江台州天台山石梁之后，写下了《到石梁观瀑布》一诗。

到石梁观瀑布

天风肃肃衣裳飘，人声渐小滩声骄。

知是天台古石桥。

一龙独跨山之凹，高耸脊背横伸腰，其下嵌空走怒涛。

涛水来从华顶遥，分为左右瀑两条，到此收束群流交。

五叠六叠势益高，一落千丈声怒号。

如旗如布如狂蛟，非雷非电非笙匏。

银河飞落青松梢，素车白马云中跑。

势急欲下石阻挠，回澜怒立猛欲跳。

逢逢布鼓雷门敲，水犀军向皋兰鏖，三千组练挥银刀，四山崖壁齐动摇。

伟哉铜殿造前朝，五百罗汉如相招。

我本钱唐儿弄潮，到此使人意也消，心花怒开神理超。

高枕龙背持其尻，上视下视行周遭，其奈泠泠雨溅袍，天风吹人立不牢。

北宫虽勇目已逃，恍如子在齐闻韶。

不图为乐如斯妙，得坐一刻胜千朝。

安得将身化巨鳌，看他万古长滔滔！

作为杭州人，袁枚对杭州和西湖有着特殊的感情。老家杭州的各色景致自然也成为他笔下的常客，西湖、岳王庙等皆跃然纸上。

湖上杂诗（其十）

葛岭花开二月天，游人来往说神仙。

老夫心与游人异，不羡神仙羡少年。

湖上杂诗（其十三）

凤岭高登演武台，排衙石上大风来。

钱王英武康王弱，一样江山两样才。

谒岳王墓作十五绝句（其十五）

江山也要伟人扶，神化丹青即画图。

赖有岳于双少保，人间才觉重西湖。

乾隆四十四年（1779）春，已经 64 岁的袁枚，鹤发童颜，重游杭州，泛舟西湖，和诗人赵翼初晤。两个被世人并举的才子，彼此慕名已久，此番终得一见。一见如故，把酒论诗。三日时光匆匆而过，两人就此分道。袁枚也趁机重返万松岭，走进敷文书院，一砖一瓦，一树一草皆是记忆里的模样，却又有着不可言说的差异。漫步在书院的角落，追忆当年在书院风雨如晦、苦学八股制艺的岁月。学院里的人知晓来人是大名鼎鼎的袁枚，热情欢迎，但袁枚除了看看书院，他最想去的只有一处。

终于来到杨绳武的墓前，袁枚唏嘘不已。此时的袁枚已是为师多年，还做了苏州等地书院的教授，他自知身为教授教育弟子之难，更感恩自己能在敷文书院最鼎盛时期来此读书。更加幸运的是，遇到了像杨绳武这样的老师。在这里除了学到知识，更学到了为人处世的道理。

在杨绳武墓前，袁枚感慨万千。他很想问问老师，当年他督促自己走上科举之路，而自己完成了。可走到半路，却发觉逼迫自己去做自己厌恶的事是非常痛苦的。经历宦海沉浮，最终回归本真，力主性灵文字。若杨绳武还在世，是会反对还是欣慰呢？可惜回答他的只有松针的窸窣声。人生短短不过几十载，为世人眼中的自己而活，还是为自我而活，袁枚在生命的中间画了一道分隔符，冷暖自知。但如果没有那些年的求学生涯，他大概也做不到如今的洒脱自在。

信步于这座在他生命中占据很重要地位的书院，抬头望天，天空依旧蓝得清澈。那些年自己穿梭在这里的山水楼阁之间，日夜苦读的场景，犹在眼前。可如今已是垂垂老矣，当年的同窗好友也早已失去了联络。现实与记忆不断交叠，如梦似幻，物是人非，恍若隔世。袁枚有感而发写出了一首《万松书院》，被收录在《小仓山房诗集》中。

万松书院

万松环一岭，书院建其巅。
我昔来肄业，弱冠方童颜。
当时杨夫子，经史腹便便。
门墙亦最盛，济济罗诸贤。
我每遇文战，彻夜穷钻研。
至今咳唾处，心血犹红鲜。
何图目一瞬，垂垂五十年。
先师墓木拱，诸贤尽云烟。

我来重过此，几席犹依然。

误欲往学舍，执卷趋师前。

昔也离家远，廿里走伛伛。

今也升讲堂，一步一扶肩。

昔为服子慎，绛帐时周旋。

今为蓟子训，摩挲铜狄仙。

逝者竟如斯，能无意自怜。

羞杀丹桂花，无言但参天。

嘉庆二年十一月十七日（1798 年 1 月 3 日），在随园过了近 50 年闲适生活的袁枚去世，去世后葬在南京百步坡，世称他为"随园先生"。

袁枚一生著作颇丰，主要传世的著作有《小仓山房诗文集》70 余卷、《随园诗话》及《补遗》《随园食单》《子不语》《续子不语》等。散文代表作《祭妹文》，哀婉真挚，流传久远，古文论者将其与唐代韩愈的《祭十二郎文》并提。袁枚涉猎文体较为丰富，囊括诗话、尺牍、说部之类 30 余种。

祝德麟

乾隆四十七年（1782）六月，以为官清廉、为人正直而留存在史料中的清朝名臣刘墉就任工部尚书兼管国子监事务，成为全国最高学府的负责人。乾隆五十三年（1788）夏天，乡试预选考试中发生了诸生馈送堂官的事，御史祝德麟上疏弹劾国子监司业黄寿龄。乾隆在批示祝德麟的折子中称：

览之不胜骇异。祝德麟参奏黄寿龄，竟有非钱不取，士怨沸腾之事，殊出情理之外，如果所参属实，黄寿龄所得赃银无论满数与否，均当立置典刑。

从乾隆帝的批复中可见他对这件事的态度。作为国子监的负责人，刘墉也难逃一查。虽然后来查证刘墉并没有收受钱财，但也受到处分。

那么这祝德麟是何许人也？

祝德麟（1742—1798），一说祝德龄，字止堂，一说字趾堂、芷塘，浙江海宁人。祝德麟出身于书香门第，他的祖父祝咸大，是康熙五十九年（1720）庚子举人，父亲祝懋英，字俊哉，号卧岩。敕封儒林郎，晋赠奉直大夫、翰林院编修，提督陕西学政。

由于祝德麟父亲出游在外，而他叔叔又没有子女，所以祝德麟幼时主要是他母亲和叔父培育长大的。3岁时，他母亲便口授他《孝经》，而后就读私塾。祝德麟少时便极为聪颖，母亲以及叔父对他的学业很是上心，再加上他自身好学，年少时便展露才名："弱龄作《两汉用人得失论》"[1]，"泊应童子科，年才及总角"[2]。李调元在《淡墨录》中称其"有神通之名，风姿韶秀若处子"[3]。

乾隆十九年（1754），13岁的祝德麟便进入敷文书院，受业于山长齐召南、监院陈敬斋等。学习期间，他力学笃行，深受师长喜爱。

乾隆二十五年（1760），祝德麟19岁，参加乡试，考中举人。

1　李圭修，许传沛撰：《海宁州志稿》卷二十九，清光绪二十二年修民国十一年续修铅印本。

2　祝德麟：《悦亲楼诗集》卷十五，清嘉庆二年姑苏刻本。

3　李调元：《淡墨录》卷十五，辽宁教育出版社，2001年，第220页。

他在赠孙心莳的诗中写有"当年先后歌鹿鸣，我龄十九君十六"，古代男子20岁行冠礼，所以祝德麟以不到弱冠之年便登第，确是天资聪颖。

乾隆二十六年（1761）正月初六，祝德麟从杭州前往北京参加礼部的会试，这一次没能如愿以偿。铩羽而归的祝德麟返回敷文书院继续苦读，以待下一次机会。第二年春，乾隆皇帝第三次南巡，亲临海宁。其间，南巡召试，祝德麟应试。功夫不负有心人，祝德麟入选二等，被赏赐缎匹。

乾隆二十八年（1763），祝德麟再度进京，参加五月的殿试。他如愿入选二甲四名，赐进士出身，授翰林院庶吉士。上一次匆匆来去，未能好好领略京城。这一次多年夙愿完成，真是无事一身轻，春风得意，况且北京气温也正是宜人，他决心好好逗留一番。祝德麟在京数月，与京城的好友们游山玩水，吟诗作画，好不惬意。

祝德麟早年便已拜入著名诗人赵翼门下，是其入室弟子。赵翼对这位学生颇为喜爱，写有"忆君二十登蓬瀛，干将出匣千人惊。荡节抢才半天下，新阴桃李多豪英"这样的诗句，可见其对祝德麟才气的欣赏。祝德麟诗以性灵为主，著有《悦亲楼集》。曾作《登万松山顶魁星阁展眺》《将入都留别敬斋先生二首》等诗作。

直到乾隆二十八年（1763）九月，祝德麟因为要回乡娶妻才依依不舍地与友人告别。回到家乡，他在完成婚姻大事之外，自然也去杭州拜会师友。以前忙着读书考试，都没能这样好好欣赏杭州的美。如今考上了公务员，工作已经有了着落，紧绷的琴弦放松了，约上三五知己好友，不时泛舟西湖，游黄公望笔下的富春江，游玩唱和，这样的日子谁能不艳羡呢！才子们在一起，喝酒作诗自然是少不得的。

富春舟行

朝发渔浦潭，夕指桐庐路。

舳舻旷摇飏，川途莽回互。

岚光挹螺翠，江色净缟素。

晶晶潋边沙，森森洲外树。

霜花散僵荻，雪翻明飞鹭。

万状纷目前，前瞻失后顾。

孤征氛浑隔，独往赏心屡。

鼓枻济通津，冀有仙真遇。

原言采兰茝，芬馥遗亲故。

这首舟行作品，以富春江作为描写的对象。诗歌开篇就点明出发的时间与行舟的路线。将从早到晚的一路风光进行了生动的描绘。既有温婉祥和的静态美景，也有欢脱跳跃的动态景色，动静结合的手法使诗歌的画面更具美感。

放松了一年多，祝德麟将放飞的心收拢，于乾隆二十九年（1764）秋，前往北京，仕途生涯正式开始。担任翰林院编修一职，仕途也算顺遂，在北京的第二年，祝德麟还移居到了清初诗人汤右曾所建的接叶亭。寓居此处之后，祝德麟还多次邀请好友们来此亭饮酒作诗，尽得其兴。某次，他的好友王宸绘制了一幅《接叶亭图》，众多文人士子纷纷为此图题诗，如姚鼐作《祝芷塘编修德麟接叶亭图》，袁枚也有《题祝芷塘给谏接叶亭图》等，一时流传甚广。常说人生之幸事，不过三五好友，偶有小聚，或推杯换盏，针砭时弊，或斗智演戏，笑闹生趣。祝德麟一时过上了很多人理想的生活啊。

乾隆三十五年（1770）六月，祝德麟奉命担任主考官，典试四川。数月之后，典试完毕，岁末返京。

乾隆三十八年（1773），四库开馆，祝德麟充提调官。祝德麟在《四库全书》江浙三阁全书的复校工作上贡献甚多。《四库全书》

续缮中，有不少校官拖沓推诿，草率敷衍。为保证进度，祝德麟专门奏请准许各校员按照从前分校之例，且可将书携带回宅，在家中静心从容校对，而对弄脏或遗失书籍的人，就照数赔偿。赏罚分明的办法，不仅加快了复校的进度，更使校对的质量有了较大的提高。

第二年，祝德麟奉命典试湖北，但"未及赴程，而先大夫讣音至"，于是回乡为父奔丧。乾隆四十一年（1776），祝德麟服丧期满，再度北上。乾隆四十二年（1777），祝德麟奉命典试福建，为正考官。同年底，母亲过世，祝德麟回乡扶灵。他自幼与母亲感情深厚，悲恸不已，有诗记载："忆昔冰雪中，足茧关陉道。匍匐到长安，抚灵返宅兆。""今为无母儿，百死更奚赎。"

乾隆五十一年（1786），祝德麟由翰林院编修考选湖广道监察御史，升任五品官。

祝德麟为人正气，说到底是有些书生意气的。前文提及祝德麟弹劾黄寿龄，有理有据，致使贪官受罚。但在乾隆五十三年（1788），他却因为上奏弹劾不实而被贬。祝德麟年少成名，仕途顺畅，花了20多年才当上五品官，但人到中年却遭遇罢黜，内心的郁闷可想而知。

大约是内心苦闷，赋闲在家的他终日以理书、栽竹、养鱼等为乐，消遣度日。本也没什么，就当是提前退休了，但他不似袁枚般提前准备好了退休金。因此，被罢官之后的祝德麟，生活陷入困窘，靠卖物为生，"妻孥乏食，不得不作归耕计"[1]。但归乡也没那么容易，因为祝德麟仍有校阅文溯阁图书之责，一直到乾隆五十五年（1790）春完成未毕事宜。待八月，乾隆帝八旬寿辰之后，正式举家返乡。

---

1 祝德麟：《悦亲楼诗集》卷二十，清嘉庆二年姑苏刻本。

虽然被贬，但祝德麟骨子里的正义感却没有丢失。我们常说文如其人，祝德麟传世的作品里有一首《关吏行》，是反映关吏敲诈勒索恶行的叙事名篇。这首诗就作于他退职离京返乡的途中。坐在沿运河南下的船上，一路观赏河中水波千帆，祝德麟不由得回想自己的经历，有感而发，一气呵成。摘录于此：

关吏行

闸板初开水势鼓，随波舻舳纷翔舞。一船横截河当中，忽见千船住篙橹。云是临清关口阻。卒如鬼，吏如虎。有客扣关关者怒。未几两翼启中流，先放达官兼大贾。其余各各排墙守，要检筐箱搜釜缶。亦不索钱刀，亦不需脯酒。清晨停压到曛黄，不怕钱刀不入手。东船嗟怨西船愁，我舟瑟缩同淹留。廿年冷官归休物，只有书箱载两头。

回到浙江，祝德麟并未选择海宁或者杭州，而是到了湖州，且因为房子破败没有钱维修，只能暂时借住在吴兴雷绍堂太守的客堂。

祝德麟在诗中写："扁舟南下，放浪西湖孤山之间，临风高咏，云霞水木，照耀几席。"这么一看，辞官回乡的日子倒也不错，闲云野鹤，悠然自在。如果后人只看诗句，必然将之视为理想的退休生活。但现实呢，已年近五十的祝德麟，不得不因为全家的生计，在回乡第二年的三月，独自奔赴松江云间书院授课赚钱。在主讲书院期间，他一方面用心讲学，另一方面在课余时间与好友相约游览名胜古迹，畅游山水。

有一次他去湖州泛舟游湖，写下了《泛泖二首》：

泖口扬舲入，三吴泽所钟。暗潮通溟渤，白日静鱼龙。楼阁疑仙岛，凫鹥近客踪。千山何处是，依约现芙蓉。
窀堵标方向，相从路不差。孤舟难罨岸，今日果浮家。入夜明渔火，连天卷浪花。风波吾已脱，到此转兴嗟。

诗人笔下的景致依旧美好，但基调却偏暗，折射出诗人脱离宦海后内心的宁静。嘉庆三年（1798）冬，祝德麟在云间书院逝世，享年57岁。

施安甫

施安甫，号竹田，又号石友，晚号南湖老渔，浙江仁和人。清代雍乾时期活跃在杭州的一代名士。少年时即以诗赋著名，藏书家瓶花斋主吴焯评价他为"后来之秀中为首"。善隶书，好交游，广声气，连船并舻，促席题襟，风格在孟信之间。

曾肄业于敷文书院。

那时的"访问学者"

万松书院除了常规在职的老师之外，还时不时有访问学者前来讲学。比如有著名的王守仁、朱彝尊等。

王守仁

王守仁（1472—1529），本名王云，字伯安，号阳明，世称阳明先生，浙江余姚人，是明朝杰出的哲学家、文学家、军事家、教育家，心学的集大成者，阳明学派创始人。王守仁不是手无缚鸡之力的羸弱文人，而是一个能文能武的全才，年少时便熟读兵法，善骑射。他历任贵州龙场驿丞、庐陵知县、右佥都御史、南赣巡抚、两广总督、南京兵部尚书、左都御史等职，接连平定南赣、两广盗乱及朱宸濠之乱，获封新建伯，成为明朝凭借军功封爵的三位文臣之一。

举凡大才，出生时总免不得有异象，似乎只有如此才能配得上他的成就。王守仁便是如此。据说他出生之前，祖母做了一个奇怪的梦，梦到天神下凡，天神手中抱着一个婴儿，交给了她，不久之后，儿媳妇就怀孕了。王守仁出生时天倒并无异象，反而是他一直不会说话，一直到5岁才开口。真是不鸣则已，一鸣惊人，他开口的第一句话就惊艳众人。王守仁会说话后，经常诵读未曾学过的文章，祖父王伦询问之下得知，原来自己平时读的书都被在一旁的孙子默默记在心里了，简直是过耳不忘。

王守仁11岁时，祖父王伦带着他一同北上。某天，路过金山寺，王伦见景色美好，忍不住想要作诗，但奈何想了半天也没合适的句子，就想考考孙子。结果王守仁当即脱口而出："金山一点大如拳，打破维扬水底天。醉倚妙高台上月，玉箫吹彻洞龙眠。"此诗境界开阔，让人很难相信是个孩子所作，许是侥幸。同行之人让王守仁再作一首，结果他又马上赋诗道："山近月远觉月小，便道此山大于月。若有人眼大如天，还见山小月更阔。"当即惊呆众人，简直惊为天人。

弘治十二年（1499），28岁的王守仁中进士。第二年，正式开始上班，担任刑部云南清吏司主事，没几年就担任了户部右侍郎（相当于今天的部级干部）。在官场混得风生水起的王守仁做梦也没想到，这一切会在正德元年（1506）戛然而止，他险遭灭顶之灾，人生轨迹也就此改变。

明武宗朱厚照登基之后，宠幸宦官刘瑾，并让他担任司礼监一职。要知道明朝没有宰相这个职位，所以当内阁或司礼监中出现强势的人物，那么这个人就如同实际上的宰相。所谓新官上任三把火，刘瑾上位之后横暴专权，正直又性格暴躁的两位大臣刘健、谢迁上疏弹劾，并以还乡来要挟皇帝，结果皇帝批准了，两人只得辞官回家。这引起更多臣子的不满，光禄少卿戴铣、御史蒋钦等人上疏请求保留刘、谢二人，刘瑾立马派锦衣卫将戴铣押至北京问罪。就在此时，王阳明却呈上了一份为戴铣等人辩解的奏疏。正是这封奏疏招来了灭顶之灾，他与几位一同求情的同事被投入诏狱。皇帝将这21人全部逮捕，各廷杖三十。戴铣死于杖下，蒋钦三次被杖，三天后死在狱中。王守仁被廷杖五十之后，系于诏狱，不久之后又被贬去贵州龙场驿任职。

死里逃生之后，王守仁先南下至浙江，结果刘瑾却不肯轻易放过他，暗中派人追杀。王守仁一路逃至钱塘的河边，将衣服扔入河中，以作溺水而亡的假象，躲过锦衣卫的追杀。他原本想要自此辞官回家，但依旧听从父亲的意见前往龙场驿上任。

贵州山高路远，王守仁一路跋山涉水。正德二年（1507），途经长沙，游岳麓书院，赋长诗《游岳麓书事》以纪之。诗中的"殿堂释菜礼从宜，下拜朱张息游地"[1]更是写出了他对朱熹、张栻两位曾于书院讲学的学术大师的崇敬。此时的王守仁大约还没想到此后自己的人生也将与书院结合在一起。

正德三年（1508），王守仁终于到达龙场驿。虽然早已有了心理准备，但看着眼前这个荒凉破败之地，他心里仍不免五味杂陈。在龙场驿居住的大多是少数民族，他们住的不是房子，而是山洞。王阳明在那里既要忍受巨大的精神折磨，还要应对水土不服而招致的病痛。

王守仁经过短暂的情绪低落之后，决心改变现状。他开始了关于心学的讲学。随着听课的人越来越多，王守仁也因此声名大噪，甚至一些游学的人也远道而来拜访他，他在讲学中逐渐悟道。当地民众为其创建龙岗书院，其间还形成了有名的《教条示龙场诸生》，即龙岗书院学规：

诸生相从，于此甚盛。恐无能为助也，以四事相规，聊以答诸生之意：一曰立志，二曰勤学，三曰改过，四曰责善。其慎听毋忽！[2]

从此，他开始了20余年的书院实践活动，并形成了自己的书院观。

1　王守仁：《外集一》，见《王阳明全集》卷十九，上海古籍出版社，1992年，第690页。
2　王守仁：《教条示龙场诸生》，见《王阳明全集》卷二十六，上海古籍出版社，1992年，第974页。

正德四年（1509）年底，王守仁结束龙场驿的谪居生活。后历任吉安府庐陵县、滁州等地方官，又升迁为两京京官，在南京刑部、鸿胪寺、太仆寺、北京吏部等任职。在此期间，虽也到处讲学，但不以书院为讲坛。

王守仁可以称得上文能提笔安天下，武能上马定乾坤。正德十二至十三年（1517—1518），他以巡抚的身份在江西南安、赣州，福建汀州、漳州镇压农民起义。一边"破山中贼"，一边在思考，他认为武力只能镇压一时，且治标不治本，要从根本上解决问题，唯有"破心中贼"。正德十三年（1518），王守仁光在赣州就一口气新建或修复了六所书院。其中新建的义泉、正蒙、富安、镇宁、龙池五所书院为社会性质，以教民化俗为主，修复的濂溪书院则以传播心学为要。

正德十六年（1521），王守仁因建奇伟之功而遭遇诽谤，他的学说也被指认为伪学。王守仁返回老家，在余姚、绍兴、杭州等地专事讲学。此时王阳明的心学已有大批的拥趸，据悉，当时讲学盛况空前，"环坐而听者三百余人"。

嘉靖六年（1527）九月，居闲讲学六年之久的王守仁再度被起用，以左都御史总督两广及湖广军务身份，赴广西镇压田州、思恩岑孟之乱。在赴任途中，他也不忘讲学。嘉靖七年十一月二十九日（1529 年 1 月 9 日），王守仁在归家途中逝世。他的丧柩回到绍兴家中。据说"'每日门人来吊者百余人，有自初丧至卒葬不归者。书院及诸寺院聚会如师存。是时，朝中有异议，爵荫赠谥诸典不行，且下诏禁伪学'但这些阻止不了各地门人对其老师的悼念。十一月下葬，'门人会葬者千余人，麻衣哀屦，扶柩而哭。四方来观者莫不交涕'"[1]。

———— 1　邓洪波:《中国书院史（增订版）》，武汉大学出版社，2012 年，第 308—309 页。

明穆宗继位后，追赠王守仁新建侯，谥号"文成"。万历十二年（1584），从祀于孔庙。

王守仁发展了南宋哲学家、教育家，陆王心学的代表人物陆九渊的学说，对程朱理学（亦称为"程朱道学"，是宋明理学的主要派别之一，也是理学各派中对后世影响最大的学派之一）进行了改造，提出"致良知"的学说，强调"知行合一"和"知行并进"。其学说在日本也产生了很大影响。他一生培养学生无数，创办书院数十所，对促进明朝书院的发展和学术繁荣有着卓著的贡献。晚年曾在浙江各地讲学，万松书院是他经常到访的地方。但是，书院教育深受"王学"影响。明嘉靖四年（1525），他受提学佥事万汝信之请，为万松书院撰写重修碑记，是书院历史上的重要文献。

万松书院记
王阳明　乙酉（嘉靖四年，1525）

万松书院在浙省南门外，当湖山之间。弘治初，参政周君近仁因废寺之址而改为之，庙貌规制略如学宫，延孔氏之裔以奉祀事。近年以来，有司相继缉理，地益以胜，然亦止为游观之所，而讲诵之道未备也。嘉靖乙酉，侍御潘君景哲奉命来巡，宪度丕肃，文风聿新。既简乡闱，收一省之贤而上之南宫矣，又以遗才之不能尽取为憾，思有以大成之。乃增修书院，益广楼居斋舍为三十六楹；具其器用，置赡田若干顷；揭白鹿之规，抡彦选俊，肆习其间，以倡列郡之士，而以属之提学佥事万君汝信。汝信曰："是固潮之责也。"藩臬诸君咸赞厥成，使知事严纲董其役，知府陈力、推官陈麓辈相协经理。阅月逾旬，工讫事举，乃来请言以记其事。

惟我皇明，自国都至于郡邑咸建庙学，群士之秀，专官列职而教育之。其于学校之制，可谓详且备矣。而名区胜地，往往复有书院之设，何哉？所以匡翼夫学校之不逮也。夫三代之学，皆所以明人伦；今之学宫皆以"明伦"名堂，则其所以立学者，固未尝非三代意也。然自科举之业盛，士皆驰骛于记诵辞章，而功利得丧分惑其心，于是师之所教，弟子之所学者，遂不复知有明伦之意矣。怀世道之忧者思挽而复之，则亦未知所措其力。譬之兵事，当玩弛偷惰之余，则必选将阅伍，更其号令旌旗，悬非格之赏以倡敢勇，然后士气可得而振也。今书院之设，固亦此类也欤？士之来集于此者，其必相与思之曰："既进我于学校矣，而复优我于是，何为乎？宁独以精吾之举业而已乎？便吾之进取而已乎？则学校之中，未尝不可以精吾之业。而进取之心，自吾所汲汲，非有待于人之从而趋之也。是必有进于是者矣。是固期我以古圣贤之学也。"古圣贤之学，明伦而已。尧、舜之相授受曰："人心惟危，道心惟微，惟精惟一，允执厥中。"斯明伦之学矣。道心也者，率性之谓也，人心则伪矣。不杂于人伪，率是道心而发之于用也，以言其情则为喜怒哀乐；以言其事则为中节之和，为三千三百经曲之礼；以言其伦则为父子之亲，君臣之义，夫妇之别，长幼之序，朋友之信；而三才之道尽此矣。舜使契为司徒以教天下者，教之以此也。是固天下古今圣愚之所同具，其或昧焉者，物欲蔽之。非其中之所有不备，而假求之于外者也。是固所谓不虑而知，其良知也；不学而能，其良能也。孩提之意，无不知爱其亲者也。孔子之圣，则曰所求乎子，以事父未能也。是明伦之学，孩提之童亦无不能，而及其至也，虽圣人有所不能尽也。人伦明于上，小民亲于下，家齐国治而天下平矣。是故明伦之外无学矣。外此而学者，谓之异端；非此而论者，谓之邪说；假此而行者，谓之伯术；饰此而言者，谓之文辞；背此而驰者，谓之功利之徒，乱世之政。虽今之举业，必自此而精之，而谓不愧于敷奏明试；虽今之仕进，必由此而施之，而后天悉于行义达道。斯固国家建学之初意，诸君缉书院以兴多士之盛心也，故为多士诵之。[1]

明朝杭州被视为传承王学的重镇，而万松书院、天真精舍、虎林书院则相继成为王学在杭城传播的大本营。王守仁曾为新建的万松书院撰写记文，更有意将天真山视为其晚年论学之地。天真山，即玉皇山。五代时，吴越钱王在天真山的半山腰处建坛祭天，辉煌

---

1 王守仁：《王阳明全集》卷七，上海古籍出版社，2013年，第252页。

第三章 "人只此人，不入圣便作狂"

211

一时。此处还建有一座登云观，供钱王祭天时沐浴更衣、休息养神之用。后来随着寺观功能的改变，登云观在宋大中祥符元年（1008）更名为天真寺。明嘉靖四年（1525），暮春时节，王阳明在几个弟子的陪同下来到天真寺。当时的寺庙一副破败景象，只剩下一两个僧人苦苦撑着。

天真寺背靠玉皇山，位于山南向阳之处，左右有山如抱，形似圈椅；前有钱塘江日夜奔涌不息，隔岸一马平川，视野极为开阔。王守仁对此情有独钟，多次前往。深谙道家之学的他更是觉得此地是修业授业的好地方，并有意将天真山视为其晚年论学之地。

王守仁过世后一年，即明嘉靖九年（1530），他的门人王臣、薛侃、钱德洪等为纪念先师在玉皇山南天龙寺东侧创立天真精舍，又称天真书院，兼有祭祀、集会讲学等功能，弘扬王守仁的学说。万历初年，张居正禁毁书院，天真精舍遭到毁坏。

张居正去世后，时任吏科给事中邹元标和兵科给事中王亮就分别上书万历皇帝，请求修复天真书院。在浙江和杭州地方官员的呼应下，万历皇帝最终同意恢复天真书院祭祀守仁先生的功能，并赐名勋贤祠，继续王守仁学说的传播。

万历三十七年（1609），信奉王学的浙江巡抚甘士价在武林书院旧址上改建虎林书院，又名武林书院，再次将王学传遍浙江，其影响延至清初。

朱彝尊

提及清朝词人，大多人脑海中必然浮现纳兰性德的名字，特别是在清朝宫廷剧的渲染之后。但"清词三大家"中，还有一位浙江秀水人朱彝尊。他是"浙西词派"的创始人,与"清词三大家"之一、阳羡词派领袖陈维崧(1625—1682)并称"朱陈",与清初诗人、文学家、诗词理论家王士禛(1634—1711)称南北两大诗宗(南朱北王)。

朱彝尊(1629—1709),字锡鬯,号竹垞,晚号小长芦钓鱼师,别号金风亭长。清朝词人、学者、藏书家。

朱彝尊出生在明思宗崇祯二年(1629)的嘉兴碧漪坊,6 岁时入私塾读书,《清史稿》中说他"生有异秉,书经目不遗",看来又是一位天才。但他生不逢时,赶上朝代更迭的年代。战乱再加自然灾害,朱家迅速衰弱,穷得揭不开锅。儒学教谕冯镇鼎看中了饱读诗书、满腹经纶的朱彝尊,让他与自家女儿冯福贞成亲。但朱家穷得拿不出聘礼,所以这次不是娶妻而是入赘,要知道在那个年代,入赘对男人而言是一件极为不光彩的事,但为了生存,17 岁的朱彝尊在父母之命、媒妁之言之下,点头应允。

入赘冯家的朱彝尊还有一个重要的任务,就是与妻子共同教导五个幼妹,他也因此遇到了一生所爱——妻妹冯寿嫦。

当时的妻妹冯寿嫦还未及笄,天真烂漫,还未懂男女之防,跟着姐夫读书识字,也时常黏在姐姐姐夫身边。不知道怎么的,这个小丫头的一举一动慢慢就成了朱彝尊眼中的风景,留着童发时,朱彝尊写下:"两翅蝉云梳未起,一十二三年纪。"她穿了百褶裙,他又写:"罗裙百子褶,翠似新荷叶。小立敛风才,移时吹又开。"20 岁那年,冯家举家搬迁,在途中朱彝尊看着这个亭亭玉立的少女,终于明白了自己的心意。但克己守礼的两人,发乎情止乎礼,终究没有作出任何逾矩之事。哪怕后来妻妹嫁人,孀居娘家。

但他心里终究是放不下:"思往事,渡江干。青蛾低映越山看。共眠一舸听秋雨,小簟轻衾各自寒。"短短 27 个字的一首《桂殿秋》,

虽不提一个"情"字，却写尽了深情与无奈。被晚清词学家况周颐看作是清词的压卷之作。

冯寿嫦 30 多岁便香消玉殒，但却活在了朱彝尊的生命里。朱彝尊那时已是在全国具有影响力的文坛大家，据说《桂殿秋》问世后，引发了文坛巨大的轰动。据说朱彝尊的友人曾劝说他删去此词，给自己留下一个好名声。但朱彝尊却拒绝，他说："太史欲删未忍，至绕几回旋，终夜不寐。"他不仅不收敛，还变本加厉地写了长篇诗作《风怀二百韵》，详细记载了他们之间的情爱过程。在晚年编撰文集时，有友人再度相劝删除时，他依旧坚持保留，说"吾宁不食两庑豚，不删风怀二百韵"，就是说，他宁愿死后不陪祀孔庙，也不肯隐藏自己的真心。这么看来，朱彝尊也着实是痴情之人，不过他后来也确实没有被列入《清史稿·儒林传》，不知确是此事否。

朱彝尊年少时曾走南闯北，云游四方。他游走当幕僚，但却一直没有参加科举，也无意功名，故以"布衣"（一般作为平民百姓的代名词）自居。康熙十八年（1679），已到知天命年纪的朱彝尊，早已名动天下。于是他被举荐参加了博学宏词考试，以布衣的身份授翰林院检讨。与严绳孙等四人以"布衣"入选，人称"四大布衣"。

虽然临近退休年纪才开始正式在体制内上班，但朱彝尊的适应能力很强。况且朱彝尊"生有异秉，书经目不遗"，诗、文、考据样样精通，所以受到爱才的康熙帝的高度重视和青睐。不仅被授讲起居注官，成为侍奉在皇帝左右的近臣，还被委以南书房当值，处理国家大事，此外还参与纂修《明史》，甚至御赐"研经博物"额。康熙皇帝不仅多次宴请他，赐他紫禁城内骑马，还经常赐肴果给朱彝尊的家人。这在大清一朝可以说是最高的荣耀了，哪怕是当朝阁老级的人物，也是难以得此恩宠的。

朱彝尊的众多身份里还有一个藏书家，他所收藏的孤本古籍数以万册，还有个著名的藏书楼名曰"曝书亭"。朱彝尊去世后，曝书亭历经兴废。现存曝书亭为嘉庆元年（1796）浙江学政阮元在旧址重建的，这是后话。

朱彝尊一生嗜书如命，有"拥书万卷不言贫"之说，所以他因嗜书而被罢官，似乎也不足为奇了。对因编撰而能够阅读到大量皇家内庭典籍的朱彝尊而言，仿若老鼠掉入了米缸。比喻略显粗糙，但细想也着实恰当。在心头好面前，他做事忘了分寸，私自带着学生入内抄录，结果此事被别人察觉举报，他遭到弹劾。所幸康熙帝爱才心切，法外开恩，只作了官降一级的处分。其实这事也就这么过去了，但朱彝尊却仿佛受到了重大挫折一般，哪怕不久之后就官复原职，但他依旧坚持辞官。就因为如此，所以也有人怀疑朱彝尊是故意为之，就是想脱离仕途。反正不管原因为何，朱彝尊确实辞官回乡，而后建曝书亭，沉浸在书的海洋里，笔耕不辍，直至终老。康熙南巡时，朱彝尊还呈上了所著的《经义考》，得到嘉奖，并得赐御书"研经博物"匾额，后来的乾隆帝还亲题诗于卷首，命在全国刊行。

朱彝尊曾被邀至敷文书院讲学，并亲撰"入则孝，出则悌，守先师之道以待后学；颂其诗，读其书，友天下之士尚论古人"联，现刻于大成殿廊柱之上。其学识渊博，工诗词古文，著述甚丰，有著作《经义考》《日下旧闻》《曝书亭集》等。又编有《词综》《明诗综》等。

田艺衡

田艺衡，生卒年不详，字子艺，明末清初浙江钱塘人。田汝成之子。以岁贡生为徽州训导，罢归。曾任应天府学教授。博学，工诗文。少年时即以诗赋著名。其文"神采中涵，奇辉外射"。为人"高旷磊落，不可羁絷"。著作颇丰，有《田子艺集》《煮泉小品》

《留青日札》《玉笑拾零》等。曾访问讲学于杭州各大书院。有《游万松书院侍宗师与杨秋官弈见湖亭修真率会晚别江津有作》诗。

张文炳

张文炳，生卒年不详，字虎别，又字阁如，直隶沧州人。顺治三年（1646）进士，官广东布政司参议。以刚直著称。间画墨竹，清劲拔俗，《清画家诗史》有记。张氏世代诗家，祖孙数代享有诗名。其中张文炳、张九钧、张九镒、张九钺、张九键等张氏祖孙先后在岳麓书院或读书或任职，被传为佳话。《国朝先正事略》等书中有传。曾访问讲学于万松书院，书院西侧石林中有其摩崖题记"卓尔"等。

万年茂

万年茂（1707—1796），字少怀，号南泉，湖北黄冈人。年少时便显出惊人才学，14岁时所作的文章便能让老师惊艳。

清乾隆元年（1736）中进士。次年，归省主持问津书院春季祭孔祀典。后授翰林院编修，乾隆六年（1741），万年茂奉命典试山东，分校礼闱，所选拔的都是名士，比如乾隆时期的名臣梁国治、刘墉都是他选拔出来的。但他淡泊名利，遇强权敢斗争。乾隆十一年（1746）因弹劾于振、陈邦彦等人，针砭时弊，言辞犀利，引起乾隆帝的不满，因此遭到罢免。官至御史。

回到老家后，万年茂闭门谢客，乐志养亲。但是他才名在外，很多郡省大吏都仰慕他的贤能，争相聘请他主讲书院。先后在问津、麟山、涑水、鹭州、豫章、河东、江汉等地的书院任职，所到之处，教学成绩卓著。

乾隆三十八年（1773），万年茂被聘为岳麓书院山长，为岳麓书院著名山长之一。乾隆五十七年（1792），万年茂重赴鹿鸣宴。他的门生，时任吏部尚书、大学士、书法家的刘墉亲赠"槐里余荫"匾额，以示敬重。万年茂90岁寿辰之时，内阁学士、兵部右侍郎李潢送"寿万老年伯南泉公九旬上寿联"。联曰：

父执惟两翁，廿八科前亲懿范；
寿筵开九秩，三千里外祝遐龄。

万年茂一生大部分时间从事教育事业，学徒甚众，被学者尊信为书院"山斗"。著有《周易图说》六卷、《侍御集》等。万年茂于乾隆五年（1740）至敷文书院讲学，其精辟的演讲深受书院师生的欢迎，后诸生立碑勒石以记。

金志章

金志章，生卒年不详。初名士奇，字绘卣，号江声，浙江钱塘人。雍正元年（1723）举人，由内阁中书迁侍读，出为直隶口北道。续修《两镇三关志》。

金志章性格豪放，不善官场。辞官归田后，以游历、著述为业。喜好游历山水，爬登山路，终日不厌，被人称为"烟霞水石间客"。曾经从龚翔麟一路到粤西，归来后，写成《始游集》四卷。

金志章潜心诗文，与厉鹗、杭世骏等齐名于世。乾隆初年，受敷文书院山长鲁曾煜的邀请，时常在书院讲学。书院新建玉壶、留月两台，也曾撰诗志喜。

第三章 "人只此人，不入圣便作狂"

金志章辞官归隐后所纂辑《吴山志》20卷、《吴山伍公庙志》6卷等皆毁于火。著有《江声草堂诗集》8卷。入《清史列传》。

胡敬

胡敬（1769—1845），字以庄，号书农，浙江仁和人，清朝著名教育家。嘉庆十年（1805）进士，官至翰林院侍讲学士。曾主讲西湖崇文书院20余年，与敷文书院山长张鉴相交甚契，为敷文书院撰"闭户自精，云无心以出岫；登高能赋，文异水而涌泉"联，亦曾讲学于敷文书院。

胡敬诗文兼美，有《崇雅堂诗文集》等。且录其《雨过塘栖》一首：

人家临水启柴扉，生计年年付钓矶。
野艇过桥波影乱，长廊遮路屐声稀。
云阴不散禁寒定，雅阵难高带湿飞。
徒倚风前意无限，篷窗闲对雨霏微。

孙星衍

孙星衍（1753—1818），字伯渊，一字渊如，号季述。江苏阳湖人，后迁居金陵。是清朝著名藏书家、目录学家、书法家、经学家。

孙星衍年少时便有才名，与杨芳灿、洪亮吉、黄景仁以文学见长，袁枚称他为"天下奇才"。乾隆五十二年（1787）进士，殿试榜眼，授翰林院编修，历任翰林院编修、刑部主事、山东督粮道等，官至山东布政使，为官时清廉有政声。嘉庆十六年（1811）时，称病乞归。

嘉庆二十一年（1816），主持南京钟山书院。先后主讲泰州安定书院、绍兴书院等，乐育英才。后受阮元之邀，曾主讲于杭州诂经精舍，也曾在敷文书院访问讲学。

孙星衍以学问渊博著称。嗜书如命，喜好藏书。如果听到别人藏有善、秘本，借抄无虚日。若是金石文字的拓本，古鼎彝书画，没有不考证其原委的。著有《尚书今古文注疏》《周易集解》《寰宇访碑录》《孙渊如诗文集》等数十种。

厉鹗

厉鹗（1692—1752），字太鸿，又字雄飞，号樊榭、南湖花隐等，浙江钱塘人，清朝著名诗人、学者，浙西词派的中坚人物，江西词派说的首倡者。

康熙五十九年（1720），被梁启超誉为"陆王派之最后一人"的李绂在浙江主持乡试时，看到厉鹗的试卷，大为欣赏。厉鹗中举后进京，但未能如愿考中进士。乾隆元年（1736），经浙江巡抚程元章举荐，参加博学鸿词。但考试过程中，误将论置于诗前，以不合程式再次名落孙山。此后，终身未仕。

厉鹗在词方面具有极高的造诣，以"清"与"雅"作为词好坏的标准。他推崇姜夔、张炎等人为首的宋词南宗，贬低辛弃疾等人的北宗。他与查为仁合辑的《绝妙好词笺》成为继朱彝尊《词综》之后推崇南宋词方面最有影响的著作。

厉鹗也长于写诗，特别是五言诗。《清代学者象传》中称其：
"为诗精深峭洁，截断众流，于新城（王士祯）、秀水（朱彝尊）
外自树一帜。"博闻强记，读书搜奇嗜博，尤熟谙宋、辽史事。著
有《宋诗纪事》《南宋院画录》《辽史拾遗》《樊榭山房集》《东
城杂记》《南宋杂事诗》等。

乾隆八年（1743），厉鹗受山长鲁曾煜的邀请来敷文书院访
问讲学。

戴熙

戴熙（1801—1860），字醇士，号鹿床、榆庵、松屏、井东
居士等，浙江钱塘人，清朝画家。道光十二年（1832）进士，次年
授编修。十八年（1838）出任广东学政，后升翰林院侍讲。二十八
年（1848）授兵部右侍郎，次年乞求归里，主讲杭州崇文书院。

戴熙工诗、书、画，为世推重，与汤贻汾齐名，并称"汤戴"。
尤其擅于画山水、花卉及竹石小品，学王、恽笔墨，兼师宋元诸家，
能治印。著有《习苦斋诗文集》《习苦斋画絮》等书，画作有《云
岚烟翠图》《忆松图》等。亦曾讲学于敷文书院。

孙衣言

孙衣言（1814—1894），字琴西，号逊斋，浙江瑞安人。道
光三十年（1850）授编修，参与《宣宗实录》编纂。后任知府、
按察使、布政使等职。光绪五年（1879）诏为太仆寺卿，因病未赴
任。清朝著名的教育家，曾主讲于杭州紫阳书院，亦曾讲学于敷文

书院。

孙衣言治学严谨，出入经史，务求曲尽事理。学术承永嘉学派，治经世之学，着重知古，是重振永嘉经世之学之巨子。于诗尤工，诗传至海外，著有《逊学斋诗钞》《逊学斋文钞》。平生重视乡邦文献，归田后，搜采乡邦逸事史志，编成《瓯海轶闻》。

第四章
没有规矩不成方圆

从白鹿洞书院学规说起
敷文书院的章程
教学内容、方法及课程设置
敷文书院的礼仪

从白鹿洞书院学规说起

洞主，亦称"主洞"，即书院主持人。以此为名者并不多见，或起于白鹿洞书院。

唐贞元元年（785），洛阳人李渤、李涉兄弟隐居在庐山五老峰南麓后屏山下，此地四山环合，俯视似洞，由此得名"白鹿洞"。

李渤（生年不详—831），字澹之，洛阳人。他在白鹿洞养了一只白鹿，并时常随白鹿外出走访与游览，人称白鹿先生。唐穆宗即位，召李渤为考功员外郎。唐长庆元年（821），调任江州刺史。唐宝历元年（825），李渤旧地重游，在隐居的旧址上广植花木，修建楼台、宅舍、书院。白鹿洞书院还存有纪念李渤先贤祠和后人石雕的白鹿。

在宋代陈舜俞的《庐山记》卷二《叙山南》中记载："南唐升元中，因（白鹿）洞建学馆，置田以给诸生，学者大集。以国子监九经李善道为洞主，以主教授。"南唐升元四年（940），李善道、朱弼等人在白鹿书院置田聚徒讲学，称为"庐山国学"，亦称白鹿国库、白鹿国学、匡山国子监，与金陵国子监齐名。

宋初扩为书院，与湖南的岳麓书院、河南的嵩阳书院和应天书院并称为"四大书院"。

所谓国有国法，家有家规，书院自然也有院规。院规是书院的精神纲领，也是书院制度化的重要标识。作为古代社会培养人才的主要阵地之一，书院有自己的规章制度，即学规，也称作规程、学程、馆例、馆规、戒条、禁约、课规等等，名目繁多。

最早有资料可证的书院学规出现在北宋初年。北宋咸平二年（999），潭州知州李允则在岳麓书院"中开讲堂，揭以书楼"，祭祀先师十哲七十二贤，"请辟水田"，"奏颁文疏"，被看作是书院规制基本形成的标志。

到了南宋，理学与书院联系日益密切，越来越多的书院开始制定学规，以指导院生的学习和学术活动的开展。南宋淳熙六年（1179）三月，理学家、教育家朱熹受命知南康军，到白鹿洞书院察看遗址，在呈报礼部的《申修白鹿洞书院状》和给丞相的报告中申述兴复书院的理由，并未得到朝廷当权者的支持。但他并没有放弃，终于得到孝宗皇帝的批准，重兴白鹿洞书院。不过直到淳熙七年（1180）三月，白鹿洞书院才初步修复。

朱熹在重建白鹿洞书院并在其中讲学时制定了对后来的书院规章制度有着重要意义的《白鹿洞书院揭示》（亦称《白鹿洞书院学规》《白鹿洞书院教条》）。学规原文如下：

父子有亲，君臣有义，夫妇有别，长幼有序，朋友有信。

右五教之目。尧舜使契为司徒，敬敷五教，即此是也。学者学此而已，而其所以学之之序，亦有五焉，具别如左：

博学之，审问之，谨思之，明辨之，笃行之。

右为学之序。学、问、思、辨四者，所以穷理也。

若夫笃行之事，则自修身以至于处事、接物，亦各有要，具别如左：

言忠信，行笃敬，惩忿窒欲，迁善改过。

右修身之要。

正其义不谋其利，明其道不计其功。

右处事之要。

己所不欲，勿施于人。行有不得，反求诸己。

右接物之要。

《白鹿洞书院揭示》中所强调的父子间要有骨肉之亲，君臣间要有礼义之道，夫妻间要有内外之别，老少间要有长幼之序，朋友间要有诚信之德，这便是"五教"的纲目。是中国书院发展史上一个纲领性学规。

《白鹿洞书院揭示》确立了书院教育的基本方针，并从为学、修身、处事、接物等方面对学生作出规范准则。朱熹是唯一非孔子亲传弟子而享祀孔庙，位列大成殿十二哲者。这则简短的揭示汇聚了儒家经典语录，便于学者记诵运用，而不是一个只刻在墙上的死规矩。他将这些儒家思想汇集起来，用学规的形式固定下来，形成较为完整的书院教育理论体系，成为后世学规的范本和办学准则，使书院教育逐步走上制度化的发展轨道，其贡献不可低估。不仅对于当时及以后的书院教育，而且对于官学教育都产生过重大影响。所以自它问世以来，就一直作为封建社会教育的共同准则。

首先，它提出了教育的根本任务，是让学生明确封建纲常的"义理"，并把它用之于身心修养，以达到人人自觉维护封建统治的最终目的。其次，它要求学生按学、问、思、辨的"为学之序"去"穷理""笃行"。最后，它指明了修身、处事、接物之要，并将其作为实际生活与思想教育的准绳。它不仅说明了教与学的目的，而且指出了教学的内容和方向、学习修养的途径和方法，是一个完整的封建社会的教育理论体系。

朱熹在制定学规文本之后，还特地作了一番解释："熹窃观古昔圣贤所以教人为学之意，莫非使之讲明义理，以修其身，然后推以及人，非徒欲其务记览、为词章，以钓声名、取利禄而已也。今之为学者，则既反是矣。然圣贤所以教人之法，具存于经。有志之士，固当熟读深思而问辨之。苟知其理之当然，而责其身以必然，则夫规矩禁防之具，岂待他人设之而后有所持循哉。近世于学有规，其

226

待学者为已浅矣，而其为法，又未必古人之意也。故今不复以施于此堂，而特取凡圣贤所以教人为学之大端，条列如右，而揭之楣间。诸君其相与讲明遵守，而责之于身焉，则夫思虑云为之际，其所以戒谨而恐惧者，必有严于彼者矣。其有不然，而或出于此言之所弃，则彼所谓规者，必将取之，固不得而略也。诸君其亦念之哉。"

从朱熹的解释中，我们可以看出，他讲学或者教人为学的目的并不是要人们学到杂乱的知识，写出华丽的文章，借此行沽名钓誉、谋取功名利禄之举，而是希望人们可以按照儒家经典读书明理，修己治人。连推崇"心学"的明代大教育家王阳明也在《阳明全书·紫阳书院集序》中承认"夫为学之方，白鹿之规尽矣"。

《宋元学案·卷六十九·沧州诸儒学案·文简刘云庄先生爚》中记载，朱熹的得意门生刘爚，在任国子司业时，上奏朝廷"请刊行所注学庸语孟以备劝讲及白鹿洞规示太学"。理宗赵昀准其所请，将《白鹿洞书院揭示》颁行天下的学校与书院，将一校之规变为全国性的学校和书院的"教规"。既得到了官方的认可，又在书院间广为流传，这种劝谕式学规成了极具代表意义的传统学规之一，书院制定学规成为潮流，连在300多年后建立的万松书院也不例外。随着中国书院制度的推广以及文化交流，它还被传至朝鲜、日本等国，不仅当年奉为学规、校训，至今仍有高揭吟诵以警学子，其影响既深且远。

当然，学规也并不是完全一成不变地被照搬照抄，每个书院的学规都会因时因地因院而各有偏重，所以说学规的内容并不是完全一致的，但大致都包含了三个层面：一是阐明办学宗旨，为诸生立志，立志高远，养成正确的人生理想；二是讲学传道，阐明义理，规范进德立品、德性伦常、修身养性的程序与方法；三是指示读书、治学的门径和方法，多为山长经验的总结。万松书院自明弘治十一年（1498）创办起，近500年的办学史上，一直沿用《白鹿洞书院揭示》作为学规，并在它的基础上设定更为具体的要求。

《白鹿洞书院揭示》为万松书院"务求真实"的严谨教学风格提供了理论上的保证。万松书院在办学时，虽由地方官员创办，但在教学和管理上还是有着很大的自主权。内部的组织机构相对简单，只招收童生、监生、举人三类生徒，聘用博学大儒为山长、品学兼优的贤士为教授。既重视教学内容，更重视修身教育，因而在《白鹿洞书院揭示》的基础上订立了较为完备的学规和章程。讲学内容为儒家"四书"等经史著述，传授为人之道、为学之方，教人为学和个人钻研为主，不只是为了获得广博的学识，写一手华丽的文章，更主要是为了学习做人的道理，修身养性，修己以达人。书院不鼓励生徒参加科举考试，但也不反对，这与官学只为应付科举的教学方式截然不同。

敷文书院的章程

书院教育作为一种独特的学校制度，在宋朝就形成了讲学、藏书、祭祀和学田四大基本规制。

四大规制中，讲学、藏书、祭祀三者，作为书院的"三大事业"，历来受到重视，也最能反映其作为文化教育组织的特点特色。此外，学田是保证解决"三大事业"经费问题的前提，是书院赖以生存与发展的经济基础。书院的基本规制外化为建筑，大致对应为讲堂斋舍、书楼书库、祠堂庙宇、仓廪厨房等四个功能不同的区域，形成极具人文特色的书院建筑群。

章程一般不同于学规，要有远大追求。章程比较强调可操作性，其内容细密多样，意在从各个侧面去维系书院的正常运作。比如山长的择聘、待遇、责任，生徒的甄别、录取、分机、考课，以及考课的日期、内容、奖罚；教材的选择，教学组织，课时安排；讲会的组织、程序、仪式、日期以及会讲的内容；筹措经费、管理和开支；图书征集、整理、编目、借阅；员工的配备、责任、工食；书版的校刊、刷印；等等。皆是具体而硬性的规定，意在维系书院的正常运作。所谓内行看门道，书院章程是书院制度具体而生动的反映，体现其管理水平的高低。

章程具有时代性和地域性，因此书院的章程都各具特色。

现存最早的书院章程当数南宋状元徐元杰的《延平郡学及书院诸学榜》，里面的"日习例程"规定每天早上、早饭后、午后、晚上读书、聚会讲贯，以及每月上、中、下旬三次考课的内容，有点类似我们今天的学校课程表。

敷文书院的章程周全且完备，内容丰富。其中，清道光十六年（1836）的《增设孝廉月课章程》是敷文书院有别于其他书院的、最具特色的章程。其中《计开条议章程》具体内容摘录如下：

计开条议章程

一、经费现发商生息，每年息银三百六十两。又敷文书院额收经费，除支放外，每年约剩银五百余两，拟拨银四百八十两，共足银八百四十两，每年计以此数支销。

二、甄别定于正月举行，由监院禀请宪台悬牌示期，于杭州府属之在籍举人报名投考。请录取内课十八名，外课十八名，附课二十名。送敷文书院课试。俟将来经费充裕，再请于外府属广为收考。

三、课期定于每月初八日，每年二月起十一月止，共十课，以二、三、四、六、七、八、十、十一月，禀请宪台暨藩、臬、运粮杭道轮课；五、九两月请山长课试，俟经费充裕，再请增添望课。

四、官师课期诸孝廉衣冠于卯刻齐集敷文书院，听候扃门考试。每课一四书文、一试帖或一论或一疏，辰刻散卷，申刻交卷，不准给烛。其不能作论、作疏者，准以一文一诗完卷。

五、试卷内用奏本纸，红格刷印，直行，纸页计足一文一诗一论之数，卷面朱印"敷文书院孝廉月课"字样，监院印用钤记，以杜更换，即委令敷文书院监院办理。委员先期各衙门酌委。

六、院长两课，共致送束脩银四十两，每课供膳银一两五钱。

七、每课午后饭食，与考举人五十六名，共十桌，每桌六钱，共六两。委员、监院一桌一两。柴米银二两，点食银二两，卷费银二两。

八、每课监院轿役等用银二两六钱，书院办造册纸张、饭食银一两，茶水、煤炭银五钱，书院各役饭食银六钱。

九、遇会试之年，甄别改于七月举行。其二、三、四、五、六五个月经费，共计银四百两。于前一年十二月内查明，在院肄业举人已经由宪台衙门起文会试者，共若干人，按名匀给，作为路费，以示优恤。

　　十、丁忧在籍举人,及曾遇挑选捐职就教未补实缺者,皆准赴考。

　　十一、甄别照额取五十六名,其未经录取者,不准具呈请考。

　　十二、每遇课期,监院先五日于各衙门具禀请考。

　　十三、甄别之日,人数未定,应令各举人自带供给。即用书院卷为试卷,该举人先期赴监院处填明三代、年貌、中式科分、名次,由监院造册,申送职道衙门查核转送。

　　道光十六年十二月二十一日奉巡抚部院乌(浙江巡抚乌尔恭)批:据详条议章程,均属妥协。仰即移行遵照,并行杭州府转饬所属,传知各孝廉赴县报明科分、年貌,领文来院投考,以杜假冒顶替。该县给文报院毋违,缴册存。

　　章程对开课的一应事宜做了详细而明确的规定,无论是生源、教师待遇,还是考试时间等,简直事无巨细。参照这份章程绝对有利于接下来工作的开展。

　　开设孝廉月课经费来源:这一时期的敷文书院是比较富裕的,所以它将每年学田收租,拨款等结余下来的钱再贷款给盐商,钱生钱,每年可得利息银360两。除去开支,敷文书院出一点与政府拨银合在一起,每年提供840两用以孝廉月课的所有开支。

　　招生日期与录取方式:每年正月(遇会试改在七月)在书院内设考场,举行招收孝廉生的考试。经费有限,所以先招收杭州籍的举人,等经费充裕后再扩招。共录取56名,其中内课18名、外课18名、附课20名。

　　考试日期:孝廉生每年必须参加10次考试,考试日期定在二月至十一月的每个月初八。其中,除五月、九月两月由山长主持考试外,其余的考试由官府各衙门的官员轮流主持。对于考试成绩优秀者还设有不同程度的奖励。这一点对很多家境贫寒的学子来说是极为重要的。

考试内容：每位考生必须在规定时间内完成一篇四书文，再任选一篇论文、试帖或疏。当然，要是不会作论作疏的，可以选择以一文一诗代替。这一点也比较人性化，考试形式不重要，最主要还是考才学。

防止作弊：作弊真的是自古有之，敷文书院为了防止考生作弊也是想尽了办法。例如严格规定试卷纸张的规格、大小，又为防考生夹带更换，还在卷面上朱印"敷文书院孝廉月课"字样，并加盖监院印章。书院还设有专门的监考委员，人员一般由书院监院和官府委派的衙门官员担任，真是想作弊都难。

书院规定多，待遇自然不差。通常学生考试有奖金，那么师长们也不能亏待。一方面，山长享有很高的待遇，每年两次的孝廉月课就可获束脩银 40 两及供膳银等；另一方面，其他教师的收入也较高，足以养家甚至还有结余。

敷文书院在各项事宜的安排上一直是比较严谨与详尽的，从这一点上看，它能成为浙江众书院之首也不无道理。此份章程除了上述规定外，连每课午后饭食的标准以及各项杂费都有着严格的规定：将参加考试的 56 名举人分成十桌，每桌餐费六钱，共六两。考试委员会成员和书院监院一桌，餐费标准是一两。另外还有柴米银二两，点食银二两，卷费银二两。

由上可知，此章程周全详尽，具有很强的操作性，完全是一份工作手册，哪怕中途换人接手，也能确保书院的各项工作有据可依，稳定开展。

教学内容、方法及课程设置

书院自诞生那天开始，便向社会下层和民间士子开放。孔子提倡"有教无类"，所以书院招生不设门槛，入学无户籍限制，没有阶级之分，只要有志于学业的均可入学。

虽然招生不设门槛，但基本的入学要求还是有的，特别是名气较大的书院。书院的招生指标由各书院依据自身的实力决定，人数从几十到上百不等。除了招取测试成绩优异的"正课生"，还会录取稍弱一些的"附课生"（也写作"副课生"）。

一般来说，这些学生在书院读书，不仅不要学费，而且"食宿费全包"。入学后，会根据每月考试成绩的好坏给予升降，各等级学生所享受的经济待遇则高低不同。为了让学生更加积极上进，甚至还设有各种奖励，包括精神奖励或者"奖赏钱""花红钱"等等。

书院办学的宗旨大多是培养"修身、齐家、治国、平天下"的栋梁之材，所以对学生的要求极严。所以大到祭祀、学规，小到日常作息都有严格规定。比如不分冬夏，每天早上击鼓三次，五时头鼓，五时半二鼓，六时三鼓后上课。

"日省月试"是敷文书院主要的教学形式。所谓"日省"，即"日三省乎己"，对应的是讲文，讲文源自于佛教的"升堂讲说"，类似于现在的上课。分为"日讲""间日讲"和"朔望（每月的初一、十五）讲"。

建立之初的敷文书院教学采取自学、共同讲习和教师指导相结

◎ 书院内孔子浮雕

合的形式进行，以自学为主。它的特点就是为了教育、培养人的学问和德性，而不是为了应试获取功名。教学形式遵循"讲于堂、习于斋"的原则，即通常是老师们在明堂讲学论道，根据章节内容提纲挈领，重点讲解，阐述微言要旨，而生徒则在斋舍如居仁斋和由义斋中住宿和自习。

早年的书院课程设置较为简约，教学内容以儒家经典著作为主，教学方法以个人钻研为主，强调"学""问""思""辨"，提倡精读和博学相结合。生徒可以自由选课，可以充分发挥自己的特长和兴趣。书院早年尊崇"王学"，反对以追求功名利禄为目的的学习，追求"探性理之要，询治道之源"的探索精神，提倡教学与研究相结合的求真务实的学风。

不过到清朝，书院已经不能独立于科举制度之外，所以生徒的学习目的也有了转变，更多是参加科举考试，步入仕途。因此绝大多数书院的教学目标、教学内容和课程设置都围绕科举制度进行，书院几乎成为科举育才机构。但正如邓洪波所言："书院教学并不是为科举而科举，而是在坚守自身特色的基础上去适应科举制度。"[1]

有目的，自然需要考查手段。所以敷文书院也有"月试"，就是指除日常讲文外的每月两次考试。一次为官课，由抚、藩、臬、运四署的长官轮流出题、阅卷、评定等级，优秀者发给奖赏。另一次为院课，一般由书院山长出题、阅卷、评定等级，优秀者由书院发给奖银。除此之外，还有"会课"。就是书院师生们定期集会，研习经典，传阅所作的课艺，相当于一场交流学习会。清朝书院学生沈廷芳，在他的《隐拙斋集》中就收录了一首记录雪中会课场景的诗：

---

1 邓洪波:《中国书院史（增订版）》，武汉大学出版社，2012年，第538页。

第四章　没有规矩不成方圆

235

翩翩裙屐集敷文，白战松冈冀冠军。

玉尺持衡同皎洁，琼葩布濩共氤氲。

铁毫欲下迟霜管，冷砚频呵起冻纹。

休向梁园夸作赋，信钦词翰久空群。

　　除了书院本身的老师承担日常讲课之外，敷文书院在几百年的办学过程中一直秉承讲会制度，经常邀请一些当时的学术领袖来传道。比如对书院起过至关重要作用的王守仁、"山斗"万年茂、词学大家朱彝尊等等。

　　这么多的访问学者里还有一位大名鼎鼎的王爷——清朝的和硕郑亲王德沛，也就是济斋夫子。

　　爱新觉罗·德沛（1688—1752），清朝宗室，字济斋，追封和硕简靖定亲王费扬武曾孙，贝子福存子，母嫡福晋富察氏。雍正十三年（1735），授镇国将军，以果亲王允礼荐，授兵部侍郎。济斋夫子出身显贵，是清代铁帽子王之一，始祖为显祖宣皇帝第三子舒尔哈齐之第六子济尔哈朗。但他志在读书，学问极佳，为此甚至将自己的爵位也让给了本家哥哥去继承，人称"儒王"。他为官清廉有政绩，乾隆帝曾谕曰："德沛屡任封疆，操守廉洁，一介不取，逋负日积，致蠲旧产。赐福建藩库银一万，以风有位。"德沛每到一处任职，便"务立书院，聚徒讲学"，"不名一钱"，被人称之为"济斋夫子"。乾隆皇帝感念他高尚的品德，钦命其袭封王爵。

　　清乾隆五年（1740）冬，农历十月，"济斋夫子"到敷文书院讲学。以"洗涤俗物，欲自求本心，不以小体害大体，不以人爵加天爵，直举孟子之学问，贯穿六经"为主要的讲课内容，其博学与独特的见解令师生们受益匪浅，钦佩不已。他临走时还留下不少钱财来改善书院师生的生活，所以书院师生在他走后，特别在书院内立了《济斋夫子讲学碑记》之碑以表敬意，其讲学处也特别题刻，指明"宗室济斋夫子讲学处"。

敷文书院的礼仪

在敷文书院读书，除了要参加每年春秋的两次大祭，每月两次的"朔望之仪"的小祭之外，还须在每天的衣食住行之上严格遵守各项礼仪。似乎除了晚上做梦不管之外，只要你在院内一日，这些礼仪就与你如影随形。可以说每日的生活由礼开始，由礼结束。不由得感叹古人上学不易，但也明白了为何我们被称为礼仪之邦。

要想在敷文书院上课，可不是到教室里坐下，等老师来，班长喊"起立"，然后师生互相问候，老师说"来，打开书本，我们今天来讲"这么简单的。敷文书院的讲课称之为讲文，有专门的"讲文礼"，有着严格的规制。

每次上课前，一般先由山长、教授带领学生到大成殿向孔子神位四拜。然后大家有序回到讲堂，学生站立等待引赞（担任引礼、赞礼的人）高喊"登讲席"。然后山长和教授同时登上讲台。

接下来跟我们现在上课类似但更复杂。在引赞喊"三肃揖"之后，学生行礼。行礼后，向山长、教授进茶。进茶之后，引赞又喊"鸣讲鼓"，击鼓三通。

山长、教授各讲儒家经典一章，讲完之后会重申规约，学生们肃静听讲。讲文时，掌录在讲台旁设一几、一凳及纸、墨若干，负责记录，并加以保存。等到山长和教授讲完课了，又要再奉茶，诸生谢教。引赞高喊"三肃揖"后，方才退教。而且必然是老师们走后，学生才会行动。想来这样的课堂纪律也没有人敢在下面说悄悄话或者做小动作。偷吃个零食传个纸条啥的，估计就被清退出书院了。

除了上课这种正式场合要严守礼仪之外，下课时间也并非可以放飞的。

每日早晚问候师长的谨晨昏之令自然是不可少的，当然也不是每天早晚问个好打声招呼，说一句"老师好""学长好"这么简单，而是"常日，击板如前。再击，诸生升堂序立，俟师长出户，立定皆揖。次分两序，相揖而退。至夜，将寝，击板会揖如朝礼。会讲、会食、会茶亦击板如前。朝揖、会讲以深衣或凉衫，余以道服褙子"。何时何地，怎么站，穿什么衣服都作了规定，真是事无巨细。还好这早晚的问候礼只用作揖不用跪拜了，要不然这膝盖可真是非瘀青不可。

晨昏定省之外，敷文书院还在言行举止上有所规定，比如：

居处必恭。居有常处，序坐以齿。凡坐，必直身正体，勿箕踞、倾倚、交胫、摇足。寝，必后长者，既寝勿言，当昼勿寝。

步立必正。行必徐，立必拱，必后长者。毋背所尊，毋践阈，毋跛倚。

视听必端。毋淫视，毋倾听。

言语必谨。致详审，重然诺。肃声气，毋轻、毋诞，毋戏谑喧哗。毋论及乡里人物长短及市井鄙俚无益之谈。

穿着打扮上：

容貌必庄。必端严凝重，毋轻易放肆。毋粗豪狠傲，毋轻有喜怒。

衣冠必整。毋为诡异、华靡。毋致垢敝简率。虽燕处，不得裸、袒、露顶。虽盛暑，不得辄去鞋袜。

饮食上：

饮食必节。毋求饱，毋贪味。食必以时，毋耻恶食。非节、假及尊命，不得饮酒。饮，不过三爵，勿至醉。

甚至在出行上也作了详细规定，这可不是打个申请报告，写个假条这么简单：

出入必省。非尊长呼唤、师长使令及已有急干，不得辄出学门。出，必告；返，必面。出，不易方；入，不逾期。

作为学生，在学习方面的规定自然是不能少的，除了读书认真，写字端正之外，还要保持书桌和教室的整洁，这点倒跟如今的学校每天有值日生打扫卫生类似。

读书必专一。必正心肃容。记遍数。遍数已足而未成诵，必须成诵。遍数未足，虽已成诵，必满遍数。一书已熟，方读一书。毋务泛观，毋务强记。非圣贤之书勿读，无益之文勿观。

写字必楷敬。勿草，勿欹。

几案必整齐。位置有伦，简帙不乱。书箧、衣笥必谨扃钥。

堂室必洁净。逐日值日，再击板如前。以水洒堂上，良久，以帚扫去尘埃，以巾擦拭几案。其余悉令斋仆扫拭之。别有污秽，悉令扫除，不拘早晚。

修业有余功，游艺以适性。弹琴、习射、投壶，各有仪矩，非时勿弄。博、弈鄙事，不宜亲学。

待人接物方面：

相呼必以齿。年长倍者以丈，十年长者以兄，年相若以字，勿以尔汝。书问称谓亦如之。

接见必有定。凡客请见师长，坐定，值日击板，诸生如其服升堂、序揖、立侍。师长命之退，则退。若客于诸生中，有自欲相见者，则见师长毕，就其位见之。非其类者，勿与亲狎。

使人庄以恕，而必专所听。择谨愿勤力者，庄以临之，恕以待之。有小过者，诃之。甚，则白于师长惩之。不悛，众禀师长遣之。不许直行己意。

敷文书院入学难，入了学的生活也不易。通过各种大大小小的礼仪，培养出举手投足间都是文质彬彬的谦谦君子，也是敷文书院教学的一个目标。通过生活中的小事，一点一滴地影响学子们的心性，让他们无论是做人，还是做学问，都成为全国学子中的佼佼者。

第五章
敷文书院的课艺

读书只是为科举——『深美闳约之文』

敷文书院的考课

师生的乡试和会试考卷赏析

读书只是为科举——"深美闳约之文"

中国古代科举取士以文章优劣为评选标准，所以书院教学的一项主要任务就是训练生徒的文章应试水平。清朝书院重视考课，日常考课名目繁多，是教学体系中的重要组成部分。考课的试卷称之为课艺，通俗来讲就相当于我们现在的作文。书院常把这些课艺中的佳作汇集起来刻印出版，为的是让书院诸生写作时有可以学习的范文。有时书院山长和教师也会自己亲自写一些本是让学生练习的文章，名为"自课文"，相当于今天教师的"下水"作文，目的也是让学生有可以借鉴甚至模仿的对象。

清朝以来，书院教学日益以八股文为核心，如何提高八股文的写作能力与技巧就是体现生徒科举考试竞争力的关键，所以彼时的课艺有"习作八股文的范本"之意。在《文明小史》第二十四回里就有"左翻右翻，把两个题目找出，原来是格致书院课艺里的现成文章，倒有五六篇"这样的描写，说明彼时的课艺就是专为科举应试而作。

各大书院皆将频繁的考课作为训练学生的一种重要手段。按时间分，有月课、季课。按出题对象分，有官课、师课。按照内容分，有诗课、经古课、举业课等。官课有县课、州课、府课、学院课、轮课。师课有堂课、斋课、院课、山长课等说法。

官课一般由当地的地方官吏主持，如总督、巡抚、学政或布政使、按察使、转运使、道台轮流主持省城书院的考课，道台、知府、知州、知县或教谕、训导轮流主持府、州、县的书院考课。这种轮流主持出题的官课称为"轮课"，一般每月一次。师课则是由书院的山长主持。可见书院生徒的日常考课具有多层级、不同主题内容的特点。通过严格的命题作文训练，生徒在经学、文学方面的能力和文体、书法的表达水平均会得到不同程度的提高，能为日后参加科举考试奠定应对基础。

不过，虽然各地书院课艺之作众多，但以实物和出版形式传世者，数量十分有限，与有清一代 5000 多所书院众多生徒历年创作的实际产量相比，实在是沧海一粟。据学者统计，课艺总集现存仅约 200 种，故留存至今的课艺已成为有价值的历史文献，受到学术界的重视。目前传世的清朝课艺有三种形态，即实物原件、编入别集中的课艺和以书院名义汇编的总集。前两类数量稀少，存世不多，而书院汇刊的课艺成为主要的文本。

◎ "孔孟真源"匾

　　课艺一般由山长选定，监院校对，报地方官府同意后付印。文章数量多寡不定，但所有选入的文章都力求清真雅正，希望生徒通过"述圣贤之言立求体行"，在道德、文章上都具备造诣，同时这样也可给后学者树立榜样。

　　清末，杭州敷文、崇文、紫阳三大书院的师长皆循循善诱、因材施教，因此江浙一带人才辈出。以传世的同治、光绪年间编制印刷的敷文书院课艺为例，即足以显现当时书院对于编印课艺的重视。

　　现存敷文书院课艺有两种，分别刊刻于清同治和光绪年间。同治所刊课艺由山长沈祖懋选定，监院高鹏年等编次，共选课艺 78 题，160 篇，其中入选最多者为潘鸿，有 15 篇之多。浙江巡抚杨昌濬特为其写序。杨昌濬（1826—1897），字石泉。以附生从戎，历官衢州知府，浙江粮储道、盐运使、按察使、布政使、巡抚，甘肃布政使，闽浙、陕甘总督。著有《平浙纪略》《平定关陇纪略》。

◎ 《敷文书院课艺》

《清诗纪事》录其诗二首。他主政浙江期间，对书院教育一直较为重视，其序部分内容如下：

敷文书院创自前明，于会城三书院中为最古。每岁春中开课，由巡抚主之，诚重之也。自粤寇之乱，书院惟紫阳仅存，敷文、崇文皆毁于火。迨贼平，以次修复，规模草创，而都人士于流离荡析之余，喁喁向学，课试之文，已斐然可观。丙寅、丁卯间，紫阳、崇文先有课艺之刻，中丞马公叙之详矣。其敷文课艺，则请院长沈少司成选择，阅五载而始得百六十篇，以付剞劂……

两浙山川雄秀，人文荟萃，况杭州为十一郡之首，敷文又为三书院之首，宜其肆业于中者，人才辈出，无异畴桑，而是编其标准也。后之学者，宜思司成选择之意，专主义法，以求合乎圣贤立言之旨，而不徒事于文，斯得之矣。余官浙最久，今复奉恩命巡抚是邦，则与诸生讲习观摩之日，方未有艾，故乐为之序云。

同治庚午秋九月，抚浙使者湘乡杨昌濬序

杨昌濬此序主要有两点，一是明确指出了敷文书院创办时间在三书院中最早，且在杭州乃至浙江众书院中居领袖地位；二是确立入选课艺的标准为"合乎圣贤立言之旨，而不徒事于文"，强调的是文章的思想内容要符合圣贤之意，其次才是艺术表达形式的完美。

山长沈祖懋也写有一简短序言，内容如下：

崇文、紫阳二院课艺，得薛慰农、孙琴西两山长审定付刻，论文之旨，大约以华实兼美为主。祖懋乃于药炉之侧，重检敷文书院朔望前列课卷，再三遴拣，得深美闳约之文百余篇，以告于中丞杨公，付监院教官校刻，与崇文、紫阳课艺并行。去取之意，与薛、孙二公殊途同归。即通经学道之宏业，未始不引其端耳。著录毕，书所见以为之叙。

同治九年二月望日，沈祖懋撰

光绪年间又有敷文书院课艺二集，由山长周缦云从清同治九年（1870）到光绪四年（1878）的学生作文中挑选出优秀作品共160篇刊印成册，其中入选最多者为刘燕翼，有六篇。文章分《论语》《孟子》两部分，其部分目录如下：

《论语》

题目	作者
《有朋自远方来　一节》	俞甲秀
《人不知而不愠　孝弟》	章　煦　刘燕翼
《节用而爱人　二句》	王之杰
《主忠信　惮改》	王崇鼎　陈　伟
《礼之用和为贵》	邹宝德
《子曰可也未若贫　如磨》	胡凤鸣　许之翰
《告诸往》	姚丙然
《多闻阙疑，则寡悔》	张桂芬
《书云孝乎　二句》	郑　犀
《知其说者　斯乎》	徐　琪
《子贡欲去　一章》	章华国
《然则管仲知礼乎　亦有反坫》	吕　聪
《颜渊季路侍　全章》	许湘祥（原名诵和）
《居敬而行简　二句》	冯崧生
《子曰可也简，不亦可乎》	虞庆槐
《子渭仲弓曰　全章》	叶维乾
《子游为武城宰　尔乎》	刘燕翼
《樊迟问知　二章》	董　帷

……

《孟子》

题目	作者
《则苗然渀兴之矣》	潘隆勋
《方千里者九》	田　鹤

《若民》　　　　　　　　　　　　　　李文麟

《齐宣王问王交邻　曰有》　　　　　陶虞珂　刘燕翼

《事獯鬻勾践》　　　　　　　　　　夏同伦

《或使之》　　　　　　　　　　　　陆以增

《由汤至于武丁》　　　　　　　　　夏树藩

《齐人有言曰　今时》　　　　　　　夏寿嵩

《子贡曰见其礼一节》　　　　　　　高念曾　许淮祥

《设为庠序　射也》　　　　　　　　夏寿嵩　朱蒂

《校者教也》　　　　　　　　　　　王台　计思敏

《射也》　　　　　　　　　　　　　张荫樾

《学则三代共之　于上》　　　　　　曾敬熙　陈伟

《子力行之　二句》　　　　　　　　程琳

《愿受一厘》　　　　　　　　　　　姚丙熊

《排淮泗时也》　　　　　　　　　　王国楷

《后稷教民　三句》　　　　　　　　余树仁　吴积鉴

《为严》　　　　　　　　　　　　　骆熙宝

《焉得人人而济之足矣》　　　　　　朱庆安　王云程

……

此课艺从光绪四年（1878）十二月开版雕刻，到第二年（光绪五年）七月正式完成出版，监院李福冕、徐琪、吴庆坻校对。所用雕版为南京尊经书院尊经阁的藏品版，印刷精美，装帧考究。现浙江图书馆古籍部有收藏。

浙江巡抚梅启照和山长周缦云分别为课艺作了序。梅启照（1826—1894），字小岩或筱岩，咸丰二年（1852）进士，与其三哥梅启熙［同治二年（1863）进士］同为晚清进士，弟先哥后，谓之"一门两进士"。后点翰林院庶吉士、编修，授吏部主事、郎中，后补浙江道御史，是中国近代洋务派著名人物，清末中兴名臣，与曾国藩、左宗棠、李鸿章等同列为清末"同光（同治、光绪）十八名臣"。有《梅氏验方新编》《稿本明史约》等著作存世。梅启照的序写于光绪五年（1879）三月，是他擢升浙江巡抚、领兵部侍郎衔，兼都察院右副都御史的第三年。以下是其序的部分内容：

培养人材之基，则得力于书院。院固有五，而敷、崇、紫为最先。三院托地不同，文风则随地而美。敷文居于山，崇文俯于湖，紫阳虽处阛阓，而特近山，有城市山林之致。故肄业于敷文者，其文多深秀峻拔，坚实浑成，刊浮华而标真谛，如山石之嶙峋，一空依傍；山容之厚重，不作肤词；山气之静穆，不为轻剽者。崇文临烟波之浩渺，览花柳之绚闹，故其文华美典则，如锦之成，如采之缋。紫阳得一丘一壑之胜，山泉云脚，时注于庭，故文辄悠然意远，得抑扬宛转之神。是文之佳，皆地之灵也。……

光绪己卯季春，抚浙使者南昌梅启照序并书

在序中梅启照首先表示书院可以在大乱平定后不到 20 年就有"才士之蔚起，较丽尤甚"，对此感到非常欣慰，也对杭州敷文、崇文、紫阳三书院的文风一一作了评价。他认为"文之佳，皆地之灵也"，好文章得益于所在之处的灵秀。梅启照一生为官清廉，人品正直，勤奋踏实。他政绩斐然，官声甚佳。他重视教育，积极支持各书院的课艺刊印，为当时浙江的教育发展做出了较大贡献，也为后世留下了极为珍贵的文献。

山长周缦云作为编选者，自然也要有序：

余向在金陵，曾文正师尝命以此课士。还乡以后，忝主崇文，近年移讲敷文，拔取前茅，每以根柢验其词华，往往得知名之士。而多士亦各能发其所蓄，云蒸霞蔚，屡撷巍科。吾浙人文之兴，固有与师言相默契者。湖山之秀，所见者超也。特院中课艺，自庚午一刻后，至今九年，无有续梓，恐继而肄业者有楷模无自之叹。余因重加抉择，取其文之清真雅正、立言有体者，上溯庚午，下迄戊寅，凡得文一百六十篇。咨于中丞梅公，将事剞劂。公固雅爱文艺，闻余言而喜曰："先生之言，惬吾抱矣。"亟出资授梓，不数月间

248

而藏其事。于是崇文、紫阳、诂经、学海诸院，闻余之有是举也，皆相继而请，而半年之间，省会书院课艺于以大备。……

光绪己卯夏五月，吴兴周学濬序于万松深处

　　周缦云的序是光绪五年（1879）五月在敷文书院"万松深处"写就的。周缦云受恩师曾国藩的推荐，一直在南京尊经书院任山长。同治三年（1864），太平军撤离杭州后，周缦云先受命在杭州崇文书院任山长，后主持敷文书院。战后的杭州城满目疮痍，百废待兴，据复旦大学出版社出版的《中国人口史》载：杭州府人口从战前372万骤减至战后的72万。敷文书院虽从同治四年（1865）就开始暂借杭州府学明伦堂及尊经阁开课，同治五年（1866）重建，但教学受到严重影响，九年中一直没有刊印课艺，故周缦云序中曰："至今九年，无有续梓，恐继而肄业者有楷模无自之叹。"他就刊印一事请示了当时的浙江巡抚梅启照。梅启照大加赞许，还"亟出资授梓"，拨付了专项资金予以支持。仅半年间，杭州崇文、紫阳、诂经、学海等书院"皆相继而请"，于是省会各书院的课艺相继出版。

　　从现存三大书院的课艺中可以看出，在严格遵守制艺之文规范要求下，各书院生徒的文章风格仍是各具特色。正如梅启照说的那样，文风即学风，虽各有千秋，然敷文书院务真求实的学风更为世人推崇。

敷文书院的考课

若要让现在的学生评定最痛恶的一件事，"考试"一事绝对是榜上有名的。按照现在教育制度，一个人从上学到大学毕业，要是将大大小小的考试都算上，没有经历过上千场是不可能的。三天一小考，五天一大考，曾是许多人学生时代的噩梦。

大约从有老师这个职业开始，便就有了考试吧，只是千百年传承下来，形式变得越来越多样化了。

所谓的"考课"，一开始是古代官吏考核制度的一种形式，随着慢慢发展，书院的教学设置上也开始有了"考课"这一内容。追根溯源，它起于唐朝集贤书院"月终则进课于内，岁终则考最于外"，而成为制度则是宋代的事情。

考课即考试，是书院衡量学生学业情况的一种方式。是书院用以对肄业生徒进行德行与学业考核，评定优劣，确定升降，给予奖惩的一种制度。

敷文书院初建时，受"王学"的影响比较大，追求学术研究的自由，讲求身心修养，并没有将教学目的与科举结合起来。因此师长在日常的教授上侧重对学生的指导和启发，注重兴贤育才，强调立志做人，考课虽有，但并不那么重要。

但到了清朝，统治者出于政治需求，快速达到满汉一统，将目光投入遍及全国的书院，特别是有影响力的江南书院。万松书院在康熙赐匾之后变身为敷文书院，得到各方照拂，已经开始渐渐摒弃

"王学"的主张。特别是在雍正十一年（1733）被钦定为省城书院之后，此时的敷文书院已经被官府操纵，经费由官府划拨，办学宗旨变成以科举仕进为目标，成为官学的另一种形式，考课也日益被重视。据统计，清朝书院数量最多的是以考课为主的书院，这种类型的书院都是以科举之学为主，毕竟科举制度几乎完全成为知识阶层仕进的唯一阶梯。

　　职能转变，课业内容也必须作出改变，清代书院以八股文为核心的教学主要通过考课来实现，形成了地方官府和书院轮流进行的多层级的考课制度。将德行和学业作为两大考试内容，以招生入学和平时考课为两大考试形式。

◎ 万松书院入口处

书院考课以考八股文与试帖诗为主，试帖诗又叫"五言八韵诗"，与八股文一样，形式古板、要求严格，不能随意抒发情感而只能歌功颂德。考试的程序与科举考试大致相当，并根据考试成绩给予一定的奖励。为此，敷文书院制定了严格的考试奖罚制度，将考试分为官课、馆课两种，规定考期。官课一般由当地的地方官吏主持，像敷文书院这样的省城书院会由总督、巡抚、学政或布政使、按察使、转运使、道台等轮流主持。由这些官吏出题，一般是一月一次。而馆课一般由山长主持，也定期举行。

每一场考试其实就是科举考试的模拟考，所以它对卷纸都有严格的规定。比如试卷必须用奏本纸，红格刷印，直行，纸页计足一文一诗一论之数。为防替换和作弊，所有卷面都会朱印"敷文书院官（或馆）课"字样，监院印用钤记。

考试完毕，分出等级。额定正取、次取及附取的名额。评定完毕，发放奖学金。正取的每人给膏火银二两，次取的每人给膏火银一两，附取的每人则给膏火银四钱。由职道衙门悬牌示期，当堂给发。而对于考试特别优秀者另有"花红"赏赐。

到了清朝末年，按学生成绩优劣又分超等、特等、一等三个级次，按不同的等级给予不同的膏火奖赏。清朝的书院不仅通过考课为生徒提供奖励，而且还为参加正式科举考试的生徒提供一定数量的经费，这不但能支持家境贫寒的生徒顺利赴考，而且也是对生徒学习科举之学的鼓励。

有奖亦有惩。敷文书院规定，不参加官课、馆课，轻者扣罚膏火，重者甚至逐出书院。作为敷文书院的学生，不仅时不时要参加院里、省里组织的大小考试，而且还可能要接受皇帝的现场抽查，不过要是做得好，也会得到奖赏，甚至是当官的机会。比如对敷文书院极为看重的康熙帝和对它情有独钟的乾隆帝，两位皇帝本就是学问颇高之人，他们巡幸各处时，多有召试之举。

每次巡幸到达一处，那些迎銮送册的进士、举人、贡监、生员，都会先由本地方官员向省学政申报，除由俊秀捐纳之贡监不准应试及现任京堂翰林詹科道与外官府道以上之亲兄弟子侄准其献册不准应试外，其余考取者均开名单。按照巡幸的惯例，派大臣监试，侍卫率护军人等稽查考试。钦命题目赋一、论一、诗一，由阅卷大臣阅定，分拟等第进呈。

　　就跟现在的提前批考试似的，在考试中脱颖而出之人，可谓是自此平步青云。若是进士、举人取得一等，直接授为内阁中书，遇缺即补。若是贡监、生员等人取得一等，则特赐举人，授以内阁中书学习行走，也有仅仅赐给他举人的身份，并仍准一体会试。而获得二等的人会被赏赐缎匹，也会有派充各馆誊者。乾隆巡临敷文书院时，六次现场题诗，令书院诸生恭和御制诗。敷文书院张藻川和沈初皆是由此脱颖而出，后来步上仕途。

　　清朝书院，无论是举业型还是学术型的，都特别重视考课，晚清尤甚。清道光十六年（1836），浙江巡抚乌尔恭以浙江举人向无考课为由，提取敷文书院经费作为考课孝廉的经费，并扃试于敷文书院。所谓扃试，就是指考生各闭一室应答试题，与科举考试一致。与散卷一起，成为晚清书院考试的主要形式。因主办者嫌扃试"考者固觉其苦"，既麻烦又多费，所以到同治、光绪年间，不限时间不限制场地的散卷渐成主流。

　　咸丰末期，太平军攻入杭城，各大书院皆有损毁。到同治初年，浙江举人课的课试依旧放在了重建后的敷文书院。不过，无论是提倡科举还是不主张科举的时代，敷文书院在学子的教育上都是出类拔萃的。它既可以培养出文学大儒，也能培养出杭城乃至全国书院中参加乡试、会试的佼佼者，获取功名的比例在浙江是最高的，在全国也是名列前茅的。在山长周缦云编印的《敷文书院课艺》的学生名单中就能轻松找到考上进士甚至状元、榜眼、探花的学生名字。如光绪二年（1876）丙子景皇帝登极恩科曹鸿勋榜中的冯崧生，授检讨；光绪六年（1880）庚辰黄思永榜的徐琪，内阁学士，署兵部侍郎，任广东学政等职，还有未殿试的叶维干；光绪二十一年（1895）乙未骆成骧榜的刘燕翼，编修，苏松太道；等等。

常言道"名师出高徒"，就敷文书院诸位山长而言，陈钟麟应为最擅长八股制艺文章写作者，曾与管世铭并称为两大"时文手"。如梁章钜在《制艺丛话》卷之十一中就说："余入直枢禁，即闻前辈中有两时文手，一为管韫山，一为陈厚甫。"可见陈氏名气之大，时文写作水平之高。据史料记载，陈钟麟自小聪明好学，师从著名学者钱大昕，得其真传。陈钟麟学博识精，尤精经术、史学及文字之学。故讲学每以新义去诠释古经，著文则能融贯经史，别出新见，令人钦服。他又有才气，工文善填词作曲。特别是其所作《红楼梦传奇》，虽系根据《红楼梦》小说编写，却能别出心裁，不落俗套，描摹性情，传神动魄，在当时颇为轰动。

陈钟麟长期执掌书院，故讲授、批改制艺之文是他的主要工作，尤其擅长八股时艺。梁章钜在《制艺丛话》中说他"辈分略后于韫山，文诣亦尚居其次，然喜谈时文，娓娓不倦"。他精通经史，诗赋词曲无所不能，故自觉或不自觉地寓才情于八股文写作之中，其文章便自然呈现出构思巧妙、文采飞扬的特点，即便是说理之文，也是充满激情，动人心扉。[1]

从下引他所写《抱关击柝》之八股文，即可见其特点。此题出自《孟子·万章下》"为贫者，辞尊居卑，辞富居贫。辞尊居卑，辞富居贫，恶乎宜乎，抱关击柝。"柝：木梆。抱关：守关。击柝：打更巡夜。抱关击柝者指守关巡夜的人。抱关击柝比喻职位卑下。

1　龚笃清：《中国八股文史·清代卷》，岳麓书社，2017年，第602—603页。

抱关击柝

不卑小官，受禄匪诬矣。（破题）

夫抱关，末吏也，击柝，常隶也，为贫而仕，谁曰不宜？（承题）

且自监门厮养，辱贤者于泥涂；警夜森严，檩威名于畿辅。古来伟士，屈志一官，何尝不蜚英声，驰俊誉乎？然而守门之贱，则吏而隐焉，时夜之司，斯士而役矣，岂壮夫之不为，姑降心以相就尔。（起讲）

为贫而仕，何者为宜？（入题）

任封疆之重，则保障宣劳，予小臣谢不敏矣。乃悬一职焉，司闭也亦复司开，几若随鱼钥启晨。慎守北门之管。（起比之出股）

严宿卫之威，则旅贲效绩，予小臣无能为矣。乃假一器焉，卜昼焉兼卜夜，亦疑鸡人叫旦，周巡东郭之郊。（起比之对股）

不有抱关乎？古者掌图之吏，厥有专官，大抵稽察非常，以通节四方者也，抱关者岂必职此维是。有关隘焉，津梁之扼塞也；有关门焉，廛肆之奥区也。百雉参差之外，九衢摩击之旁，而以冷落一官，坐守司门之管键，但使户无龙吠，盗鲜鸡鸣，已足为微臣之报最尔。（中比之出股）

且不有击柝乎？古者聚柝之司，未尝特设，大抵转移职事，而分隶百官者也，击柝者毋乃类是。以卫王宫焉，宫正所由比宿也；以巡野次焉，修关所以守涂也。万家灯火之宵，重客馆垣之地，而以殿呼四彻，谨传打牧于门闾，但使终夜有声，达旦不寐，已不愧下士之宣劳尔。（中比之对股）

吾于抱关击柝者有慨焉。（过接）

函谷东瞻，周客则著书而去；昭关西峙，楚臣或载橐而来。当此阅历数年，而伤心迟暮，太息河梁之别，争传驿路之诗，得毋有月落参横，而下孤臣之泪者乎？（后比之出股）

简兮有硕士，沈沦秉篇之伶；乞食亦名贤，摇落吹箎之客。当此宵声四起，而后路苍茫，动哀响于清砧，和残音于长漏，得毋有抚髀击节，而兴烈士之悲者乎？（后比之对股）

嗟乎！

津梁疲矣，姑息影于城隅，岂必陷拒秦关，至烦百二重山河之

寄。（束比之出股）

刁斗警乎，姑闻声而起舞，苟使声闻鲁柝，毋忘三五夜舆卫之防。（束比之对股）

今人评陈钟麟此文，认为作者巧妙地从解析"抱关击柝"小吏的职务、作用和历史由来入手，将孟子主张为贫而仕者应辞尊贵而甘居卑位，要尽职尽责地干好本职工作的道理全面、准确地表达出来。此文高明之处在构思精巧，能以小见大。在作法上能够用笔坚卓，广征博引，上下古今，以事实说话，层层铺陈，不作空论，使全文形象生动。其语言上尤有特点，英词伟集，对偶工整，叙事铺张，敷色设采，并以沉雄之气贯串，故读来音节铿锵，富有音乐感和文学效果，得尤王体之精髓和六朝词赋之余风，充分反映出作者以才情为文的风格。故被古人誉为"六朝余韵，风流未坠"。

敷文书院山长既然都是如陈钟麟这般才高八斗，则其教授诸生写作制艺之文当更能事半功倍，来日参加科举考试，获得好成绩也就是题中应有之义。

师生的乡试和会试考卷赏析

以下我们以敷文书院山长沈祖懋和书院生徒刘燕翼为例，看看他们在经历了书院学习后，实际参加科举考试的文章到底怎样，究竟是怎样的文章才能科场高中，获取功名。先看敷文书院生徒刘燕翼的乡试和会试文章，之所以选择刘燕翼，是因为他是敷文书院的高才生，在《敷文书院课艺二集》中他的课艺选入六篇，是入选最多者，可见其文章水平之优秀得到书院上下的一致认可。

刘燕翼，生卒年不详，字襄孙，浙江仁和人，光绪十七年（1891）乡试中式第18名举人，查1891年10月17日《申报》，曾登载电传浙江乡试题名全录，刘燕翼果然是列在第18名。光绪十八年（1892），刘燕翼参加该年会试，中式第214名。1892年6月18日《申报》以"壬辰科会试官板题名全录"为题列出所有中式者名单，刘燕翼确实是在第214名。光绪二十一年（1895）补应殿试，刘燕翼得中二甲第16名，赐进士出身，朝考获二等第49名。又根据刘燕翼科举朱卷，也是如此列出。有些史料将光绪十八年和二十一年此相隔三年两次考试混为一谈，应改正。后刘燕翼授翰林院编修，官至苏松太仓道，民国年间和袁世凯等有交往，后长期寓居上海，晚年经历不详，但知其在20世纪30年代还有作品刊发于报刊。至于他肄业于敷文书院的具体时间已不可考，不过根据其文章被选入课艺时间，大致可以确定为1878年之前，因该年年底课艺已经"开雕"。不过如此即产生一个问题，那就是据乡试朱卷所载资料他是同治壬申年（1873）的十二月十五日出生，则如果其文章在1878年被选入课艺，那么他写这些文章时仅有五六岁，当为不折不扣的神童！如此估计他的出生时间当更早一些，方为合理。

刘燕翼参加乡试是在 1891 年。乡试一般要写三篇文章和一首试帖诗，他的第一篇题目出自《论语·为政》，原文为："子张学干禄，子曰：'多闻阙疑，慎言其余，则寡尤。多见阙殆，慎行其余，则寡悔。言寡尤，行寡悔，禄在其中矣。'"大致意思是子张要学谋取官职的办法。孔子说："要多听，有怀疑的地方先放在一旁不说，其余有把握的也要谨慎地说出来，这样就可以少犯错误；要多看，有怀疑的地方先放在一旁不做，其余有把握的也要谨慎地去做，就能减少后悔。说话少过失，做事少后悔，官职俸禄也就在其中了。"坦率地说，这样的题目不太好写，对这段话今天一般持批判态度，认为孔子在教育弟子在官场中如何投机钻营，如何多说假话不讲真话，以求升官发财。退一步讲，也是要论述清楚为百姓做官和个人寻求经济利益的关系，也就是如何兼顾个人利益和民众利益，最好做到双赢。且看刘燕翼的文章：

贤者亟于求用，圣人诏以在我之学焉。

盖禄以偿言行，而干则春秋以后始有者也。

子进张以得禄之道，亦欲以言行范其学耳。且吾人一身学而已矣，学以效用于国家而已矣。国家之劝士如此其重，而士有不读本朝之书，守本朝之法，砥砺实修，以为身心之体验，而徒恃耳目之涉猎者，即幸而在位，亦无当于先王官人之本意焉。说在子张学干禄，而天子进之以得禄之道。夫先王之世，上之制禄以养士也。于设官诏糈之外，而秀民之不艺百亩者，亦皆饩于庠序，责以明体达用之修，士之受禄以报上也。当读书穷理之年，而其志之杰出四民者，已早饬其躬修，上酬论秀书升之意。所以天下无苟言，无苟行，人人尽力于学之中，而从未闻有干之说者。

呜呼，我知之矣。盖其时井田行而学立乎！其中民有恒业，即有恒产，无身家衣食之虞。而所谓学古入官者，自俊选以至论定，又皆按格循资，无能觊觎乎非分。故士之秀髦在下者，咸得窥一朝之掌故。心识其大，目观其通，迨至洞彻源流，则闳实精纯，绝无诡辩支离之习。而循循于党庠逐序之中，既已成其修齐治平之学。一旦出而任事，其议论皆中乎人心，其施设皆素所自具而后，大之则泽及四海，小之亦可效能于一官也。

则先王以禄劝诱天下之言行者，大也。

迨其后，王官废而士失乎其职，进不得禄，退不得耕，有处世孤危之虑，而其间挟策干时者，自列邦以及私室，果能驰说取合，可致卿相于立谈。而士之负质高明者，亦渐染一时之风气，闳阔其词，通达其论，甚至抱才求进。即通明博硕，皆友读书阅世而来，而隐隐有洸洋浩侈之心，即已开夫百氏纵横之渐。吾子因人立教，敛其才，使渐归于实，充其学，使益进于纯，而后上之则可造福于苍生，下之亦可寡过于身世也。

则圣人以禄范围天下之言行者，亦大也。

子张盖恢恢乎多闻且见者也，夫子诏以阙疑殆焉。又素闻言忠信、行笃敬之教者也，夫子又诏以慎其余焉。若是则寡尤寡悔，不言禄而禄在其中矣。

夫选举虽废于春秋，而上求下应之规，吾党必确求。可据学问，匪期夫闻达，而实至名归之说，圣人亦第勉中材。然使张常守子言，益兢兢于尤悔之寡，以上副先王官人之实，则言行无愧，而受禄亦无愧也，即谓夫子教子张学干禄可也。

且看刘燕翼此场乡试考官的批语。首先是本房考官（最初批阅刘燕翼考卷者）的推荐之语：

从先王制禄之原说起，挟尽古今士习源流，笔意亦矫矫不群。次诠解礼经，与他手迥别，三劲气直达诗妥。征引宏富，笔气条达。隶事精核，属辞淹雅。

此批语重在讲刘燕翼此文论述很有条理，先从制禄的源头说起，然后述其演变，有层次有条理。其次指出刘燕翼此文不仅论述严谨，且用词也极典雅。

而另一位阅卷考官的批语内容则大同小异：

义丰词卓，通知古今。次邃深礼制，证明旧谊。驳正曲说，三从乡射之废，寄慨发思古之幽情。笔亦峻，整雅练。说经有家法，无厄言，书艺规放欧苏，是能为宋人之文者。其学博，其辞文，吾爱之重之。

刘燕翼的第二篇文章题目是"旅酬下为上"，出自《中庸》："宗庙之礼，所以序昭穆也。序爵，所以辨贵贱也。序事，所以辨贤也。旅酬下为上，所以逮贱也。燕毛，所以序齿也。"大意是：宗庙祭祀的礼制，是要排列父子、长幼的顺序。按官爵排列次序，就可以分辨出贵贱。按职位排列次序，就能分辨出贤与不贤。敬酒时晚辈先向长辈举杯，这样祖先的恩惠就会延及到晚辈。宴饮时按头发的黑白次序坐，这样就使老少有次序。其第三篇文章题目是"序者射也"，出自《孟子》："设为庠、序、学、校以教之。庠者，养也；校者，教也；序者，射也。"大意是：要设立庠、序、学、校来教导百姓。"庠"是教养的意思；"校"是教导的意思；"序"是习射的意思。这些机构都是用来教人懂得伦理关系的。至于刘燕翼的这两篇文章就不再列出，因过于晦涩，且古代乡试最看重第一篇文章，甚至仅靠第一篇就确定是否取中。此处仅再看其试帖诗，题目为"赋得赏月延秋桂，得秋字"，为五言八韵。

自别郿州月，频年感旅游。好延夔府客，同赏桂林秋。
异种分嵩岳，豪情想庾楼。影筛千树碎，香满一轮浮。
吟望书帷卷，安排酒饯留。兴从今夜永，人忆小山幽。
冷露无声滋，长河隔坐收。蟾宫如可折，揽胜到瀛洲。

这首诗不能说写得多好，只能说是中规中矩，所抒发的也无非文人常有的伤春悲秋之情、悼古伤今之意，没有什么新意。不过其中的"影筛千树碎，香满一轮浮""冷露无声滋，长河隔坐收"等句倒还是比较别致，意境深远。

刘燕翼参加科举考试，其文其诗如上，借此他得中第18名举人，名次可谓较高。其三篇文章和一首试帖诗最终获得的评语为：

荐批：清刚隽上，经策典博；
取批：风格峻整，经策渊邃；
中批：锋发韵流，经策详核。

三条批语，大致相同，前一句评其风格，后一句论其内容。

那么刘燕翼三年之后参加会试，得中第 214 名，后参加殿试，获二甲第 16 名，赐进士出身并钦点翰林院庶吉士，算是在科举之路登上顶峰。其会试考卷是否确实比参加乡试时大有进步？还是此类试卷并不能真实反映其写作水平呢？且看其会试考卷，依然是三篇文章和一篇试帖诗。此处我们列出第一篇和试帖诗，以与乡试考卷比较。其第一篇题目为"子曰：君子矜而不争，群而不党。子曰：君子不以言举人，不以人废言"，出自《论语》，大致意思为：孔子说，君子矜持庄重而不与人争执，合群而不与人结成宗派。孔子说，君子不因为一个人的言语说得好而推举他，也不因为一个人有缺点而废弃他好的言论。这样的题目初看似乎好些，但要做到立论新颖，论述严谨，用词通达而富有文采，其实很有难度。且看刘燕翼的文章：

持己知人，君子之学全矣。
夫矜不争，群不党，持己之学也。严所举，慎所废，知人之学也。
夫子述君子若此，且君子之学持其全体，期于有用者也。持全体者，其道大。故内足以自立，而外足以应时。期有用者其道通，故在上则立朝，而可以揽群策；在下亦读书，而可以治百家。
夫君子之所以致此者，有本源焉。
君子为学，既求之微言大义之传，于门户之界，异同之分，早深明其故，而不置一辞。故自其为学之确，有宗主者言之，则见为矜也；自其与人之平心商榷者言之，则见为群也。此持己之学也。
君子治世，既筹乎国计民生之大，于贤奸之来，虚实之故，又洞悉其情，而立谈可决。故言乎人才之全，则议论洸洋之辈，其人或试以事而无功言乎。君上之求，则草茅狂直之谈，其言或有一端而可采。此知人之学也。

且夫矜则易于争，群则近于党，而夫子之述君子，则曰矜而不争，群而不党焉。言中则人可举，人微则言亦废，而夫子之述君子，则曰不以言举人，不以人废言焉。斯二者记者类志一简，后儒读为二章，吾得分观而各言其通焉。古今学术标榜之相寻而不已也，明堂井田封建，一家之书，每数万言，而各相聚讼德性，问学良知。一义之立，号召天下，而各盛门徒争也，党也。原其初，亦各欲尊其师承而气不相下，聚其讲友，而学可大明。则争也，有似乎矜党也，有似乎群矣。

君子之矜，盖事理积之。既富则反身足以自尊，而不必与世俗竞是非之见。

君子之群，盖风声树之，既广则英才咸宗其学，而不必标所指为声气之求。

此君子持己之学，而可通于知人之学者也。

古今人才真伪之百出而不穷也，诗、书、易、象、春秋，说起支流，而即麋天禄，则经师之滥秩已多。道、墨、名、法、纵横，尽其作用而可救一时，则王朝之官司亦掌。若举若废，究其极将天下尽用书生，而万民何补缺其道术，而三统亦微，则所举皆无用之人，而所废或在有用之言矣。

君子于人，则国家科目文章并重，而当入官，则仍严甄别之条。

君子于言，则九流百氏异说兼收，而探其原，皆上出皇王之典。

此君子知人之学，而即推本于持己之学者也。

较之其乡试文章，此文在格式上似更工整，特别是其对仗段落，用语也更为简洁。故对刘燕翼此文，其本房考官的批语为：

遥情卓识，高挹群言。姚姬传先生论文，于神理气韵格律三者，最极讲求，似此始足当一雅字。

再看其试帖诗，题目为"赋得柳拂旌旗露未干，得春字"，为五言八韵：

> 晓露干还未，旌旗列仗陈。恰从花外转，微拂柳边春。
> 城阙烟光润，楼台树色皴。风披金缕缓，云荡锦旗新。
> 舞絮粘犹湿，朝衣点渐匀。九游齐点影，三起亦传神。
> 燕翦疑相似，龙文尽不真。重将岑句续，染汁拜丹宸。

对此诗，阅卷官的批语为：宝铎含风，响出天外。评价很高，意谓出类拔萃之作。如与其乡试时那首试帖诗相比，确实是好一些，尽管整体意境营造和情感抒发方面未到惊世骇俗地步，但对仗工稳，用词典雅，正符合试帖诗之"典雅大气"要求，其中如"城阙烟光润，楼台树色皴。风披金缕缓，云荡锦旗新"等句，确实有大家气象。较之其乡试之诗作，应该是眼界更加高远，所描述场景也更加阔大。

总之，仅从上述诗文看，刘燕翼得中进士，并非浪得虚名，其几篇文章均章法谨严，文采斐然，故会试阅卷诸位考官的批语也都极力赞赏：

> 才思卓越，经策斋皇。
> 局度雍容，经策鸿懿。
> 气息名贵，经策详赅。
> 议论精辟，经策渊深。
> 吐属清华，经策闳肆。

有意思的是，五位阅卷官对其经策文章内容的评价基本相同，都把重点放在对其第一篇文章才华、风格和气度的评价上，再次证明彼时科举考试对第一篇文章的重视。

敷文书院弟子的课艺文章诚如前文，且中式者都为其中的佼佼者，那么，书院山长当年的文章是否就确实比生徒好，或者有明显可以让弟子学习之处呢？我们不妨以山长沈祖懋为例，看看他的科举应试文章如何。为节省篇幅，此处只列出沈祖懋的会试文章。沈祖懋当年乡试是第一名，会试为第 53 名，殿试为二甲第 33 名，最后也是钦点翰林院庶吉士，其在科举道路上所获成绩和刘燕翼算是差不多，因为只要不是得中状元、探花，其实会试名次高低没有多大区别，也不能因此确认其文章水平高低的。就沈祖懋而言，他会试所写第一篇文章题目为"言必信，行必果"，出自《论语·子路》："言必信，行必果，硁硁然小人哉！"大意是：说出的话就一定守信，做了事就一定有结果，这就是耿直固执的小人啊。不过我们一般只用前面两句，所以认为是褒义。且看沈祖懋的论述：

> 以信果自守者，若惟取必于言行焉。
>
> 夫言行当信果，而自守者务必信必果焉。
>
> 子故因论士而递及之，且君子言无失口，行无失足。而要不以成见胶者，何哉？能旷观乎义理之存先人焉，以为之主。斯各当其枢机之发时措焉，而得其宜无将迎也，无执滞也。非然者刻励以自期，复艰苦以求副，而言行遂于是乎。有成心赐问士，而一再求其次乎。无己，吾且浅求之。身世之交，约微诸物恒之。准而犹得一谐焉，第就言行以观之而已矣。
>
> 言行者心术所见，端放纵而貌为通，无若谨守而邻于执矜；夸诞则言伪而辩乐，迁就则行毁于随，是宅心更妄也。矫其弊者，所以激而持也。
>
> 言行者躬修所由，系游移而失所据，孰若专确而有可凭。食言则旋背初衷，改行而顿忘故步，是饬躬愈弛也。惩其习者，所以谨而守也。
>
> （以上两段有阅卷官的两则眉批：捶字坚而难移，结响凝而不滞。重规叠矩，郑重分明。）
>
> 激而持，则借浮情之端已自怵，而不敢偶蹈其非。
>
> 谨而守，则悬严密之格以自绳，而壹使恪遵其范。
>
> 彼固视言行无不当信果者，而直以必然之见主之也。

且夫言有是亦有非，使口无择言而无往不衷于是也，则无言不信，宜也。兹何以诚愳，本乎性情而一诺，偶留近义，原皆可复，即慷慨激于血气，而片词相许，久要终不容忘，一若是与非不暇计者，无心而出之，亦将有心以践之。虽讽以信之涉谅，而彼弗顾也，夫岂尚有二三之见乎？

且夫行有得亦有失，使身无择行而无往非理之得也，则无行不果，宜也。兹何以响道，自奋其愚柔而有志，竟成固矢，不挠之力，即洁身尽忘乎民物，而独行其是，究成莫挽之踪，一若得与失不及辩者。一日而谋之，方且百年以赴之。虽语以果之近窒，而彼不计也，夫岂尚有犹豫之端乎？

（以上两段有阅卷官的眉批：排偶中备具伸缩向背之致，确合本文身份。）

此其期必于言行之先者，专精自矢方寸，若隐定其程，言犹冈而已严，毋诳之思，行犹虚而已。惕鲜终之惧，言行其显而必信必果之心，早预伏于微也。

故万感之纷乘应变者，惟操一意。

其取必于言行之后者，惕厉自操随在，不肯淆其志。言既出而诚伪，犹勤内省；行既成而谤，誉一听旁观，言行其常而必信必果之心，并不逾于暂也。

而寸衷之固结，求慊者止此两端，此自守之确者也。

必须承认，这不是一篇好懂的文章。除了用词艰深外，还在于对孔子此段话要有全面的理解。在《论语》中，孔子在论及"言必信，行必果"之前其实还有两句论述另外两种人，且看《论语》中这段完整的文字：

子贡问曰："何如斯可谓之士矣？"子曰："行己有耻，使于四方，不辱君命，可谓士矣。"曰："敢问其次？"曰："宗族称孝焉，乡党称弟焉。"曰："敢问其次？"曰："言必信，行必果，硁硁然小人哉！抑亦可以为次矣。"曰："今之从政者何如？"子曰："噫！斗筲之人，何足算也？"

此段大意为：子贡问如何做才能称为士。孔子说，对自己的行为保持羞耻之心，出使国外，能够不辱使命，这样的人就可以称为士了。子贡进一步问次一等的士是什么样。孔子回答说，家庭之中的成员称赞他孝顺父母，邻里乡亲称赞他友爱兄弟。子贡又问，那再次一点的呢？孔子说，说话守信，行动果断，讲起话来硬邦邦的小人物，也可以说是次一等的了。子贡问，那么现在当官的那些人怎么样？孔子说，噫，这些气度狭小的人怎么能算数呢？显而易见，孔子把"士"分为三类，在他心目中只有第一类才是真正的"士"，其余两种都不够格。故要以"言必信，行必果"为题目来撰写文章，就必须系统完整地阐释孔子的观点，而不能只论述言行一致问题。

阅卷考官显然也知道此题目的要点所在和作者论述之周密严谨，故在眉批中不断有"语不拾人牙慧""剖毫析芒，意匠烛照"等赞语，并在全文结束写下这样的批语：

步骤井井，推阐亦精；论断俱有义理，行文亦有筋节。

另一位阅卷官的批语更是极力赞美：

灵辉朝觌，称物纳照。时风夕洒，程形赋音（大意为：朝晖普照，万物可以根据所需去吸取；晚风吹拂，不同的事物都得到同样的声音。）至其文洁体清，虑周藻密，尤望而知为学养兼到之士。

总之，仅就此文而言，身为山长的沈祖懋当年会试所显示出的渊博学识和论证说理水平，显然高于刘燕翼。当然，因为两人所写并非同一题目，这样的比较并不科学。最后，再看沈祖懋会试所写的试帖诗，题目为"赋得泉细寒声生夜壑，得声字"，五言八韵：

料峭生寒意，山斋夜景清。暗泉通细脉，幽壑送遥声。
泻磴螺衣冷，穿云鹤睡惊。枕函音递筑，瓶水谱挽笙。

缭曲萦烟篆，琤琮戛佩琼。皱添风一翦，凉浣月三更。
籁远心先领，宵深耳乍倾。宸居勤乙览，愿献导涓情。

这个试帖诗，实实在在说不怎么样，除了卖弄辞藻和典故，看不出有什么精彩之处。给人感觉就是明明可以用普通的词语来描述，他偏要用一些冷僻词语。也因此阅卷官的批语也只好说是"兰香玉色，醴味琴声"，给一个较为含混模糊的评价了。

最后，看一下本房阅卷考官对沈祖懋的总体评价：

中正以植矩，和平以写音，笃雅以选言，渊穆以表度。峄桐弹月，静合座之筝琶；江梅笑春，压漫山之桃李。二三艺金声玉润，八十言声彻铃圆。经义纷纶，具征宿学。策对掩贯，尤见通才。洵乎骨抱九仙，衣披一品者矣！

撤棘（指阅卷工作结束）来谒，知生簪绂承华，湖山毓秀。戴席擅无双月旦，郗林攀第一天香。不虚荐牍之首推，益信元灯之心照。

看来这阅卷官也被沈祖懋的才华所折服，故只好借写评语显示一下自己的才学不下于沈氏，其中多用少见之典，如"戴席""月旦"等，意谓自己这考官并非浪得虚名。一笑。

纵观刘燕翼和沈祖懋的科举考卷，两人都堪称对制艺文体极为熟悉，且都能根据题目之要求和文体要求，写出立论坚实、层次分明、论述周密的文章。单就应试而言，两人都不愧为考试能手。至于其试帖诗则都写得平平，原因无他，即在于此类命题之作，考生没有什么真情实感，无法刺激创作冲动，只好无病呻吟，生搬硬套了事。而阅卷考官也对试帖诗不够重视，而是看重文章尤其是第一篇。仅就文章而言，沈祖懋的文章似乎显示出其更加渊博的学识和典雅的文风，但也因此更加晦涩艰深。由于两人所写题目不同，很难给予比较，但说沈祖懋在制艺文体写作上更胜一筹，还是不错。

此外，旧时科举考试之命题。基本上都是在四书五经范围内，但书院平日课艺试题，倒可以比较灵活。此处且说一下彭元瑞督学浙江时为敷文书院课艺阅卷及所出有趣试题事，由此可见书院学习生活之一斑。彭元瑞（1731—1803），字掌仍，一字辑五，号芸楣（一作云楣），江西南昌人。乾隆二十二年（1757）进士，改庶吉士，授编修，官至工部尚书、协办大学士。彭元瑞博学强记，时有令誉。纪昀为《四库全书》总纂官时，彭元瑞是十位副总裁之一。

据说彭元瑞天资绝人，看书时一目十行，过目不忘。他督学浙江时，所有试卷皆自阅。通常是在书桌上放上几百卷考卷，旁边有两名仆人，一个负责打开试卷，一个负责收卷，左展卷，右收卷，循环不息，不一会两名仆人都累了，而阅卷的彭天瑞还是优游自若。故有人说他是"大场则万卷全披，小试无一字不阅"。彭元瑞乾隆四十二年（1777）典试浙江时，所取文不拘一格，而重在看议论识力和词采布局。他所阅万余试卷，几乎每篇都有评语，虽著语不多，却能切中作者之病，甚至有考生看到自己的试卷上有彭元瑞批语而感动得落下泪水。据说有某位考生的试卷上批语只有一个字曰"庸"，这考生因此发愤揣摩，尽变其写作风格，即于次科获中。是科副主试在考试结束后，为此特意赠给彭元瑞一副对联云：

闻士颂之，自吴于越；
读公文者，如韩欧阳。

彭元瑞督学浙江时所命试题，如"王二麻子""斩""绞""徒""流""杖"类，俱极巧妙。一日，他到敷文书院课试，恰巧山长因有事不在书院，因此特出了四道题目：肄业生为"至于岐下"，请考生为"放于琅琊"，肄业童生为"馆于上宫"，请考童生为"处于平陆"。然后他故意问诸生："你们知道今天为何出这些题目吗？"诸生回答说："不知道。"彭元瑞笑着说："你们横着看这四道题目，难道不是'至放馆处'四字？"所谓放馆，就是放假的意思，彭元瑞在此和诸生开了一个玩笑，既然你们的山长出门在外，你们还读什么书，不就等于是放假了吗？

又有一次他给另一书院出题，正要出题时，有人突然禀告其他事情，其中提及一人名为"仲四先生"，彭元瑞即问这是什么人，手下即有人答道，这是一名武义的岁贡，平日为府郡西席，授学谋生。彭元瑞一听，当即灵机一动，竟然连续出了九道试题，分别为"武王是也""义然后取""岁不我与""进不隐贤""士志于道""仲尼之徒""四时行焉""先行其言""生之者众"，每道题目第一个字连起来就是"武义岁进士仲四先生"九字。而所出的童生初场题，每个都是一个古人名字，即"管仲""虞仲""微仲""牧仲"，合起来还是"四先生"。第二场的时候，有人悄悄地说，今天这题目恐怕不能再和"四先生"有关系了吧，结果彭元瑞所出题目为"太王""尊贤""西子""席也"，意思是"设帐郡斋"，还是和"四先生"的"西沛"经历有关。

谁知彭元瑞这出题还没有结束，他出的复试总题是"仲壬四年"，居然还是和"四先生"有关。结果此事为仲氏得知，即对太守说："宗师前后所出试题，胜于为我作传记了。" 彭元瑞才思如此敏捷，众人都大为叹服。此外，这类试题之所以为人津津乐道，也说明那些枯燥无味的制艺试题，早已遭到书院诸生的嫌弃，只是因为准备科举应试，他们才不得不每日练习。而科举制度演变至此，也就只有走向衰落这一条道路了。

第六章

湖上日月长，书院藏书多

既读书也藏书

书院的藏书制度

刻书

　　杭州的书院兴起于宋元、盛行于明清，相对而言，属于兴起比较晚的，但因为地处文化兴盛的江南地区，得天独厚的地理环境以及人文底蕴，后劲发展较足，所以有点像一步到位式的，初创之时就已经具备了教学、藏书、祭祀的三大功能。敷文书院以它齐备的祭田祭器、完备的学规章程、丰富的藏书而位居杭州四大书院之首。

既读书也藏书

　　书院是读书人围绕着书开展文化教育活动的公共场所，藏书则是书院一种永恒的事业追求。邓洪波在《中国书院史》中提及："书院是新生于唐代的中国士人的文化教育组织，它源自民间和官府，是书籍大量流通于社会之后，数量不断增长的读书人围绕着书，开展包括藏书、校书、修书、著书、刻书、读书、教书等活动，进行文化积累、研究、创造、传播的必然结果。"[1] 所以，藏书是书院开办之初的基本功能。

　　因北宋皇帝不时地赐经史典籍给岳麓、白鹿洞、嵩阳诸书院，以至于书院需要专门的收藏之所。此外，像南宋理学家朱熹、袁燮等一大批书院建设者们出于学术需求，也需要在书院藏书，终于使书院的藏书事业逐步完善。书院藏书自立门户，与官府藏书、私人藏书、寺观藏书一起，并称为中国古代藏书事业的四大支柱。

　　但书院藏书与其他三者动辄视若鸿宝，或是以为珍玩，侈谈宏富不同，它完全服务于院中师生的教学与学术研究工作，并由此而形成了公共性、公开性、实用性的三大特征。

　　书院藏书有着多重功能。为供院中师生阅读，需尽量多地收藏图书。而其收集的图书，又对书院师生进行研究和建立新的理论起到基础的保障作用。一个书院所收集的图书，会对其所推崇的流派有一定的倾向性，有利于其学术氛围的形成与发展，对其人才培养

1　邓洪波:《中国书院史（增订版）》，武汉大学出版社，2012年，第2页。

起到很大的支持。

敷文书院在创立之初，主要功能就是藏书和校勘藏书，随着时间的推移和发展的需求，又增添了讲学、祭祀功能，但藏书依旧是其主要功能之一。在建立之初，它奉行古制，注重收藏图书典籍，建有藏书楼，以珍藏各类古籍善本，已初具规模。

清康熙五十五年（1716），康熙帝御赐敷文书院《古文渊鉴》《渊鉴类函》《周易折中》《朱子全书》等典籍。敷文书院原本是有藏书楼的，但浙江巡抚徐元梦还是在书院内特意建造了存诚阁用于收藏这些御赐之物。

清乾隆十六年（1751），乾隆皇帝初次南巡到杭州便亲临敷文书院，曾赐武英殿所刊《十三经》《二十二史》各一部，同时享有这一殊荣的仅有江宁钟山书院、苏州紫阳书院。乾隆帝此后五次下江南，敷文书院也是他的必访之地，可见他对此处的喜爱之情。每次莅临，都有赐书、赋诗、题额等。

祖孙两人对敷文书院的礼遇，不仅让书院名扬四海，也大大提升了书院的藏书量，更是促进了书院藏书事业的发展。

到清朝末年，敷文书院的藏书不仅内容丰富，而且数量已达万卷之多，这里面除了自己本身的收藏，以及历代皇帝、达官显贵赐书、捐书外，很大一部分是来自书院的自刊书籍。

虽然史料记载不多，但根据清光绪年间担任书院山长的周缦云为《敷文书院课艺》作的序可以看出，书院是有自刊书籍的能力和传统的："院中课艺自庚午一刻后至今，九年无有续梓，恐继而肆业者有楷模无自之叹。"

但可惜的是，敷文书院存世的自刊书籍可能只有清朝同治、光绪课艺两种。它们分别是：清同治九年（1870）九月雕印版，以及同治九年至光绪四年（1878）间优秀学生作品集。

清同治九年（1870）九月雕印版是由山长沈祖懋先生整理的。历时五年，沈祖懋抱病精选出同治四年（1865）至九年（1870）间优秀学生作品160篇。沈祖懋自序，并请抚浙使者杨昌濬、马新贻分别作序，于同治九年（1870）九月雕印。

周缦云于光绪四年（1878）前后担任敷文书院山长。他从光绪四年（1878）十二月到第二年的七月，费时九个月，在同治九年（1870）到光绪四年（1878）的书院学生作业中，花费大量精力鉴定，精选出160篇优秀学生作品。由抚浙使者梅启照和周缦云分别作序，监院李福冕、徐琪、吴庆坻校对刊印。这部作品集成为研究敷文书院学生课艺的重要资料。

书院的藏书制度

纸质产品在保存时需要极度注意防潮和防蛀，所以历代文人雅士都有晒书的生活习惯。南朝宋文学家刘义庆在其笔记小说《世说新语》的《排调》一门中，写有："郝隆七月七日出日中仰卧。人问其故，答曰：'我晒书。'"意思就是自诩为满腹诗书。后来成为仰卧曝日的典故。唐朝大诗人杜牧也在《西山草堂》诗中云："晒书秋日晚，洗药石泉香。"各地也多有曝书亭。而南方多阴雨，简牍、书籍也极易发霉生虫，晒书更是必要。

敷文书院的藏书大体来源于皇帝赐书、地方政府出资购置、社会人士捐赠、书院自置、书院自刊等。随着藏书量的不断增多，书院的藏书管理制度也进一步发展和完善，逐渐建立起了包括征集、收购、整理、编目、借阅、保管在内的一整套严密的制度。为了方便管理，书院的所有藏书的首尾两页均钤盖书院官方戳记。

据悉，敷文书院在人员设置上有专门规定：设置监院一员，专门负责管理藏书；配常驻藏书楼的杂役一名，平日打扫卫生、看管藏书，遇到梅雨时节，在经监院同意后，负责晒晾，以防蛀防霉。在书籍入库上也规定，凡是有人捐赠图书要及时呈请监院收贮，清点入库存档，并申报院司道衡门备案。书籍的借阅管理上也有严格规定：只有山长、教授和内科生（寄宿生）方可借阅，而且每次由监院发放借阅书籍，登号记数且造册备查，借阅归还后方能缴册销号，若有损坏遗失者，轻者暗补，重者送衙门杖责；定期盘点藏书，如有短少，责成监院赔补。

刻书

中国书院除了藏书之外，还有刻书的功能，"书院本"以精校、精刻、易行"三善"而闻名古今。

早在唐朝时集贤书院就有图书生产的功能，但那时只能手抄笔写，没有生产规模。而且手抄书对于字迹要求极高，在体量上也不能量产。

唐太宗李世民时期，为了提供优良的教育环境，所以建立了以国子监为首的京师太学，可以容纳2000名学生学习。有了普通高校，还专门设立了贵族学校——弘文馆，专供皇族及高级官员子弟入读，一时文教大盛。当时的弘文馆的"馆主"便是以书法著称于世的褚遂良。

当时规定弘文、崇文两馆的学生要争取出仕，就必须"楷书字体，皆得正详"。意思就是说你要当官，首先得写好字，特别是楷书。这其实也是基于现实，毕竟距离宋朝的毕昇发明活字印刷术还有好几百年呢。大量的文字记录都必须依靠人工抄写，尤其是作为官方文献和文书。作为隋朝接班人，唐朝又大力提倡儒学，兼顾佛学与道教，著述典籍蔚然成风，而这些也都需要极其繁重的书写工作。抄书也不是个简单的工作，既要求字迹清楚，书写整齐，也更希望字体美观。楷书方正得体，自然是最为合适的。从供求关系来说，必然是需要大量优秀的书写工人，于是就需要国家大力培养人才。于是，唐太宗曾敕令书法大家虞世南、欧阳询"教示楷法"，内府珍藏的各种前人书法真迹则作为观赏临摹的范本。

抄书，对于各大书院而言显然是负担过重，所以只有偶尔为之。时间到了南宋，随着雕版印刷技术的推广，有条件的书院开始涉足刻书，形成了名副其实的"书院本"，刻书也就成了书院的基本规制之一。

书院刻书的首要任务是为院中师生教学与学术研究服务，谋求书院的发展。与祭祀相配合，经常刊刻本学派学术大师的著作，以教授院中诸生，方便其学术的传播。"程朱理学"的传播，也得益于印刷术的发展。

刻书事业的发展，让学术得以传播，对书院而言也是一件益事，能为自己所需要培养人才的方向提供支持。除了刊刻学术大师的作品以作教材之用外，书院还刊刻师生的学术成果，如宋淳熙年间，衡州石鼓书院山长戴溪"与湘中诸生集所闻"而成《石鼓论语问答》三卷。刻书服务于学术研究和讲学传道，既能传播学术，又能展示教学成果。

刻书也成为敷文书院规制建设中的重要一环。目前存世的课艺作品皆是书院刻书的例证。比如现收藏于浙江图书馆古籍部的，由山长周缦云从清同治九年（1870）到光绪四年（1878）的学生作文中筛选出优秀作品共 160 篇，亲自审定，刊印成册的课艺集。

第七章
院内石头题刻与碑文

无声的音乐——尚存之历代石刻

碑文欣赏

院中名人石像

　　万松（敷文）书院几经建与毁，如今呈现在人们面前的历史遗迹已是少之又少。相较于木质建筑而言，石头毫无疑问坚硬许多，也为留存带来了更多的可能性。

　　万松书院地处湖山之间，书院西北面湖一侧有座小九华山。从山脚拾级而上五六分钟，便有一片姿态各异的石林展现在眼前。这里曾是书院的最佳观景点，古人在这里休憩，可将对面的西湖、保俶塔、雷峰塔等尽收眼底。山石缝隙之间，奇花古藤交错，清丽静穆，值得驻足品味探寻一番。齐召南在当山长时，便极爱这片石林。因着喜欢，所以文人墨客在此留下不少题刻。目前，万松书院的石林以及各处还散落着的 20 余处风格迥异的摩崖石刻，书艺精湛、凿刻细腻，为秀美的自然风光又增添了一番韵味。

　　这些与山岩并存的百年诗文与题刻，不仅承载了先人创造的精深文学和书法艺术，更是万松书院历史沿革的最佳见证。现已成为万松书院重要的文物与历史研究资料。

无声的音乐——尚存之历代石刻

"正德庚辰九日监察御史刘栾张鳌山主事王舜渔方豪来游"

明正德十五年（1520）九月初九，监察御史刘栾、张鳌山，主事王舜渔、方豪等人同游留月崖时所刻，题记刊刻于留月崖的石匣泉旁的岩壁之上。有点像今天人们常说的"到此一游"，但此"到此一游"，非彼"到此一游"，这不是信手涂鸦，而是全文以楷书字体篆刻，具有很高的艺术价值。它是万松书院现存年代最早的一块题刻，具有很高的文物价值。

题刻中所提及的方豪乃是明朝刑部郎中，颇有诗名，在石屋岭畔建有"齐树楼"。时常邀请友人畅游，或登山，或泛舟，登高赋诗，倚栏长歌。生平纵情山水，著作很多，当时的人说他风流不下李白，气度类似杜甫，是一位豪气与才气皆备的人物。在西湖周围的山上，如凤凰山、南屏山等处也留有不少遗墨。

明嘉靖庚寅《万松山始开石路作三亭记》

明嘉靖九年（1530），著名学者、浙江布政使顾璘与观察使汪珊、枢使李节同登万松书院西侧的石林，发现一个有趣的现象，万松之胜在于石，但"群石蒙翳，飘泊标见而秀弗逞"。这么多的奇石被埋在草莽蓬蒿之间，如此好的景致竟然没有被开发，大好河山，无从观览，简直暴殄天物。于是他们马上命人开山辟路，修剪杂草树木，整理周围环境。保留了石林或蜿蜒或伟岸或奇异的风貌。这样好的风景要有配得上它的休憩之地，于是又集资建造三亭：前山建振衣亭，由以诗文驰名天下的"金陵三俊"之一的顾璘书额；后山建卧萃亭，汪珊书额；山麓建寒椒亭，李节书额。顾璘撰写《万松山始开石路作三亭记》一文，以记录此事，此文也成为万松书院环境变迁的重要原始文献。

自此，石林成为书院一景，学者士子往往流连其间，如果没有这三位大刀阔斧地修缮，石林也许就不能留下那么多珍贵的诗篇与摩崖题记了。

摘录全文，以飨读者：

万松之胜以石。石乃在莽间，不可以步。嘉靖庚寅，璘长东藩，适观察使池阳汪公珊、枢使台南李公节同在三司，休浣登焉。顾瞻群石蒙翳，飘泊标见而秀弗逞，乃相与叹曰："地有材而偶弗见，非吾党之过与？"于是乃议疏抉之役，召吏鸠工，厚之直饩，斩荆棘，芟蓬蒿，凡延蔓为石障者，去之必尽。然后平险通碍，蜿蜒石间，因高卑为之径，夫人始得步观焉。见石之端伟壁起者，若正人立朝，岩岩然有不可犯之色；磊落廉厉，陈奇献异者，若众士布列，效其功能。其琐屑参错四散不可穷者，又若方聚群分物，物各安其居也。呜呼！胜哉！翌日，僚佐诸公、林壑高逸咸来赏视。又相属曰："功则伟矣，非有台榭为游憩之所，则迹少而径将荒，安知来者不如前之芜没乎？"众皆曰："然！"于是相地面势，作三亭焉。路自书院门西而上，达山巅留月岩，凡若干丈。又自山半而下达圭石，凡若干丈。前山之亭曰"振衣"，璘作。后曰"池阳"，汪公作。李公作于山麓曰"秀水"。于时僚佐布政使司，则具官某某，并一时胜品，或谓与地灵相感会云。

是岁冬十月望日，左布政使姑苏顾璘记

"□汉秋阳"

由于雨水的侵蚀或者人为的破坏，书院内的很多石刻偶有缺字或者模糊不清，这也在所难免。位于芙蓉岩上的这一处横排的"□汉秋阳"便是缺失了首字，现根据专家们的推测，原文应为"江汉秋阳"四字语出《孟子》，赞誉孔子的思想犹如江上的秋阳，这里借用说儒家思想普照书院的莘莘学子。

根据四字左下略小于正文的落款可知，这是明万历十一年（1583）立秋日，侍御张文熙所题，是万松书院仅有的几处明代石刻之一。

◎ 张文熙书"□汉秋阳"题刻

"万古嶙峋"

位于芙蓉岩上的四个正楷大字"万古嶙峋"，遒劲有力，饱满富有张力。

字体极大，直径约有 1 米，左有落款，较之正文略小，字迹漫漶，不可辨认。但从落款与书写风格来看，应该也是万历年间的侍御张文熙所刻。

"登峰"

芙蓉岩上，毗邻见湖亭处有"登峰"二字，为正楷字体，清秀俊逸，右有年款"康熙戊寅季春吉日"，左为落款"董鄂博泰题"。由此可知此石刻为清康熙三十七年（1698）春董鄂博泰题。

◎ 万古嶙峋

◎ "登峰"

◎ "有美"

"有美"

芙蓉岩上，挨着"登峰"，另有"有美"二字，字径 30 厘米。左有落款"遂宁张鹏翮题"，所以是清康熙年间浙江巡抚张鹏翮所题。张鹏翮是四川遂宁人，明清时期，他名闻天下。在事业上，他曾被康熙誉为"天下廉吏"。在文学上张鹏翮也有较高造诣。他论诗主性情，现存诗达 600 余首，语言清新，自成一家。

张鹏翮在康熙三十三年（1694）时，曾主持重修万松书院夫子殿并撰写记文。他在万松书院留有多处题刻，只是此处的落款因雨水的腐蚀以及风化等原因，现在已较难辨认。

早年游人登临此处，可以远眺西湖，景色尤为秀丽，故称"有美"，石刻就是最好的佐证。只是现在因为植被的繁茂，遮挡了西湖美景，只好付诸想象而已。

书院内石刻绝句诗两首

山水多情似画图，
瑞云深处见城隅。
文章□□□□□，
花满西溪月满湖。

留月岩前远岫孤，
山光云影落平芜。
凭高一望□湖净，
海阔天空气象殊。

□□留月岩遂宁张鹏翮题

想来，张鹏翮游览至留月崖，定然为眼前美景所陶醉，有感而发，遂在留月岩题下了这首绝句。诗句对仗工整，意境悠远，不仅为万松书院的秀美风景作出了注脚，还具有很高的文学价值。

这两首绝句，位于留月岩的最高处，左边留有张鹏翮的落款。以行楷刻就，字体潇洒飘逸，与周边环境融为一体。只可惜，经过百年的风雨洗礼，已有部分字迹无法辨识，其中的空缺字，以及张鹏翮与万松书院的更多渊源与故事，还在等待填补。

◎ 张鹏翮题留月岩诗

"时雨圣化"

在芙蓉岩"□汉秋阳"题刻处，有清康熙五十五年（1716）仲春张文炳所书的"时雨圣化"。正楷字体，竖排阴刻，字径35厘米，字体饱满，刚劲有力。左边有年款"康熙丙申仲春"，右边落款是"布经张文炳书"，略小于正文。

"卓尔""独立石"

毓秀阁院一块突兀挺拔、卓尔不凡的独立岩石上，也有两处张文炳所题写的石刻，分别为"卓尔"和"独立石"，楷书体，清瘦刚毅。

两题刻字径均是20厘米。"独立石"三个字刻在岩石上端，为竖排。"卓尔"二字位于其下，横书，左有落款，略小于正文。

书院内的清光绪十八年题刻

浣云池上有一处摩崖刻石，兹录碑文于下：

光绪十有八年孟夏之月，浙江巡抚崧骏、布政使刘树堂既新敷文书院，教育多士，复栽松杉数千本，以荫会城山脉。十年百年之计，愿与同官共勉之。落成。树堂书石。

山阴吴隐石泉、仁和俞逊廷辅同刻

◎ "卓尔""独立石"

◎　书院内的清光绪十八年题刻

从刻文可以知晓，它记载了光绪年间万松书院迁至城内的历史。清光绪十八年（1892）时，布政使刘树堂在城内建敷文讲学之庐后，又在万松岭补种松树千余株，并勒石以记。题刻呈现正方形，字龛边宽170厘米，由布政使刘树堂撰书，山阴吴隐、仁和俞逊同刻，字径约15厘米，隶书字体，书体端正秀美，清晰可辨。正文8列，每列8字，共有64字。左边落款的14个字字体略小于正文，也端秀可辨，实属难得。

"望湖石" "石匣泉" "幔石"

位于留月崖上的"望湖石"石刻，是万松书院中较为著名的一处摩崖题刻，曾在《湖山便览》《西湖游览志》等古籍中被提及。以楷书字体传世，字径20厘米，有落款，但已磨损不清晰，疑似为"田一芝"字样。

"望湖石"题刻附近有"石匣泉"，前文已提及过，此处尽管现在已看不到一丝泉水，但曾经也是流水潺潺，有一眼清泉被山岩合抱，犹如装入石匣之中。可惜没有年款。

转到"石匣泉"石的背面，还题着"幔石"二字。这里由三面高耸的石崖和一处不宽的入口围成了一个半围合的空间。虽已无水，但不难想象当年这里流水沿崖壁冲刷而过，置身其中，却有如帷幔一般被包围的清凉和畅快。

虽无年款，但根据现在的考证，"石匣泉"与"幔石"也都出自方豪之手。

"宝座""石倚"

"石匣泉"邻近处有一酷似太师椅的天然石岩，上有"宝座"二字。"石倚"题刻又与"宝座"毗邻，仿若石头倚靠宝座，题字极富意境。两题刻的字径皆是20厘米，可惜无落款。

"青天白日"

楷书题刻"青天白日"位于芙蓉岩上，字体端庄大气，笔力遒劲。字径达85厘米之多，现存遗迹只"白日"二字依旧清晰可辨，"青天"则已日渐风化。原左边有落款，时至今日也已无留存的痕迹，甚为可惜。

◎ "青天白日"

"日光玉洁"

午后的阳光穿透层层叶片的阻击，星星点点地落在书院的石林之上，泛出玉石般的光芒，正是石上的题刻——"日光玉洁"的真实写照。

此题刻位于"万古嶙峋"的上方，字径约 50 厘米，字体饱满富有张力，原有落款，但已漫漶不可辨认。

"卧云"

芙蓉岩上有块岩石突兀嶙峋，造型如熊似鳄，细看之下倒也像是受到书院美景的诱惑而偷偷跑下蓝天，静卧在此的一朵祥云，是书院最具代表性的一块岩石。古人为它取名"卧云"，将其变幻莫测，随时可能腾飞的姿态描摹得生动逼真，富有动态美。

题刻"卧云"，字径约 30 厘米，只可惜原有落款已不能辨认。

"高明光大"

位于芙蓉岩上的题刻"高明光大"，初看以为是"高明"与"光大"，字龛因中间有天然裂缝而分成两部分，极富特色。字径约 80 厘米，字体清晰，书体遒劲有力，刻工精湛，是万松书院刻石中的精品之一。

◎ "卧云"

◎ "高明光大"

"云路"

题刻"云路"位于毓秀阁庭院内，毗邻"独立石"。楷书字体，字径20厘米，笔力深厚。因无落款，故不知为谁的佳作。

"开襟"

芙蓉岩贴近见湖亭处，有一块高两米、呈三角状的石头，上面刻着十分生动的"开襟"二字。开襟原意为中式上衣、袍子等的一种式样，前面的部分分开，纽扣在胸前的叫对开襟，在右侧的叫右开襟。引申为敞开衣襟，后来借以指代开阔心胸，敞开胸怀之意。

题刻字体大胆而极富个性，其中的"開（开）"字将"門（门）"字框两边写成一人敞开衣襟、叉腰而立的模样，把游人登临此处，稍作休息时解开衣襟的情态描摹得惟妙惟肖。

字径约30厘米，可惜无落款。是万松书院众多石刻中保存较为完整清晰的精品之一。

"天地万物"

这也是位于芙蓉岩上的题刻，选择的是规矩有法度的楷书，笔迹工整，稳健端庄，具有大家风范，字径约30厘米。原有落款，但现已风化不可辨认。

"天地万物"应该是前人对万松书院的夸赞，意为此地是人杰地灵、钟灵毓秀，聚天地万物之灵气，培养人才的好地方。

◎ "开襟"

石鼓与碑座

2002年，万松书院在重建之时，在遗址中发现了不少珍贵文物，其中之一便是石鼓。石鼓直径80厘米，略有残损。单面圆雕"三狮争彩"，整个画面以彩球为中心，幼狮环绕嬉戏，快乐无忧。周围以梅花图案环饰，清新雅致。浮雕图案表现出国泰民安、吉祥喜庆的主题。

石鼓原本为官宦人家大门两侧的建筑装饰，是身份和地位的象征。万松书院出土的石鼓，其年代无确切记载，但从它所表现的主题，再结合华丽的图饰以及细腻的雕刻等各种因素来考虑，应为清中晚期作品。而且石鼓流行到清朝，才开始有人将其放置在书院大门口，这一方面反映了封建知识分子读书即为当官的仕途思想，另一方面也反映了清朝敷文书院的官学化。这一点也佐证了前面对其年代的推测。

与石鼓同时出土的还有一块残损的碑座。留存的碑座高60厘米，宽90厘米，虽只是部分残存，但细腻的雕刻、流畅的线条依旧清晰可见，纹饰考究、体量博大，从其规制和制作工艺中足以让人联想到清朝敷文书院当时宏大的规模。

◎ 石鼓

碑文欣赏

　　万松书院碑石题刻多为书院创办后所镌刻，撰书者一般都为著名学者、书院师生、地方官绅。在它自创办到结束办学的近500年中，有明确记载的碑石题刻就达百余处。但这些珍贵的文物随着时间的流逝、风雨的侵蚀、人为的破坏等，或漫漶不可辨，或面目全非，或残损破败，甚至无处可寻。下文列举了目前可搜索到的大部分重要碑文，是研究万松书院历史变迁的重要史料。

明正德辛巳重修万松书院碑记

　　明正德十六年（1521），因为万松书院部分倾圮，浙江巡抚唐凤仪主持重修，增建石坊两座，整修加固原有建筑，扩建学生斋舍。太子太保、刑部尚书，浙江钱塘人洪钟撰写《重修万松书院碑记》，成为记录重修万松书院的重要原始文献。重修后，书院规模宏大，一时成为杭州最大的书院。

　　兹录碑文于下：

　　大哉孔子！明先王之道，以扶世立教。凡天下生民之广，不可一日而无者。尧、舜、禹、汤、文、武、周公，行其道于上者也。孔子删述六经，垂宪万世，明其道于下者也。明斯道以诏后世，使后之知尧、舜、禹、汤、文、武、周公之位，而得以行其道者。伊谁之力，孔子之功也。故曰：自生民以来，未有盛于孔子者。论其功而隆其礼，宜也。先儒韩愈曰：自夫子而下得以通祀而遍天下者，惟社稷与孔子。而其祀事，则孔子为尤盛。盖自国学以至于天下郡县之学，莫不有孔子庙，貌以虔奉而时享之矣。而于佳胜之所，又有书院之设。盖人心景仰，无时无处而不用其诚也。浙江省城南门外为万松岭，有古废寺遗址存焉。极高明而最幽胜，左衿长江，右带巨湖，俯视万家，举在目前。浙藩参政周君木，尝寓廨清戎于斯，爱其佳胜。白之抚按，修葺正殿三间，肖先圣及四配像，又立十哲木主于内。西廊为斋室各五间，后为明道堂五间。时进三学生徒，讲明经义，衣冠萃至，理道斯明。偏左有亭三间，匾曰"颜乐"。前为大门一间，匾曰"万松书院"。仍查取衢州先圣五十八代孙生员孔公衢并孔公积来供祠事。又拨废寺山地闲田一百七十亩，以备祭仪。奈何岁久颓圮。兹者侍御巡按邵阳唐君凤仪、南畿何君钺清、醴东鲁王君秀、清戎泰和陈君德、鸣部辽阳范君总，乃协谋修复。移檄杭州府，俾腐者易之，圮者甃之，未备者补之。前之殿堂庑亭，既皆修葺壮固矣。而于两庑各增建廊房五间，连前共二十间，使学者有所止宿。又于前右建亭三间，匾曰"曾唯"，以对颜乐亭。后偏左高处旧有留月台，增为轩四楹，匾曰"飞跃"。前门大道东西增石坊二座，左曰"德侔天地"，右曰"道冠古今"。规制宏敞，视昔有加，翚飞轮奂，灿然一新。经始于正德辛巳之春，落成于是岁之冬。提调则知府刘君志淑、同知杨君磐、通判乔君迁，督工则杭州前卫知事严纲也。事竣，金谓不可无述以示永久，乃过余请纪其事。予惟皇明圣圣相承，益隆治道，而于教养之政尤切切焉。以故侍御之臣，仰体德意，于作养学正生徒之外，又有修复书院。盖欲山林田野之人来歌、来游者，睹羹墙于面貌，仰圣道如日星，不为异端所惑，邪说所诬，咸知为子而孝，为臣而忠，为长幼朋友而序且信，则风化大行，人文丕著，其于世道未必无补也。故余忘其芜陋，勉为纪其颠末，使丽诸坚珉云。

明嘉靖乙酉增修万松书院记

明嘉靖四年（1525），"阳明派"创始人王守仁应提学佥事万信汝的邀请，为万松书院撰写重修记文，对书院教育有重大影响。

2002 年重刻，立于由义斋庑廊右端，为湖石，高 156 厘米，宽 86 厘米，共 741 字。前文已提及，此处不赘。

明万历五年新建继道堂、穷理居敬二斋记

明嘉靖十七年（1538），吏部尚书许赞上书说："近来抚按两司及知府等官，多将朝廷学校废坏不修，别起书院，动费万金，征取各属师儒，赴院会讲。"许赞的进言简直正中明世宗朱厚熜的下怀。因为在明正德、嘉靖时期，王守仁四处讲学，其学术主张和思想体系日益完善并得到广泛传播，令明世宗大为不满，认为："王守仁放言自肆，诋毁先儒，号召门徒，声附虚和，用诈任情，坏人心术，近年士子传习邪说，皆其倡导。"

对于修书院和讲学两项，当时的万松书院都有触犯。一是万松书院本就是由地方官周木所创办；二是在嘉靖年间书院多次邀请王守仁至书院讲学，甚至极为推崇"王学"，提出了以"明五伦"为教学宗旨，直接针对士人"驰骛于记诵词章"而"不复知有明伦之意"的时弊。所以当明世宗下旨废毁所有官员创办的书院时，万松书院自然不能幸免于难。

明嘉靖三十三年（1554），杭州知府孙孟在废墟中重建万松书院，恢复明伦堂等主体建筑，又增建居仁、由义两斋。明万历五年（1577），浙江巡抚马应梦就毓秀阁的北面建造继道堂，两侧建穷理、居敬二斋，增祀周敦颐、程颢、程颐、张载、朱熹五子。提学副使

藤伯翰为继道堂，穷理、居敬二斋所撰之文，是真实反映明万历年间，统治者重提程朱"居敬穷理"思想，用以排斥"王湛之学"的重要原始文献。兹录原文如下：

窃维圣贤之道，载在六经，家传人诵，如日中天。令郡国州县众学校，以追崇之。弦诵之区动以万数，理学文章灿然遍宇内矣。乃山川名胜之地，别立书院以群儒乐聚于其中，岂徒为是观美哉。尊道正学，阐教明伦，以羽翼庠序之所不及，其于风化人心非小补也。顾是区岁久湮废，苔封蔓翳于荆棘榛芜间，有志之人过而浩叹。兹幸侍御公鼎新饬之，草木山川悉欣欣动色，圣贤宫墙巍然若鼎建，而文运国华隐隐有余润焉。登斯堂者，莫不怃然兴思曰："昔之蒙芃蓊翳者，此书院也。今之高明轮奂者，此书院也。"由斯以谈人心之通塞，亦何以异于是。今书院之荆榛、颓莽既剪除而芟刈之矣，但功利之念，异说日流，世之学者往往惑之。是荆棘蔓于众口，而榛莽在人心也，岂侍御公饬新振作之意耶？使学者果能穷理居敬，而不惑于二三之说，则此心光明莹彻，洞然八荒，万世道脉，学者亦将印证于吾心，而上继道统其在斯矣。

张绣虎先生万松岭夫子庙记

明朝万历八年（1580），内阁首辅张居正请禁伪学，毁天下书院。幸好在建极殿大学士徐阶的支持下，浙江巡按御史谢师启、提学佥事乔因阜以"万松书院祀先圣，不当概毁"为由，再三乞请，万松书院幸免于难，万松岭夫子庙也改名为"先圣祠"，作为专祀孔子的场所。

明天启五年（1625），御史张讷等人秉承魏忠贤的意愿，上疏请废全国书院，获得明熹宗朱由校批准。奉天子意，尽毁天下书院。时间转眼到了崇祯初年，杭州天气异象，灾害不断，特别是崇祯元年（1628）七月，"杭州大风拔木，海啸海溢，坏屋数万间，圮石坊十七座，漂没数万人"。明朝末年，社会动荡，战乱不断，天灾加人祸，万松书院的先圣祠院舍尽数遭毁。

清初，统治者恐书院讲学活动会造成朝局不稳，大力抑制书院发展，所以各地书院也处于停滞状态，但到顺治年间，万松书院复建了孔氏祠堂。

清初，张绣虎在游览万松书院夫子庙后，有感而发，撰写了一篇文章。文中交代了院中圣像以及孔家山之名的来历，对于后来研究万松书院的历史变革，特别是从明万历八年（1580）改称"先圣祠"后到清初重建以前这一时期的历史有着重要的作用。兹录碑文于下：

天下庙祀孔子者，众矣。帝都所在有国学，郡县所在有郡县学。若帝王易姓改物，园邱坛社毁焉。至于孔庙，因之弗改夫子之道，历世久远，不与园邱坛社同迁也。其或更建国都，即故时国学为郡县学。余尝至秦豫，观古帝王都会所在，有废园邱坛社，无废夫子庙焉。至杭州为故南宋建都地，宫阙在凤凰山阳。山阴有岭，曰"万松"。岭有阿，背山面城，岩石错峙。历级而登，有纪有堂，丹楹碧宇，台殿嵯峨。中祀先师夫子，旁列十哲，皆塑像。像较今人形三倍，戴冕秉圭，庙貌森肃。余少时瞻拜，起敬起畏。问之故老，或曰："故宋文华殿。"庙祝或曰："宋国学也。"历五百余年，祀事具修，莫敢废坠。独是杭州郡县有学在郭内，斯庙祀事独孔氏子孙主之。盖故宋南渡，时孔氏子孙从焉，聚族在衢州、江山。其在杭州者，盖其苗裔主斯庙祭祀者也。又有明嘉靖间，厘正祀典，改爵号，称先师诸贤易像为木主，斯庙为别祀。庄严俱备，不忍遽废，故仍其旧欤。明末以来，遭兵燹，庙毁焉，儿童日樵采畜牧其上，故像无复存者。山壁有石亭岿然尚存。亭有碑，刻先师像其上。牛羊扰践，粪秽勿除，盖弃为废壤焉。亭下累累，如北邙瘗无主骨数十丘。余者为圃，种植瓜菜而已。近浮屠家觇山林邱壑之胜，乞为佛寺，因故额曰"太和元气"，遂名"太和禅院"。士大夫好其说者颇众，施舍金钱，改筑浮屠之宫，昼夜登登，百工具举。余循其故墟，不得复登，为慨然久之。今二氏坛宇，流布海内，其曾奉古代帝王施舍者，辄榜曰"敕赐"。毋敢毁易，以故二氏之壤地日以辟。此城南片土，奉夫子五百余年。一游僧持钵，士大夫翕然从之，孔氏之子孙靡焉。余恐国学、郡县学垂之千百年，不至于沦胥不止也。钱塘礼仪之邦，有明时道学踵接，乃至于斯，况十室之邑耶。归而为之记。

张绣虎，名贲，浙江钱塘人，著有《白云集》，此记文也收在其中。遗憾的是，时至今日，庙址与禅院都已经不存在了。

清康熙三十一年张鹏翮重修万松书院夫子殿碑文

清康熙三十一年（1692），浙江巡抚张鹏翮重修万松书院夫子殿后撰文以记，此碑文是研究书院历史变迁的重要原始文献。兹录碑文于下：

伊川程子尝有言曰："道不行，百世无善治。学不传，千载无真儒。无善治，士犹得以明夫善治之道，以淑诸人以传诸后。无真儒，则天下贸贸焉莫知所之。人欲肆而天理灭矣。"我夫子以至圣之德，生衰周之季。道虽不得行当时，而学足以传于后世。自汉、唐、宋□□□不致其隆礼，而庙祀勿替。洎乎本朝，握符御极，自京畿以逮郡县，辟痈钟鼓，泮水藻芹，虔奉春秋，恪修牲币，尤彬彬极□□。翮承乏浙省学宫，教乐舞、簠簋几筵之属，皆谨修而审行之。夫亦钦承圣天子崇文至意，俾东西两浙有德有造，孝弟忠信之心，油然以生；礼义廉耻之节振□然，被□而成俗。斯所为以善治而得真儒，学传而道无不行也。杭之万松岭，其上有万松书院，弘治中周参政木之所□也。院中设孔子及四像配，为大成殿，久之浸废。范中丞承谟始复建之。前奉木主，后有石像。□□几二十年，风雨剥蚀，乌鼠窜伏，盖有鞠为茂草之叹矣。良以文庙之在都会州邑中者，有司以朔望展谒，多士□□观光。而释奠、释菜之礼，又以岁时举行。故修葺时勤，庙貌常新，而廊庑栋宇可以无倾圮之患。今于山峦岩岫□□□，欲殿宇之岿然久存，皆其势之所甚难也。然而学不择人，亦不择地。不择人，故荷蓑负耒皆可横经；不择地，故□□□山皆可施教。以彼异端之为燐火之光、浸灌之泽，而犹梵宫琳宇，所在多有。况我夫子之道，如日月经天，江河行地，而谓荒烟暮霭之区，丛莽翳荟之域，或□□□为未□也，岂理也哉。翩是以鸠工庀材而鼎新之，以还昔人之旧观，以广今兹之文教。庶几乎道学之无往而不在，□□诗说礼之风，虽云峰松碉，固无间于米廪泽宫也。特欤！岂不休哉！岂不茂哉！非夫王道大行，圣学宏启之世，其孰能觏此乎！

　　大清康熙三十一年岁次壬申，秋八月壬寅，赐进士出身、巡抚浙江等处地方、提督军务、都察院右佥都御史遂宁张鹏翮撰

"浙水敷文"

　　"浙水敷文"碑现立于大成殿外的颜乐亭内。此四字原是清康熙五十五年（1716）康熙皇帝赐额，由浙江巡抚徐元梦从京城奉回杭州，并勒石立碑，建亭纪念。书院在明道堂旧址上重建正谊堂，悬"浙水敷文"匾于中堂。2002年重建时按照康熙御赐题拓本勒石为碑。碑采用太湖石，高156厘米，宽86厘米，厚20厘米。双面阴刻"浙水敷文"四字，正楷字体，为康熙御题。碑额浮雕双龙戏珠，上有阳文篆书"康熙御笔之宝"。碑身四周皆饰以龙纹。

　　碑文意思为一方水土养一方人，浙江山水是培育文人的沃土。对浙江以及万松书院重视教育的传统给予极高的评价。同治年间，浙江巡抚马新贻对"敷文"的理解则为："敷者博之谓也，学者因文见道以广其业，则驯入圣域而不难。"

305

第七章 院内石头题刻与碑文

◎ "浙水敷文" 碑

重修敷文书院记

《重修敷文书院记》一文应成稿于清康熙末年至乾隆年间，是一次重修后的记文，可惜无年份以及撰写者的记录。但碑文对于了解敷文书院的历史一样具有重要的作用，摘录于此：

　　书院之设，所以羽翼学校也。学校之造士，其道尊。书院之造士，其情亲。尊则凛，亲则劝。至于劝，则诱掖之、观摩之、徐引之，于有用之学，而几于道，学校予以收多士之益，此国家所以设书院意也。杭城出南门而西有万松岭，敷文书院在焉。胜朝弘治间，参政周近仁废报恩寺，改为书院，号"万松"，因岭得名。□奉先圣像，□圣□□□。嘉靖中，待御潘景哲来□□□□之遗材，不能尽取，思大成之。乃增建楼居斋舍，置器用田亩，召士子肄业。余姚王文成公为之记。迨我国朝，凡巡抚浙江者多修之。康熙十年，范忠贞公创修。越三十二年，张文端公复修。五十五年，徐公元梦再修。复召所取士读书其中，月试之，聘进士为之师。御书"浙水敷文"额于中堂，遂改今名。增构正谊堂、存诚阁、载道亭诸胜。自是至今，修者踵起。而浙水文士之盛，夐乎远矣。

清乾隆五年济斋夫子讲学碑记

　　清乾隆五年（1740）冬，农历十月，"济斋夫子"爱新觉罗·德沛到敷文书院讲学。他的到来，让敷文书院内的诸生激动不已。会讲当日，从辰时一直讲到了到申时末，但所有人都听得津津有味，毫无倦怠之意。甚至还有互动，若有人执经问难，先生就"随叩随应"，且妙义横生。得到先生提点的学生，"靡弗踊跃激奋，争蹑屬担簦"，盛况空前。先生来讲学，不仅不收辛苦费，竟然还自掏"八千金"，补贴师生们的月俸和赏赐，令师生们既感动又佩服。

《济斋夫子讲学碑记》就是敷文书院师生为纪念他到书院讲学所撰的记文，是记录书院学术交流的重要原始文献。

当时在书院中还专门勒石刻"宗室济斋夫子讲学处"几个大字，以示后人。据 1935 年 2 月成书的《敷文书院志略》记载，当时讲学碑尚在院中，但字有剥泐处，已不可辨。也明确说"宗室济斋夫子讲学处大字碑，尚在"。但是如今两碑皆已不存。

兹录碑文于下：

书院之设，所以诏天下，讲求身心性命之实学，为国家广明体达用之士也。自俗学支离，鲜有根柢，志希青紫，□□□□自得之诣，□焉不讲。即有一二醇敏庄雅之子，未尝无意于斯。而任道无人，造诣无地，安所得洞本原达微显，与闻大道之要领，□□□□。学不讲则不明，道不求则不得，而不遇笃学明道之真儒，叩其端而示之的，则聪明锢蔽，虽欲振拔无由。吾浙敷文书院，恭蒙圣祖仁皇帝特颁匾额，世宗宪皇帝复赐帑金，宸翰赏赉有加。历三朝之培育，极旷世之隆恩，则浙士之沦浃肌髓于汁莪菁汉者，至隆且渥矣。岁己未，大中丞卢公雅意振作，葺庑舍，疏井泉，布科条，延礼尊宿，日省月试，而一时□人小子，咸鼓舞而兴起焉。庚申冬十月，宗室济斋夫子以天潢贵胄，读书三十年，得道大宗，持节浙闽，来莅武林，遂讲学于斯。其大旨则洗涤俗物欲，自求本心，不以小体害大体，不以人爵加天爵，直举孟子之学问，贯穿六经。而其平日体验，则有《实践录》与《大易图解》诸编，得先圣之心传，发群儒所□□。会讲之日，诸生雍肃承听，或执经问难，随叩随应，妙义横生。自辰迄申，亹亹不倦。士之□承指授者，靡弗踊跃激奋，争躐籍担簦，冀□□□之末，抑何盛欤！夫子又虑信从者众，以为经费宜广也，爰措资八千金，今有司权其子母，岁入以充师生饩廪赀费。使将来之闻□□学者，益得涵咏，□味其中，以衍斯道之传于无穷。斯浙士所以忘夫子之显爵，而咸奉之为济斋夫子也。经闻之夫子莅楚，时□□□书院□□□新之，兼营膏火，尝捐俸资万金。

潇湘云梦之坐春风者，屦相错踵相接。乃今复讲学兹土，而大益经费，夫子之嘉惠□□□□，一时一□之获其泽哉！周子曰："师道立，则善人多。"方今之世，诚使师皆闻道讲明心性，以致力于天下，国家全体，以立大用。以□□圣天子亮工熙绩，而下亦不失经义治事之意，此夫子之所以致望于浙士者甚深远也。诸生以经昔曾珥笔禁□□□□□□□□石，自愧衰朽荒髦，旧闻日损，不能阐扬道蕴于万一。而第述所亲承者如右，以期昭示来兹云。是为记。

乾隆五年十月，甬东方经顿首拜撰

乾隆御诗

乾隆御诗碑现立于大成殿外，曾唯亭内。

原是清乾隆十六年（1751）暮春，乾隆帝第一次南巡亲临敷文书院时所题。内容上文已录，此处不赘。

2002年重建时依据原拓件重刻，为湖石，双面阴刻，书体行草。碑高156厘米，宽86厘米，碑额浮雕双龙戏珠纹，有篆书"乾隆御笔"。碑身四周皆饰以龙纹，有"陶冶性情"印。

清嘉庆丁巳年重修敷文书院记

清嘉庆二年（1797），按察使秦瀛在杭任职期间，见书院"廊庑倾欹，堂室渗漉"，于是提请浙江巡抚长白玉公出资修缮，桐乡籍监院候补教谕冯俊倬主持工程。因为万松书院的破败，所以整个维修工程量大，从四月起，历时三个月才竣工，共花费白银500余两，终使书院"缺者完，蠹者坚，黝者垩，圮者甓"。

修缮完毕之后，聘请前御史潘德园任院长。书院依靠名师主教的宣传，再一次吸引了无数学子，"十一郡之士一时翕集，弦诵之声倍盛曩昔"。秦瀛也撰写《重修敷文书院记》一文以记录此事，此文是记录万松书院历史沿革的重要原始资料。2002年以太湖石重刻，碑高156厘米，宽86厘米。现立于由义斋庑廊左端。现摘录如下：

敷文书院在凤山门外万松岭上。旧名万松书院，建自明弘治中浙江右参政周木。其后屡修屡圮。国朝康熙间，巡抚范公承谟重修。伏遇圣祖仁皇帝南巡，御书"浙水敷文"四字以赐，书院易敷文始此。雍正十一年，诏直省各建书院，给帑金，颁经籍焉。乾隆辛未以来，叠邀太上皇帝时巡驻跸，宠锡诗章，多士于于喁喁，乐观国光，艺林盛事，亘古未有。

岁乙卯，瀛承乏监司，频过此，见廊庑倾欹，堂室渗漉，院长及诸生只以课日来会，平时则不复居书院。会前抚觉罗吉公檄瀛司院事。无何，吉公迁粤去，而今抚长白玉公来，瀛亟请于公葺而新之。以嘉庆二年四月经始，六月讫工。靡费钱五百缗有奇，而缺者完，蠹者坚，黝者垩，圮者甓。适御史仁和潘德园先生以予养在籍，延之为院长。诸生既庆得师，而又乐书院之重新也。十一郡之士一时翕集，弦诵之声倍盛曩昔。

余闻古者书院之设自南宋始，领之以山长，有诵讲之益，有肄习之美，实与学校相表里。及其既衰，鹿洞、岳麓仅存序文，而先儒之遗迹泯焉。且自举业兴而所谓讲诵肄习者，区区括帖之末。近来学者日趋苟简，百家诸子之书且束而不观，而圣贤修齐治平之学，其讨论及之者鲜矣。两浙山川雄秀，人文甲海内，而省会为多士辐辏之地。我国家菁莪化育，涵儒渐渍，大吏甄其才之尤雅者，录入书院。日有给，月有膳，又礼请名师以课程之。《记》曰："独学而无友，则孤陋而寡闻。"韩子曰："古之学者必有师。师者，所以传道、授业、解惑也。"今省会之有书院，萃十一郡之俊造，相

◎ 清嘉庆丁巳年《重修敷文书院记》

与观摩，既无患其独学无友，而得师而从，指讲口授，可以知所向。方学者阐六籍之精微，探圣贤之奥窔，他日出身加民，发于事业，皆殖本于是，而非徒以其文云尔也。余为识重修岁月，而并为述所闻以告诸生。其请余文者，则监院候补教谕陆梦熊，仁和人；为冯俊倬，桐乡人。俊倬即董斯役者，例得并书。

嘉庆丁巳，刑部右侍郎秦瀛撰

敷文书院增设孝廉月课章程

清道光十六年（1836），管辖浙江杭州、嘉兴和湖州地区的官员纷纷指出："浙江为人文荟蔚之区。三书院暨诂经精舍每月分轮课试，人才辈出，多士奋兴，于作养之方，已属至周且备，惟孝廉向无考课，尚为缺事。饬令于敷文书院经费内核计，能否有余，可以增设孝廉课试。"于是，敷文书院决定将自己多年积存的 3300 两白银发商生息，每年能得利息银 360 两。再加上官府每年拨银 480 两，共计 840 两，作为招收学生的教学经费。

《孝廉月课章程》是万松书院最具特色的章程，是反映书院内部管理及日常运作最具价值的原始文献。敷文书院将用盈余经费开设孝廉月课的公文勒石立碑以记，但可惜现在碑已不存。因后半部分《计开条议章程》前文已录，此处仅录部分碑文于下：

浙江分巡杭、嘉、湖兼管水利海防兵备驿政道窦，为敷文书院增设孝廉月课事。奉宪台面谕"浙江为人文荟蔚之区。三书院暨诂经精舍每月分轮课试，人才辈出，多士奋兴，于作养之方，已属至周且备，惟孝廉向无考课，尚为缺事。饬令于敷文书院经费内核计，能否有余，可以增设孝廉课试"等因。职道遵查，孝廉课试，江南扬州府、镇江府书院皆有此课。原以生童肄业有地，一经中式，无讲学之益，诚如宪谕尚为缺事。查敷文书院经费，自道光四年以后，各前宪筹款拨给，历年添补，渐有盈余，计共额收银四千八百余两。除每年按考课、生童膏火、山长脩金、杂项照例支给，实放银四千三百余两，约存剩银五百余两。现在本年经费，除收支外，连旧管共存银三千三百两。应请即将此项经费存银内提出三千两，仰祈宪台饬给运司衙门，分给盐商具领，按月一分生息，每年可得息银三百六十两，遇闰增银三十两，仍由运司按季移道。又额收经费，每年余剩银五百余两内，拨银四百八十两，共足八百四十两之数，年计十课，足敷各项支给。是否有当？谨拟条议章程，另缮清册。伏乞宪台俯赐察核批示祇遵。为此备由，呈请照详施行。

新建敷文讲学之庐记

清光绪年间，杭州葵巷有一处民居，环境清雅舒适，名曰沈宅。屋主沈氏是从任地广东返回杭州定居的，但奈何白发人送黑发人。自从唯一的儿子死后，他时常感觉到屋子大而人少的冷清与孤寂，但因此处位置偏僻，虽早有心出售此屋，但少有人问津。

某日，杭城乡绅、"八千卷楼"主人丁丙看到沈宅，第一眼便觉得这里无论是大小还是缺少喧闹的环境都极适宜办学，于是推荐给浙江巡抚叶赫崧骏、布政使刘树堂。两人都认为沈宅位于城中静僻处，正适宜"书院弦诵"，是理想的办学之地，正好替代"日用所需，动形窒碍"的敷文书院，当即便拍板买下，并派丁丙督工改建，工程历时近半年。

修建过程中，参照清初敷文书院的建筑，在中间设讲堂，名为正谊。中楹供奉并祭祀孔子、四配及十二哲神位。右楹为名宦讲堂，后面是山长的居舍。书院内设有四间学斋，分别名为"颜乐""曾唯""居仁""由义"。另有藏书楼、游息轩、毓秀轩等建筑。书院建成后，正赶上叶赫崧骏进京觐见光绪帝，于是便请求赐名，光绪大笔一挥，于是便有了"敷文讲学之庐"，以区别万松岭上的敷文书院。

虽然敷文讲学之庐的规模不能与敷文书院相比，但其祭祀、讲学、藏书三大功能也是一应俱全，不仅花木掩映、环境幽雅，就连吃住等生活细节都有妥帖安排。敷文讲学之庐规定住院额数为每期36人，学生可以自由参加会试。

至于万松岭上有些残破的敷文书院则按旧样稍作修缮，四周建起围墙，派专人看管，作为古迹加以保护，供人凭吊。

《新建敷文讲学之庐记》对这一史实进行了详细记载，这块碑是研究万松书院历史沿革的重要实物史料，具有很高的文物价值。幸运的是原碑还存于世，只是已残裂破损为三块，漫漶多字，现存于杭州市第七中学葵巷校区内，是珍贵的文物。

现在游客所见之碑是 2002 年万松书院重建时根据前人拓本重刻的。碑高 150 厘米，宽 80 厘米，立于居仁斋庑廊左端。碑文如下：

杭州城外万松岭之巅旧有敷文书院。圣祖仁皇帝翠华南幸，亲洒宸翰，颜其堂曰"浙水敷文"。嘉名所由肇也。咸丰辛酉会阳九之厄，炀□劫火，倾垣圮屋，断续仅存。历经前任使者递加修葺，迄未复旧制之什一。骏抚浙之初即拟复建，一时苦无巨款。且兵燹后，地僻人稀，日用所需，动形窒碍，士子既横经不适，而院长憩息尤不能安定□居。荏苒三载，心窃恧焉。

今年春，商同刘方伯树堂筹集银蚨，略有成数。因量为变通，将于城内分建讲舍，连邑绅丁大令丙来见，语骏：有葵巷民庐正思求售。遂属其前往，谐价既得其地，则一切兴作，并属大令董正其事。于是直绳缩版，凡堂宇尚可仍旧者仍之，其当改作者改之。骏与方伯复加省试。而讲堂之谹间、学舍之宽容与夫地台花木之掩映、栏楯轩槛之凭临、庖湢井匽之细琐，次第具举，洵足敷教而修文矣。

然万松岭之旧地，环山面湖，钟扶舆清淑之气，钜人长德代出之生，实文教所由隆盛，未敢听其久而湮没。且襄祀至圣先师正殿尚幸岿然，兹谨加崇饰。余则缭以周垣，令人人守其室，护其薪木，以待后之君子渐次规复。而新建之院则别为敷文讲学之庐，多士养息其中，与院长晨夕讲肆。春华秋实，蔚为通儒，上以光国家械朴菁莪之化，下以□□先辈著作之林。此固骏与方伯所厚望也。今骏将述职入都，因著其巅末而刊诸碑石。钱塘县伍大令桂生、邹广文在寅与有劳也，例得备书。

光绪十有八年岁次壬辰季春

抚浙使者叶赫崧骏撰

护理巡抚布政使滇南刘树堂书

光绪二十四年（1898）五月二十二日，光绪帝颁发"改书院为学校"的圣旨，规定所有书院"一律改为兼习中学、西学之学校"，敷文讲学之庐随即停办。

清光绪二十年禁示碑

光绪二十年（1894）护理浙江巡抚部院兼管两浙盐政刘为因万松书院故址"借地堆物，招人栖止，厝棺盗葬，争伐枯木"等情况时有发生，严重危及书院大成殿以及其他建筑的安全，于是勒石立碑，以告诫民众，有点类似于今天的告示牌或者警示牌。

此碑碑身高154厘米、宽87厘米，碑座长102厘米、宽35厘米、高35厘米，厚达22厘米。分11列竖排布局，阴刻。以扁方形魏碑体篆刻，略显飞扬，规矩中正又有动态，极具审美价值。碑文上除"头品顶戴护理浙江巡抚部院兼管两浙盐政刘为"与年款"光绪贰拾年贰月二十四日给"的字径为6厘米外，其余每字字径约4厘米，年款加盖满文印。该碑是在2002年重建万松书院时，在原遗

◎ 新建敷文讲学之庐记

址中被发掘的，保存完好，字迹清晰，是院内为数不多的，极具研究价值的珍贵文物。现保存在居仁斋背面墙处。

碑文如下：

头品顶戴护理浙江巡抚部院兼管两浙盐政刘为出示勒石严禁事，案照"敷文书院"系昭宣宸翰，供奉至圣先师及配哲贤位，朔望课士之地，前因斋舍损坏，另于城中起构讲庐，推广弦诵。而万松殿宇讲堂仍加修葺，添植松株，培养地脉。并饬监院会同丁祭局董经理岁修洒扫，加派营兵，藉资守望，并由孔裔奉祀。各等因视兹保护院宇，宜如何谨敬将事，以垂久远，惟恐不知自爱之徒违越礼法，任意糟蹋。借地堆物，招人栖止，厝棺盗葬，争伐枯木，种种恶践均未可定。为此勒石示禁：无论诸色人等，不准有蹈前辙。即孔裔亦应确守先型，只供香火，不得别有干预。条教具在，勿贻后悔。毋违切切！特示。

光绪贰拾年贰月二十四日给

清道光八年重修敷文书院碑

清朝时期，敷文书院由于受到统治者的青睐，得到空前发展，风头一时无两。但所谓盛极必衰，敷文书院也逃不过这样的历史规律。书院在道光年间第三次被毁，但史料记载不详。不过第三次重建在史书上有明确记载：清道光八年（1828），由巡抚刘韵珂、杭嘉湖兵备道、杭州知府、仁和知县、钱塘知县共同主持重建万松书院。重建工程浩大，将书院至圣殿、御书楼、御碑亭、文昌宫、奎星阁、讲堂、东西庑、肄业房等建筑都按原样进行整修、翻新，前后历时三年有余。当然，这么大的工程，工程款项自然也是一笔巨款，有1360余两白银之多。当时的省、府、县三级政府筹资还不够，最后还是浙江巡抚刘韵珂拍板，从修文澜阁的款项中划拨了1000

◎　清光绪二十年禁示碑

两白银才将款项结清。

　　这次重建由石门县主簿沈皋、候补教谕章黼监工，青田县训导黄瑶墀作了《重修敷文书院记》一文。这次重建是万松书院历史上历时最久的一次，其碑记也具独特意义。兹录碑文于下：

　　敷文书院自前杭嘉湖兵备道侯官林公重修。今道光八年正月，杭嘉湖兵备道长白常公请于巡抚黄陂刘公，筹拨盐库存贮恭修文澜阁节省银一千两，复与杭州府知府成、仁和县知县杨、钱塘县知县罗，各捐廉以资经费。自至圣殿、御书楼、御碑亭、文昌宫、奎星阁、讲堂、东西庑、肄业房所，悉仍旧制而新之。通计用银一千三百六十两有奇，越三年□月而讫工。监修官石门县主簿沈皋、监察院事候补教谕章黼、青田县训导黄瑶墀谨记。

江阴方石中刻石

同治五年重建敷文书院碑

　　咸丰十一年（1861），太平天国军攻克杭州城，在连续的炮击下，敷文书院斋舍俱焚，同治三年（1864），太平军撤离杭州。第二年，书院暂借府学明伦堂及尊经阁开课。同治五年（1866），由知州戈聿安主持敷文书院的重建工作，浙江巡抚马新贻作《重建敷文书院记》，此文是记录书院历史变迁的重要原始资料。誊录于此：

　　古之教者，自国及家，莫不有学。秦汉以后，天下学废。唐太宗始诏州郡各立学，至宋而学之外又有书院。元世益多，而国朝称盛焉。然则书院者，所以辅州、郡之学，而复古党庠术序之意者也。或以侵学官、设二教为讥，岂通论哉！杭之万松岭故有书院，明参政周公木所创，以"万松"名。我朝康熙中仁皇帝赐匾额曰"敷文"，乃易今名，盖于会城三书院中为最久。院中有大成殿，祀至圣、四配，外有华表，有戟门。盖书院而兼郡、县学之制，其系于浙省者尤严且重。夫以方隅一讲舍，而圣祖为之赐名，其后宪皇帝颁赐帑金，纯皇帝四降銮辂，纪以宸翰，其得蒙列圣之眷顾宠灵者，岂非有至幸存乎其间！而前之持节是邦者，若范忠贞、朱公端、李敏达诸公，罔弗仰承德意，增崇是勤。横经秀髦，济济辈出，名卿硕儒，后先辉映，及今百数十年矣。偶遇时艰，兵燹残毁，使遂坐视其废，而令俎豆之区，鞠为茂草，牧儿樵竖薪刈其间，是守土者大负天子之委任，而为浙士之耻也。今幸赖朝廷威德，封域晏然，官廨学校次第修立，乃谋之缙绅僚吏，筹费诹工，复而新之，以还诸生讲学之旧。抑予闻之，世运有殊，学术无二。晚近之学所以不古若者，徒以经义之不纯，趋向之不一，正谊明道之不讲，谋利计功之日多。士不博学，无以通经；士不通经，无以致用。盖至章句不明，名实不辨，则本实先拔，而圣贤为学之旨无由得窥，其不能由积微而广大也决也。文者，载道之器也。孔子四教先以文。又曰："君子博学于文。"敷者，博之谓也。学者因文见道，以广其业，则驯入圣域而不难。诚愿肄业之士，敬思圣祖命名之义，毋空疏以自文，毋雕绘以自饰，毋蔽于俗学，毋惑于异端。研汉儒之训诂，讲宋儒之义理，予以敦本励学，仰答累朝乐育之心，以成圣主中兴之治。又以其暇，游息湖山，讽咏泉石，深思孔颜乐处，将所谓存诚之阁、载道之亭者，固为国家储养人才，以佐郡县学之不逮。而予幸抚斯土，尤乐观乎其成也。是为记。

同治五年，岁在柔兆摄提格月中吕穀旦，诰授资政大夫、赐进士出身、兵部侍郎、巡抚浙江等处提督军务兼管盐政、节制水陆各镇，菏泽马新贻撰并书。

敷文书院董事题名

敷文书院作为当时浙江省的最高学府之一，要进入其中学习是极为不易的。它在江浙沪一带每年只招 56 人。也不是成绩好就能进入，还需要有分布于江浙沪 11 郡的 100 余位董事的推荐。《敷文书院董事题名》是清朝末年，张鉴在担任敷文书院山长期间，刊刻于石碑之上的书院董事名单，虽然随着时间的流逝，许多字迹已模糊不清，但它仍是反映清代书院组织机构的珍贵文献。兹录碑文于下：

仁和张鉴、赵庆熺、胡珵、张锡伦、胡珽、叶德元、孙福龄、沈象元、祝昌大、范光锡，钱塘项名达、姚成济、王有钧、王泰、罗葆莹、沈树兰、金甲壬、赏寿坤、金森、朱露、蒋松、张炳杰，海昌查人倬，富阳周庆霖，余杭沈福谦，临安邹宝荣，於潜章声理，新城洪树培，昌化方登俊，嘉兴张庆荣，秀水王梦祥，嘉善孙同治，海盐陈常，石门叶蓁，平湖俞嗣烈，桐乡周士燮，乌程陆光照，归安章同文、杨宝彝，长兴吴庆奎，德清徐本立，武康程兆芝，安吉颜廷玉，孝丰□□□，石浦鄞县周岱，慈溪郑芳、楼寅，奉化邬式昼，镇海谢辅缨，象山□□□，定海李书田，山阴杜煦、史承沛，会稽朱敦毅，萧山章汝瑄、方熊，诸暨杜赓堂，余姚邵琨，上虞陈寿棠，嵊县裘锷成，新昌吕璋，临海洪锡麟，黄岩夏炳燧，天台李国梁，仙居张丽生，宁海黄安澜，太平赵步月，金华朱允成，兰溪戴鹿思，东阳吴湘，义乌陈康吉，永康应宝时、周荣铨，武义□□□，浦江倪庆云、汤溪、祝凤冈，西安陈肇澧，龙游余宣和，江山黄维藩，常山徐鸣盛，开化宋国耀，建德方作霖、严国桢，淳安邵世治、周荣庆，遂安洪自含，桐庐张怀（牛取）、方辛，寿昌唐春干、陈时夏，分水刘汝翼，玉环□□□，永嘉郭敬修、郑景祺，瑞安周庆枢，乐清徐牧谦、蔡保东，平阳伍玉璇，泰顺□□□，丽水王荣，青田端木百禄，缙云王绎，松阳杨国桢，遂昌华洪，龙泉吴世（王茶），庆元田谦，云和梅榕，宣平曾师孔，景宁潘漪。遂安洪自含监刻，仁和王端木刊石。

清末，也曾有多位地方官重修万松书院，补植松树，恢复一些主体建筑，试图再现"康乾盛世"时的繁荣。但是，种种或自然或人为的因素，使万松书院形同虚设，终于逐渐荒废、倒圮，成为荒芜之地。

马时雍《万松书院重建碑记》

2002 年，沉寂百年的万松书院以全新面貌展现在世人面前，时任杭州市政协副主席的马时雍为书院的重建撰写的记文，由著名书法家蒋北耿书，以及时任杭州市书法协会秘书长的沈立新刻镂。

该碑为大湖石，高 156 厘米、宽 95 厘米、厚 22 厘米，正反双面分刻中、英文，共 750 余字。现立于仰圣门左侧，为万松书院内唯一的现代重修碑记，对于传承书院的历史及发展有着重要的作用。

洛夫诗碑

2016 年 10 月 29 日下午，杭州的天气已有了深秋的凉意，但万松书院却迎来难得的热闹。在毓粹门前的院子里，人群聚集，来见证国际著名诗人、中华诗坛泰斗、世界文化大使、人文书法大家、诺贝尔文学奖提名者，中国诗坛超现实主义的代表人物洛夫先生手书诗碑《根》落地西湖景区万松书院。

这是一块精致的不锈钢碑，上面有紧扣题目《根》的镂空设计，下面是洛夫先生手书的碑文。摘录如下：

非茎，非叶，非花，非果实
之能如此安于孤寂，安于埋没

◎ 《万松书院重建碑记》

安于永世的卑微

是血，是盐，是家，是乳汁
大地育我，喂我，腐朽我
又重创我为茫茫的时间

　　洛夫先生此诗运用超现实主义的手法，多维描写歌颂了根的伟大，寓意着万松之根，西湖之根。此碑刻如今已成为万松书院新的文化景致，为古老的书院注入新的活力。

非草,非藥,非花,非果實
之能如此安於孤獨,安於埋没
安於永世的卑微

是血,是盐,是家,是乳汁
大地育我,喂我,腐朽我
又重創我為荒莽的時间

本一诗摘自拙作大捜寻·作於二○○五年九月·寫於
二○一六年四月至於圓覚寺·仲秋刻成诗碑豎
於萬松書院 洛夫

◎ 洛夫诗碑

院中名人石像

进入万松书院，总会与各种各样的文化大师塑像不期而遇，他们有些曾在这里工作生活，有些曾在这里学习研究，有些虽然没有踏入过此地，但对书院的发展（主要是学术思想方面）有着举足轻重的作用。他们的肉身已然消失在历史之中，但他们的思想以及所作的贡献对于书院而言从未远去。此刻，他们化身塑像静静陪着书院，看着这座因他们而存在，也因他们而辉煌的所在。

张载

进入万松门，拾级而上，在书院的中轴线东侧便能与一座气度不凡的石质坐像不期相遇。石像坐姿威严端庄，坐东面西，双手扶膝，左手握卷，面色深峻，若有所思，似乎随时都会抬手去捋一捋胡子。这座石像便是北宋理学创始人之一，与周敦颐、程颐、程颢、朱熹并称为"周程张朱"的张载。

张载（1020—1077），字子厚，北宋陕西凤翔郿县横渠镇人，世称横渠先生。因长期讲学关中，所以其学派也被称为"关学"。

张载流传最广的四句话"为天地立心，为生民立命，为往圣继绝学，为万世开太平"，不仅是他的个人愿望，也是天下所有读书人的奋斗目标。著名哲学家冯友兰将其称作"横渠四句"。由于其言简意宏，一直被人们传诵不衰。

◎ 张载

327

张载一生深研各家学说，服膺儒学，针对当时的社会需求，苦思力索，建立自己独立的体系，主张"不凭注疏而新圣人之经，不凭今之法令而新天下之法"，王安石行新法就求助于他的理论。著有《正蒙》《经学理窟》《易说》等数十种。后人编有《张子全书》。

作为进入万松门后的第一尊塑像，目送着来往此处的行人。随着时间的流逝，张载先生的塑像上已悄悄爬上了藤蔓，灰色的石质添上生机勃勃的绿，倒也增添了一抹生气。

袁枚

进入万松书院，游客看到的第二位名人是位于中轴线西侧，"品"字形牌坊的石阶前的袁枚。该塑像为石质坐像，姿态大方自然。青年时期的袁枚，右手握卷，左手撑在腿上，自有一股潇洒不拘、风流倜傥的模样。年少时的袁枚大约就是如此吧，肆意的青春，洋溢的才华，在这座书院中度过了一段难忘的时光。

王守仁

万松书院中轴线东侧泮池旁有两处石像。位于泮池北侧的一组石质群像便是由王守仁与两位学童组成的。王守仁晚年曾访问万松书院，并亲撰重修碑记，对书院产生过重要影响。他曾徜徉在书院之中，讲学之余漫步其间。他的学术思想影响了那时候书院的教学宗旨，那些江南才子得以在此安心为学而学便有他的一份功劳。

石像设计精巧，将王守仁铸成长身而立，俯首观望，一手捋须，

◎ 王守仁

一手执卷，面色凝重的模样，细看之下，只觉一派诲人不倦的教育家形象。王守仁视线所及处便是两个围坐在石桌边的孩童，身着短衣衫裤，头梳双髻，一副天真烂漫的样子，专注地或书或写，神情中流露出的童真童趣，令人不觉动容。

齐召南

泮池南侧的单人石像便是曾为万松书院山长的齐召南，为石质坐像。齐召南背靠青山，跷着二郎腿，左手扶膝，右手放在石凳之上，手边备有茶壶，独坐此处品茗观景，优游涵泳。不远处便是他在书院任职期间最爱的石林，在他离去之后，想来对此依旧魂牵梦萦吧。如今化为石像，终于可以长长久久地看着这座他为之付出大量心血的书院，迎接着日出与日落，看着世事变化，岿然不动，遗世独立。让人忍不住想要坐在其身边，与他一起观景畅聊。

周敦颐

万松书院中轴线西侧，浣云池畔，有一尊造型与众不同的石质坐像，一手持卷，一手撑座，头微微扬起，望向远处，人物造型潇洒俊逸，怡然自得。底座四周还雕有莲花，因为这是周敦颐的塑像，此设定正是取自其《爱莲说》中"出淤泥而不染"之意，表现其洁身自爱的君子情操。

周敦颐（1017—1073），字茂叔，世称濂溪先生，道州营道人。北宋理学创始人之一。周敦颐虽未踏足过万松书院，但他却对整个书院史有着不可磨灭的功绩。周敦颐一生致力于传道授业，从学者

◎ 齐召南

甚众，士人悦服称颂。他的理论对中国古代教育和书院的发展产生过极为重要的影响。著有《太极图说》《通书》等。后世学者编有《周子全书》。

◎　周敦颐

程颢、程颐

万松书院中轴线西侧，一片绿草如茵的草坪上，有一组青绿色的铜质立像。两者分别是：程颢（1032—1085），字伯淳，北宋洛阳人，世称明道先生；程颐（1033—1107），字正叔，北宋洛阳人，世称伊川先生。

在程颢、程颐所作的《二程全书·遗书十二》中记录了一则故事：宋朝时，有位叫杨时的少年，读书非常用功，后来成功考上进士，但他却不愿意做官，而是一心拜访名师求教，钻研学问。当时的程颢、程颐兄弟俩已经是全国有名的学问家了，于是杨时便拜在程颢名下，学习知识。但四年后，程颢过世了，为了继续深造，他又拜程颐为师。当时的杨时已是不惑之年，但他对老师却依旧谦卑恭敬，严守师徒礼仪。

有一个冬日的午后，杨时想要找老师程颐请教一个问题，就约了同学游酢一起去。到了老师家，却被仆人告知程颐正在午睡。于是不愿意打扰老师的两人便决定在门口等着，哪怕一场大雪即将来临。

不一会儿，天上便下起了鹅毛大雪，两人依旧静静地站在门外，冻得瑟瑟发抖，既不发出声响也没有离去的打算。过了很长时间，程颐终于睡醒了，这才知道两个学生已经在门外的雪地里等待了许久，于是马上叫他们进来。这时候，门外的雪已经积了一尺多厚。杨时这种尊敬老师的优良品德一直为人称赞。后来他也成为一位有名的饱学之士，来拜访求教的人络绎不绝，被大家尊称为"龟山先生"。

后来，这个故事就演化成了成语"程门立雪"，用以形容学生恭敬求教，比喻尊师重教，虔诚求学。这个故事既让人知晓了杨时对待老师的恭敬之情，也让人知晓了程颢与程颐两位同胞兄弟是北

◎ 程颢、程颐

334

宋时期的大学问家，世称"二程"。

"二程"共创"洛学"，主张"知先行后"，是北宋理学的奠基人。两人潜心教育，讲学达 30 余年，论著颇丰，他们的教育主张和思想体系对后世教育的发展影响极大。"程门立雪"这个故事就是对他们当时讲学影响的最好例证。

塑像是院中比较少见的双人构图，以老人形象示人。一人拄杖倚立，一人双手捧书，头靠向一处，视线皆向下看书，作阅读状，似乎在讨论着什么一般，表现出兄弟俩不仅学术思想相同，而且教育思想一致，默契十足。也许，两位先生在世时便是如此探讨学问，相互扶持着的吧。

金甡

位于书院中轴线东侧，仰圣门院内的草坪上，有一组古铜色的铜质塑像。手持竹竿的立像就是曾任敷文书院山长的金甡。

金甡（1702—1782），字雨叔，号海住，浙江钱塘人。乾隆年间壬戌进士第一，官至礼部侍郎，乾隆四十五年（1780）开始主讲于敷文书院，曾以 79 岁高龄迎接乾隆，成为一时美谈。历史上称他："直谅诚敬，所陈说必正义法言，诸皇子皇孙皆爱重之。"对书院的发展起过重要的作用。

铜像中的金甡左手持杖，右手背在身后，慈眉善目地低头看着单膝跪地的童子。童子左手扶膝，右手握笔，虽半蹲，但身形端正，以地为纸，正在金甡的耐心指导下练字。不免想起金甡在作为敷文书院主持讲席时，素有"廉检方正，处事无巨细，井井有法度"的

◎ 金牲

评价，倒与铜像极为贴合。画面组合生动形象，与书院的主体建构与氛围和谐地融合在一起。

朱熹

朱熹的塑像位于中轴线西侧，仰圣门旁的大草坪中，是青绿色铜质立像。目光如炬，长袍宽袖，衣袂飘飘，迎风而立，在嶙峋突兀的石林的映衬下，表现出人物的睿智和深邃。

朱熹（1130—1200），字元晦，号晦庵，南宋徽州婺源人，是"二程"的四传弟子，宋朝大儒，著名的教育家，是理学的集大成者。他所立的理学思想，被历代统治者钦定为正统思想，被后人视为儒学正宗，在中国自南宋至清朝的700余年间一直处于统治地位，并在东亚、东南亚与欧美诸国产生影响。

朱熹主张学问在于创通经义，而精神之所寄则在学院。他的博览与严谨的学风对后人影响很大。他复兴白鹿洞书院，制定书院办学方针、规章，并在多处大书院执教。他的《白鹿洞书院揭示》被后人视为办学圭臬，对中国书院的发展有着深远的影响。他的思想曾一度影响着万松书院的教学理念，对中国的书院史而言，他是绕不开的人物。所以虽然他从未来此，但他足以在此占据一席之地。

朱熹一生，为官七年，大部分时间从事书院教学与理学研究，著有《四书章句集注》《周易本义》《楚辞集注》等70余部460多卷。后人称其学为"闽学"。道德文章教化后世，为后人所敬仰。人格学问皆为人之楷模。

◎ 朱熹

商辂

在书院中轴线西侧，靠近车道入口处，有一座石质立像，呈红褐色。整个塑像线条柔和，衣袖随风而动，展现出少年商辂矫矫不群的才子风范。

商辂（1414—1486），字弘载，号素庵，浙江淳安人。他过世之后十多年，周木才改报恩寺为万松书院，所以商辂也不曾在书院中读书，那么为何院中会有他的塑像呢？

商辂出生于寒门，但少年成名，祖父靠打猎为生，父亲是官府的小吏，勉强能支持他读书上学。在这样的家境之下，他更加珍惜机会，刻苦读书。没有钱购买灯烛照明，他就点燃松明读书，直至深夜，没钱买纸笔，就在沙盘里练字。

天才加上努力，商辂21岁时就在乡试中夺魁，参加正统十年（1445）会试中会元，殿试又获进士第一的成绩，即所谓的"连中三元"，是明朝唯一一个三元及第的人。因此后人将他在杭州时居住的街巷改称为"三元坊"，坊名一直流传至今。

商辂不仅学识渊博，而且为人正直，平时宽厚有容，"至临大事、决大议，毅然莫能夺"。历任兵、户、吏部尚书兼文渊阁大学士等，时人称"我朝贤佐，商公第一"，是成化年间正直阁臣的杰出代表之一。《明史》云"有明贤宰辅，自三杨外，前有彭、商，后称刘、谢"。著有《商文毅疏稿略》《蔗山笔麈》《商文毅公集》《石钟山志》等。

这样的商辂，足可以成为天下士子的表率，况且还是杭州人，立于万松书院内也是无可厚非的。

◎　商辂

第八章

外地的敷文书院

万松书院除"万松"之外，历史上还有"太和"和"敷文"两个曾用名。万松书院即杭州万松书院，太和书院也无别家，但称"敷文书院"者确有不少，且罗列几家如下。

广西南宁敷文书院

广西南宁敷文书院位于广西南宁，是明嘉靖七年（1528）六月，王守仁在平定思田之乱期间，率兵到南宁，在南宁城北门口县学旧址上建立的书院。比杭州敷文书院更早以敷文命名，相传是王守仁撰记，并手书匾额"以宣扬至仁，诞敷文德"，故名敷文书院。

书院当时建有正厅、后厅、东西廊房等，王守仁在此日集诸生，讲学其中，论辩"致良知学"，并将它定位为"匡翼夫学校之不逮"。王守仁认为书院存在的意义就在于补救官学的流弊，而讲求古圣先贤的明伦之学。这里是"王学"传播的重要阵地。

该书院在广西历史上影响较大，历代名人多有评述诗咏。如清周起岐《咏敷文书院》："南极文星耀，西荒武库雄。百年留古院，九郡息兵戎。"清颜鼎植《谒文成书院复新》："岭外有文能止武，堂上习礼致精禋。"清闻人绅《重修敷文书院记》："一世一儒宗，功名著鼎钟。文成垂令范，新建懋勋庸。异地有观感，谁人不景从。后来同志者，莫使若云封。"

明嘉靖十六年（1537），南宁知府郭楠修，万历十一年（1583），左江道陈希美、知府陈纪等复修。前为大门，中为仪门，又中为大堂，两廊各有精舍18间，后为后堂，立王守仁石像，作为纪念。但明末的时候书院不幸被毁于兵乱。

清康熙九年（1670），左江道宋翔、知府韩章等捐资重建。有大门一座、大堂一座，立王守仁像，规制焕然一新。十一年（1672）署知府周起岐重修。二十五年（1686）知府赵良璧、五十一年（1712）知府戴锦、五十六年（1717）知府沈元佐及同知闻人绅，先后重修。

道光二十一年（1841），知府刘梦兰、知县李天钰率士绅劝捐重修。到民国初年时，书院依旧还在，名字变成文成公祠、文成公讲学处。

1926年，在书院旧址上改建省立第一中学校女子部，1927年改为省立第三女子师范学校，1930年改为省立第三女子中学校，校内有王守仁先生纪念亭，亭碑上有石刻王守仁画像。画像现移至南宁白龙公园炮台内。旧址今为广西壮族自治区储备物资管理局。

书院原有的建筑早已不复存在，只有门口"王文成公讲学处"石碑镶嵌在一片旧墙中，让人遥想阳明先生当年在此处讲学时的盛景。这些年，广西南宁敷文书院重建的消息时见报端，期待它正式建成的一日。

陕西旬阳敷文书院

陕西旬阳敷文书院位于陕西省旬阳市，建造时间晚于杭州的敷文书院，是清乾隆十六年（1751），由知县刘琪建于县治东。在乾隆十九年（1754）时，知县罗鳌进行了增修。建筑规模比杭州敷文书院小很多。

乾隆时期，全国的书院蓬勃发展，政府对书院多有经济上的支持。乾隆四十三年（1778），知县邓梦琴捐置膏火。

嘉庆年间，知县严如煜又大加整顿，筹膏火，称盛一时。但对比杭州敷文书院，该书院所获得的经济支持还是略逊一筹的。严如煜（1759—1826），字炳文，号乐园，又号苏亭，湖南溆浦人，历经乾隆、嘉庆、道光三朝，个性豪迈，兴趣广博，学识渊博，对于兵法、舆地等等学问都有建树。是清嘉道年间著名的地方官吏，被现在学者称为"道咸经世派的先驱人物之一"。严如煜早年求学于著名的岳麓书院，一反当时学术的考据之风，而以经世致用为归。旬阳敷文书院在他的大力支持下蓬勃发展，在课程设置上仿岳麓书院。他还亲自到书院训课，又延管敬斋主讲席，还专门撰有《敷文书院学地记》一文。

书院后来遭毁，到道光年间，由知县胡煊重修。

虽然旬阳敷文书院在规模等上都不足以与杭州的敷文书院媲美，但它依旧为中国的书院史画上了浓墨重彩的一笔。

甘肃靖远敷文书院

甘肃靖远敷文书院位于甘肃省靖远县，也是这几处敷文书院里创建最晚的。

靖远原来就有培风书院，但因为清政府大力支持书院发展后，求学者甚多，原有屋宇窄小，不能容纳更多的学子，扩建刻不容缓。

清乾隆四十五年（1780），有位名叫彭永和的官员被派往靖远担任知县一职。他一到任就发现了书院屋舍不够的现状，觉得应该要以兴文教为己任，于是带头捐出自己的薪俸，并邀请地方人士集资，共筹得银3900余两，购城西冯氏故宅，稍加修葺、整理后创建敷文书院。

整个书院占地30余亩，除了保证书院祭祀、藏书以及师生们的学习与食宿等需求房屋之外，为了保障书院的经费运转，还改建了西市铺面89间、店房10座、槽棚87间，买民房2处，修盖当铺1座，同时筹定城壕水车地40多亩，干旱地6段，均取租以供书院膏火。

清乾隆五十年（1785），知县王赐钧捐置东市民房1所，内民房17间，增入租息。

嘉庆十四年（1809），知县王保澄令房、地各户，每户租钱增加300文，以充实经费。

道光九年（1829），署知县罗仲玉又拨银220两。县丞周鼎新撰《创建敷文书院碑记》，里面记载了书院创建的经过以及彭永和创立书院的功劳。

同治五年（1866），书院不幸遭兵燹焚毁。同治九年（1870），蜀军营务处道员张刘文驻守靖远，率领军士重修讲堂、学舍等，并书刻木制匾联，悬于各处，布局严谨，分外壮观。

光绪二十三年（1897），知县储英翰捐俸修葺。时间转眼到了光绪三十二年（1906），敷文书院改名为靖远县立高等小学堂。

1943年，撤书院改新式学堂。学堂曾用名有"靖远书院""敷文学堂""县立高等小学堂""靖远县第一高等小学校""靖远县立第一小学校""城关敷文中心小学"等，1943 年改名为"省立靖远师范附属小学校"。琅琅书声在时空中交集，在这片土地上继续延续着它的历史。

上述众多以"敷文"命名的书院，目前只有杭州的敷文书院得以在 2002 年重建，仅此一点，即说明杭州地方政府对优秀传统文化遗产的重视。而其他敷文书院多多少少被忽视的现状，实在是令人惋惜，假以时日，我相信它们也会被重建，让世人得以观赏它们既古老又现代的身影。

不知不觉中，太阳已渐渐西斜，我告别书院，缓步外出。阳光透过层层叠叠、错落交替的枝叶，散落在院中的各个角落，看似各自成趣，却又是不可分割的一体，就如书院的历史、书院里的人物、书院里的故事……构成了完整的万松书院。过往穿过时光的隧道，与今日相映成趣，到了明日又会上演属于它的新故事，亦新亦旧，生生不息。我知道，这样的故事不会停歇。

听，松涛阵阵，时隔千年，似无数士子吟诵之声再度回荡在山林之间，古老的文化正在得以传承，在这片土地上传奇依然延续……

主要参考书目

1. 陈谷嘉、邓洪波主编：《中国书院史资料》，浙江教育出版社，1998 年。

2. 邓洪波：《中国书院史（增订版）》，武汉大学出版社，2012 年。

3. 邓洪波编著：《中国书院学规》，湖南大学出版社，2000 年。

4. 季啸风主编：《中国书院辞典》，浙江教育出版社，1996 年。

5. 金志敏：《万松书院名人志略》，西泠印社出版社，2015 年。

6. 李邦国：《朱熹和白鹿洞书院》，湖北教育出版社，1989 年。

7. 鲁小俊：《清代书院课艺总集叙录》，武汉大学出版社，2015 年。

8. 马时雍主编：《万松书院》，杭州出版社，2003 年。

9. 马晓春：《杭州书院史》，中国社会科学出版社，2015 年。

10. 邵群：《万松书缘》，杭州出版社，2008 年。

11. 邵群：《万松书院》，湖南大学出版社，2014 年。

12. 韦力：《书院寻踪》，上海人民出版社，2020 年。

13. 杨布生、彭定国编著：《中国书院与传统文化》，湖南教育出版社，1992 年。

14. 张正藩：《中国书院制度考略》，江苏教育出版社，1985 年。

15. 朱汉民：《中国的书院》，商务印书馆，1991 年。